| 法律法规新解读 | 第五版

# 竞争法
## 解读与应用

成知博 编著

中国法制出版社
CHINA LEGAL PUBLISHING HOUSE

全新升级第五版

# 出版说明

"法律法规新解读"丛书作为一套实用型法律图书,历经四版,以其专业、实用、易懂的优点,赢得了广大读者的认可。自第四版后,相关法律规定已发生较大变化,司法实践中也出现了不少新的法律问题,第五版立足"实用",以关注民生、服务大众为宗旨,切实提升内容实用性;致力"易懂",使本丛书真正成为"遇事找法者"运用法律维护权利和利益的利器。本丛书选取与日常生活密切相关的法律领域,将各领域的核心法律作为"主体法",并且将与主体法密切相关的法律规定汇编收录。

"法律法规新解读"丛书独家打造七重法律价值:

1. 出版专业

中国法制出版社是中华人民共和国司法部主管主办的中央级法律类专业出版社,是国家法律法规标准文本的权威出版机构。

2. 条文解读精炼到位

重难点法条以【条文解读】形式进行阐释,解读内容在吸取全国人大常委会法制工作委员会、最高人民法院等部门对条文的权威解读的基础上,结合实际编写,简单明了、通俗易懂。

3. 实务应用精准答疑

根据日常生活中经常遇到的纠纷与难题,以【实务应用】形式提炼归纳出问题点,对标热点难点,精准答疑解惑。

4. 案例指引权威实用

专设【案例指引】板块,选取最高人民法院公报案例、典型案例、各地区法院公布的经典案例以及中国裁判文书网的终审案例等，以案说法，生动地展示解决法律问题的实例。同时，原文收录一部分最高人民法院、最高人民检察院公布的指导性案例，指导实践更准确、更有力。

5. 关联参见检索便捷

除精选与主体法相关联的法律规定外，在主体法中以【关联参见】的方式链接相关重要条文，帮助读者全方位理解相关规定内容。

6. 附录内容实用丰富

书末收录经提炼的法律流程图、诉讼文书、纠纷处理常用数据、重点法律术语速查表等内容，帮助读者大大提高处理法律事务的效率。

7. 超值赠送增值服务

扫描图书后勒口二维码，免费使用中国法制出版社【法融】数据库。读者可查阅"国家法律法规"栏目和"案例解析"栏目中的"最高法指导案例"和"最高检指导案例"的内容。

中国法制出版社

# 竞争法
## 法律适用提示

竞争法，是指为维护正常的竞争秩序而对市场主体的竞争行为进行规制的法律规范的总称。竞争是市场经济最重要的运行机制，作为调整竞争关系的基本法律规范，竞争法的内容几乎涉及所有的经济领域和经济活动，它从根本上维护了整个国家的市场结构和市场秩序，使竞争机制的作用得以正常地发挥，并由此带来国家经济的繁荣和发展。现代竞争法被一些国家的法学家称作国家的"经济宪法"或国家经济的"基石"。

竞争法在市场经济中所发挥的作用是多方面的，主要可以归纳为以下几点：第一，维持合理的市场结构，创造公平合理的竞争环境；第二，保护和鼓励正当竞争，维护正常的竞争秩序；第三，规范政府行为，为政府对市场竞争管理提供依据；第四，协调经营者与消费者关系，维护消费者的合法权益。

按照一般理解，竞争法主要包括《反不正当竞争法》①和《反垄断法》。不正当竞争和垄断都是市场竞争过程中出现的违反公平竞争规则的行为，都会给市场竞争秩序带来危害。我国调整竞争法律关系的法律规范主要集中于《反不正当竞争法》《反垄断法》《价格法》《招标投标法》《反倾销条例》《反补贴条例》《保障措施条例》等规定之中。

《反不正当竞争法》共五章三十三条，详尽列举了七种不正当竞争行为，包括：(1) 混淆行为；(2) 商业贿赂行为；(3) 虚假宣传行为；

---

① 为便于阅读，本书中相关法律文件名称中的"中华人民共和国"字样都予以省略。

(4)侵犯商业秘密行为；(5)违法有奖销售行为；(6)损害商誉行为；(7)互联网不正当竞争行为。并对由此产生的法律责任以及监督检查部门的职权和检查程序予以规定，为保障市场经济健康发展，鼓励和保护公平竞争，制止不正当竞争行为，保护经营者和消费者的合法权益起到了重要作用。

《反垄断法》共八章七十条，分章对垄断协议、滥用市场支配地位、经营者集中以及滥用行政权力排除、限制竞争等垄断行为进行具体规制，并对由此产生的法律责任以及反垄断执法机构的职权和调查程序予以规定。该法对于维护经营者和消费者合法权益，促进技术创新和技术进步，提高企业竞争力，保证国民经济的健康、持续、协调发展，具有极为重要的作用。

# 目 录

## 中华人民共和国反垄断法

### 第一章 总 则

第 一 条 【立法目的】 / 3
第 二 条 【适用范围】 / 3
第 三 条 【垄断行为的类型】 / 5
第 四 条 【反垄断工作的原则要求】 / 7
第 五 条 【公平竞争审查制度】 / 9
第 六 条 【经营者集中的原则规定】 / 11
第 七 条 【对具有市场支配地位的经营者的原则要求】 / 13
第 八 条 【特定行业经营者的经营行为】 / 15
第 九 条 【经营者不得利用数据和算法、技术、资本优势以及平台规则进行垄断】 / 17
第 十 条 【不得滥用行政权力排除、限制竞争】 / 19
第 十一 条 【加强反垄断法实施】 / 19
第 十二 条 【国务院反垄断委员会】 / 21
第 十三 条 【反垄断执法机构】 / 21
第 十四 条 【行业协会自律作用】 / 22
第 十五 条 【经营者和相关市场定义】 / 23

### 第二章 垄断协议

第 十六 条 【垄断协议定义】 / 29
第 十七 条 【横向垄断协议】 / 32
第 十八 条 【纵向垄断协议】 / 37
第 十九 条 【组织、帮助达成垄断协议】 / 42

第 二 十 条　【垄断协议豁免】　　　　　　　　　　　　 / 43
第二十一条　【行业协会不得组织垄断协议】　　　　　 / 46

## 第三章　滥用市场支配地位

第二十二条　【禁止滥用市场支配地位】　　　　　　　 / 48
第二十三条　【认定经营者具有市场支配地位应当考虑的因素】　 / 59
第二十四条　【市场支配地位的推定】　　　　　　　　 / 69

## 第四章　经营者集中

第二十五条　【经营者集中界定】　　　　　　　　　　 / 71
第二十六条　【经营者集中申报】　　　　　　　　　　 / 73
第二十七条　【豁免申报】　　　　　　　　　　　　　 / 75
第二十八条　【申报文件】　　　　　　　　　　　　　 / 76
第二十九条　【申报文件补交】　　　　　　　　　　　 / 77
第 三 十 条　【初步审查】　　　　　　　　　　　　　 / 78
第三十一条　【进一步审查】　　　　　　　　　　　　 / 79
第三十二条　【审查期限中止】　　　　　　　　　　　 / 79
第三十三条　【审查考虑因素】　　　　　　　　　　　 / 81
第三十四条　【审查决定】　　　　　　　　　　　　　 / 82
第三十五条　【附加限制性条件】　　　　　　　　　　 / 83
第三十六条　【审查决定公布】　　　　　　　　　　　 / 84
第三十七条　【审查工作要求】　　　　　　　　　　　 / 85
第三十八条　【国家安全审查】　　　　　　　　　　　 / 86

## 第五章　滥用行政权力排除、限制竞争

第三十九条　【禁止指定交易】　　　　　　　　　　　 / 87
第 四 十 条　【禁止违规签订合作协议、备忘录】　　　 / 89
第四十一条　【禁止妨碍商品自由流通】　　　　　　　 / 91
第四十二条　【禁止限制招投标等活动】　　　　　　　 / 95
第四十三条　【禁止不当限制分支机构】　　　　　　　 / 97
第四十四条　【禁止强制经营者从事垄断行为】　　　　 / 98
第四十五条　【禁止以抽象行政行为排除、限制竞争】　 / 98

## 第六章　对涉嫌垄断行为的调查

　　第四十六条　【涉嫌垄断行为的举报和调查】　　　　／101

　　第四十七条　【调查措施】　　　　／102

　　第四十八条　【调查程序】　　　　／102

　　第四十九条　【保密义务】　　　　／103

　　第 五 十 条　【被调查对象的配合调查义务】　　　　／103

　　第五十一条　【被调查对象陈述意见的权利】　　　　／104

　　第五十二条　【对垄断行为的处理和公布】　　　　／104

　　第五十三条　【承诺制度】　　　　／105

　　第五十四条　【对涉嫌滥用行政权力排除、限制竞争行为的调查】　　　　／106

　　第五十五条　【约谈制度】　　　　／107

## 第七章　法律责任

　　第五十六条　【达成、实施垄断协议的法律责任】　　　　／108

　　第五十七条　【滥用市场支配地位的法律责任】　　　　／112

　　第五十八条　【经营者违法实施集中的法律责任】　　　　／113

　　第五十九条　【确定罚款数额时考虑的因素】　　　　／113

　　第 六 十 条　【民事责任和民事公益诉讼】　　　　／114

　　第六十一条　【滥用行政权力排除、限制竞争的法律责任】　　　　／116

　　第六十二条　【拒绝、阻碍审查和调查的法律责任】　　　　／117

　　第六十三条　【对特别严重违法行为的处罚】　　　　／117

　　第六十四条　【信用惩戒】　　　　／118

　　第六十五条　【对行政处罚决定不服的救济途径】　　　　／118

　　第六十六条　【执法机构工作人员违法行为的法律责任】　　　　／119

　　第六十七条　【刑事责任】　　　　／120

## 第八章　附　　则

　　第六十八条　【不得滥用知识产权排除、限制竞争】　　　　／121

　　第六十九条　【农业生产经营活动不适用本法】　　　　／122

　　第 七 十 条　【施行时间】　　　　／123

# 中华人民共和国反不正当竞争法

## 第一章 总 则
  第 一 条　【立法目的】　　　　　　　　　　/ 127
  第 二 条　【经营原则】　　　　　　　　　　/ 128
  第 三 条　【政府管理】　　　　　　　　　　/ 135
  第 四 条　【查处部门】　　　　　　　　　　/ 136
  第 五 条　【社会监督】　　　　　　　　　　/ 137

## 第二章 不正当竞争行为
  第 六 条　【混淆行为】　　　　　　　　　　/ 138
  第 七 条　【商业贿赂与正当回扣】　　　　　/ 150
  第 八 条　【禁止虚假或误解宣传】　　　　　/ 153
  第 九 条　【侵犯商业秘密】　　　　　　　　/ 165
  第 十 条　【有奖销售禁止情形】　　　　　　/ 171
  第十一条　【不得损害商誉】　　　　　　　　/ 174
  第十二条　【互联网不正当竞争行为】　　　　/ 178

## 第三章 对涉嫌不正当竞争行为的调查
  第十三条　【监督检查措施】　　　　　　　　/ 183
  第十四条　【被调查者义务】　　　　　　　　/ 185
  第十五条　【检查部门及人员保密义务】　　　/ 186
  第十六条　【举报制度】　　　　　　　　　　/ 187

## 第四章 法律责任
  第十七条　【民事赔偿及范围】　　　　　　　/ 188
  第十八条　【混淆行为的责任】　　　　　　　/ 190
  第十九条　【商业贿赂的责任】　　　　　　　/ 192
  第二十条　【虚假或误解宣传的责任】　　　　/ 193
  第二十一条　【侵犯商业秘密的责任】　　　　/ 194
  第二十二条　【违法有奖销售的责任】　　　　/ 195

| 第二十三条 | 【损害商誉的责任】 | / 196 |
| 第二十四条 | 【互联网不正当竞争行为的责任】 | / 197 |
| 第二十五条 | 【从轻、减轻或免除处罚】 | / 197 |
| 第二十六条 | 【信用记录及公示】 | / 199 |
| 第二十七条 | 【民事责任优先】 | / 200 |
| 第二十八条 | 【妨害监督检查的责任】 | / 200 |
| 第二十九条 | 【被处罚者的法律救济】 | / 201 |
| 第 三 十 条 | 【检查人员违法的责任】 | / 202 |
| 第三十一条 | 【刑事责任】 | / 203 |
| 第三十二条 | 【侵犯商业秘密案件的证据规则】 | / 204 |

## 第五章 附 则

第三十三条 【实施日期】 / 207

# 关联法规

禁止滥用知识产权排除、限制竞争行为规定 / 211
（2023 年 6 月 25 日）

最高人民法院关于审理垄断民事纠纷案件适用法律若干问题的解释 / 218
（2024 年 6 月 24 日）

最高人民法院关于适用《中华人民共和国反不正当竞争法》若干问题的解释 / 233
（2022 年 3 月 16 日）

最高人民法院关于审理侵犯商业秘密民事案件适用法律若干问题的规定 / 238
（2020 年 9 月 10 日）

禁止垄断协议规定 / 244
（2023 年 3 月 10 日）

禁止滥用市场支配地位行为规定 / 253
（2023 年 3 月 10 日）

经营者集中审查规定 / 263
（2023 年 3 月 10 日）

公平竞争审查条例　　　　　　　　　　　　　　/ 279
　　（2024 年 6 月 6 日）
公平竞争审查条例实施办法　　　　　　　　　/ 283
　　（2025 年 2 月 28 日）

## 实用附录

经营者集中反垄断合规指引　　　　　　　　　/ 297
重点法律术语速查表　　　　　　　　　　　　/ 305
参考书目　　　　　　　　　　　　　　　　　/ 307

# 实务应用速查表

01. 公平竞争审查的基本流程是什么？/ 11
02. 界定相关市场的一般方法是什么？/ 25
03. 在经营者竞争的市场范围不够清晰或不易确定时，如何界定相关市场？/ 27
04. 认定是否构成垄断协议，应当考虑哪些因素？/ 29
05. 横向垄断协议与纵向垄断协议的区别是什么？/ 39
06. 反垄断执法机构认定被调查的垄断协议是否符合豁免情形，应当考虑哪些因素？/ 46
07. 认定或者推定平台经营者是否具有市场支配地位，应当考虑哪些因素？/ 52
08. 《反垄断法》意义上的经营者集中与民商法意义上的企业并购等有什么区别？/ 72
09. 经营者集中的申报文件、资料应当包括哪些内容？有哪些注意事项？/ 76
10. 未经许可擅自使用他人控制的单一原始数据，何种情况下不构成不正当竞争？/ 131
11. 以相对优势地位拒绝交易是否构成不正当竞争？/ 132
12. "刷机"行为是否构成反不正当竞争？/ 132
13. 判断具有地域性特点的商品通用名称，需要考虑哪些方面？/ 141
14. 商标权和企业名称权能否互为权利基础？/ 141
15. 企业对于其曾用名是否享有企业名称权？/ 142
16. 将"老字号"注册为商标，何种情形下构成虚假宣传？/ 155
17. 商品产地标注错误，是否构成虚假宣传？/ 155

18. 作为商业秘密予以保护的客户信息与一般客户信息，区分的界限是什么？／167

19. 手机游戏比赛中安排机器人 ID 参加比赛并占据榜首，是否构成不正当有奖销售？／173

20. 电商领域如何区分合理维权与恶意投诉？／175

21. 网络评测中如何判断正当对比和商业诋毁的边界？／176

22. 通过技术手段干扰手机 APP 的运行，是否构成不正当竞争？／179

23. 直播流量造假，是否构成不正当竞争？／180

24. 通过技术手段以自动抢红包替代手动抢红包，是否构成不正当竞争？／180

25. 商业秘密权利人是否需要举证证明其主张保护的商业秘密"不为公众所知悉"？／205

# 案例指引速查表

**01.** 政府指定的拍卖机构对公共资源进行拍卖，对竞拍者收取保证金和拍卖手续费，是否构成垄断？/ 7

**02.** 判断是否属于滥用市场支配地位的原则性标准是什么？/ 14

**03.** "大数据杀熟"是否构成滥用市场支配地位？/ 17

**04.** 由权利内在的排他属性所形成的"垄断状态"，是否构成垄断？/ 30

**05.** 具有市场独占地位的公用企业从事市场经营活动，何种情形构成垄断？/ 31

**06.** 如何认定横向垄断协议的合同效力？/ 35

**07.** 迟延交易行为与拒绝交易的区别是什么？/ 37

**08.** 在药品零售渠道与交易相对人达成并实施固定和限定价格的垄断协议，应如何处罚？/ 39

**09.** 在经销合同中约定了限制最低转售价格条款，如何认定是否构成纵向垄断协议？/ 40

**10.** 行业协会以行业自律之名要求全体会员不得降价或变相降价，是否构成垄断？/ 47

**11.** 将数字电视基本收视服务和数字电视付费节目服务捆绑销售，是否违法？/ 53

**12.** 如何界定相关市场？/ 61

**13.** 以特许经营项目的名义确定特定企业为区域独家经营企业，该行为应当如何认定？/ 88

**14.** 行政机关与企业签订合同，约定只由该企业提供特定市场服务，是否构成排除、限制竞争？/ 90

15. 要求外地企业提供本地相关部门申请办理准运证，是否构成排除、限制竞争？／93

16. 招标投标中限定投标人为本地企业，是否构成排除、限制竞争？／96

17. 对拍卖竞买人的所有制形式、产业投入、履约保函等进行限定，是否构成排除、限制竞争？／100

18. 横向垄断协议实施者违约赔偿请求权是否合法？／109

19. 如何理解反垄断罚款基数"上一年度销售额"？／110

20. 如何认定"其他协同行为"？如何理解"上一年度"？／111

21. 如何计算横向垄断协议的损害赔偿数额？／113

22. 反垄断执法机构作出行政处罚后，消费者在就垄断行为主张损害赔偿的民事诉讼中能否减轻举证责任？／115

23. 如何判断涉及专利权许可的协议是否构成垄断协议？／121

24. 数据使用者不正当竞争行为如何认定？／133

25. 对知名商品特有的包装、装潢进行全面模仿，构成何种行为？／143

26. 使用有一定影响的作品名称推广自身作品，构成何种行为？／149

27. 认定商业贿赂如何取证？／152

28. 如何认定广告语是否构成虚假宣传？／156

29. "刷单炒信"行为是否构成不正当竞争？／162

30. 以全额返款的形式诱导博主对所购买的商品作出"种草笔记"，是否合法？／164

31. 技术秘密许可合同约定的保密期间届满后，被许可人是否仍需承担保密义务？／168

32. 明知是商业秘密权利人员工、前员工仍然使用其泄露的工艺配方和客户信息，行为如何认定？／169

33. 抽奖的奖品实物与图片不一致且差距较大，是否违法？／173

**34.** 将未定论的状态作为已定论的事实进行宣传散布，是否构成商业诋毁？／177

**35.** "陪伴式"直播是否构成不正当竞争？／181

**36.** 经营者利用技术手段，绕过互联网商业模式的技术限制，是否构成不正当竞争？／182

**37.** 销售与他人产品构成混淆的商品，如何承担法律责任？／191

**38.** 组织刷单构成犯罪的，如何承担法律责任？／203

**39.** 侵害技术秘密案件中，如何适用行为保全措施？／206

法律法规
新解读丛书

# 中华人民共和国反垄断法

竞争法
解读与应用

# 中华人民共和国反垄断法

- 2007年8月30日第十届全国人民代表大会常务委员会第二十九次会议通过
- 根据2022年6月24日第十三届全国人民代表大会常务委员会第三十五次会议《关于修改〈中华人民共和国反垄断法〉的决定》修正

## 第一章 总 则

**第一条 【立法目的】**[①] 为了预防和制止垄断行为，保护市场公平竞争，鼓励创新，提高经济运行效率，维护消费者利益和社会公共利益，促进社会主义市场经济健康发展，制定本法。

<u>条文解读</u>

2022年《反垄断法》完成了实施十余年来的第一次修正。在本次修正中，引入诸多新制度，如轴辐协议、垄断协议的安全港制度、互联网垄断行为、公平竞争审查制度、垄断行为的刑事责任、反垄断公益诉讼等。这既回应了新时代市场反竞争行为的挑战，也丰富和完善了《反垄断法》的制度体系。

**第二条 【适用范围】** 中华人民共和国境内经济活动中的垄断行为，适用本法；中华人民共和国境外的垄断行为，对境内市场竞争产生排除、限制影响的，适用本法。

---

① 本书条文主旨为编者所加，为方便读者检索使用，仅供参考，下同。

### 条文解读

**《反垄断法》的空间效力** ▶《反垄断法》的效力在空间上涉及的范围包括本国和有特定关系的外国。其中适用于外国地域的人和事的，称为域外效力。所谓域外效力，也称域外适用，是指国外企业发生在本国的经营行为或国外企业发生在国外的行为的结果对本国市场竞争有不利影响，导致本国《反垄断法》的适用效力。

本条对《反垄断法》的空间效力作了规定。域内适用是包括《反垄断法》在内的所有法律的题中应有之义。从法律规定的内容上看，我国《反垄断法》域外适用采取的是效果原则。效果原则比属地原则的包容性更强。例如，某国两家公司进行合并，其产品在中国市场有销售。在中国市场上销售的主体是该国公司在中国的分公司。从行为地的角度而言，发生经营者集中的两家公司在该国市场上，按照狭义的属地原则，中国反垄断执法机构则不具有管辖权。但如果按照效果原则，则以在中国市场上销售产品的状况决定，即不论在哪个国家地域内发生的垄断行为，只要"对境内市场竞争产生排除、限制影响"，均可以适用本法。

**产生排除、限制影响** ▶"产生排除、限制影响"本质上指竞争损害和损害的危险，即损害的可能性和损害的现实性。这里不论垄断行为是否实施，或不利后果是否显现，均强调的是若放任之则市场可能有"不可承受之重"。所以，从内涵上解释"产生排除、限制影响"，应包括"产生了"或"可能产生"。涉及具体垄断行为，其使用的词语略有变化，但实质不变。如《反垄断法》第34条（涉及经营者集中），使用的是"具有或者可能具有排除、限制竞争效果"。涉及垄断协议，通常也被司法机关或执法机关解释为"造成或可能造成排除、限制竞争"。不论使用哪种概念，在模式上，共同之处在于既包含目的，也包含效果。

**关联参见**

《涉外民事关系法律适用法》第 4 条；《最高人民法院关于适用〈中华人民共和国涉外民事关系法律适用法〉若干问题的解释（一）》第 8 条

> 第三条 【垄断行为的类型】本法规定的垄断行为包括：
> （一）经营者达成垄断协议；
> （二）经营者滥用市场支配地位；
> （三）具有或者可能具有排除、限制竞争效果的经营者集中。

**条文解读**

**垄断协议** ▷ 垄断协议，又称卡特尔，是指两个以上经营者相互间达成的排除、限制竞争的协议、决定或者其他协同行为。垄断协议包括横向垄断协议和纵向垄断协议。横向垄断协议是指具有竞争关系的经营者之间达成的排除、限制竞争的协议，主要包括：（1）固定或者变更商品价格；（2）限制商品的生产数量或者销售数量；（3）分割销售市场或者原材料采购市场；（4）限制购买新技术、新设备或者限制开发新技术、新产品；（5）联合抵制交易。纵向垄断协议是指经营者与交易相对人（一般不具有竞争关系）之间达成的排除、限制竞争的协议，主要包括固定向第三人转售商品的价格协议和限定向第三人转售商品的最低价格协议。垄断协议不仅包括书面形式的协议、决定，而且包括口头形式的协议、决定。同时，还包括既没有书面协议，也没有口头协议，但采取了步调一致的排除、限制竞争的行为。

**经营者滥用市场支配地位** ▷ 经营者滥用市场支配地位，是指具有市场支配地位的经营者，滥用其支配地位，从事排除、限制竞争的市场行为。它主要包括：（1）以不公平的高价销售商品或者以不公平的低价购买商品；（2）没有正当理由，以低于成本的价格销售商品；（3）没有正当理由,拒绝与交易相对人进行交易;(4)没有正当理由,限定交易相对人只能与其进行交易或者只能与其指定的经营者进行交易;(5)没有正当理由搭售商品,或者在交易时附加其他不合理的交易条件;(6)没有正当理由,对条件相同的交易相对人在交易价格等交易条件上实行差别待遇。为便于识别滥用市场支配地位的行为,《反垄断法》还对市场支配地位的定义及认定市场支配地位应依据的因素作了规定。

**经营者集中** 经营者集中,是指一个经营者通过特定的行为取得对另一个经营者的全部或部分控制权。根据本法第 25 条的规定,经营者集中包括三种情形:(1)经营者合并;(2)经营者通过取得股权或者资产的方式取得对其他经营者的控制权;(3)经营者通过合同等方式取得对其他经营者的控制权或者能够对其他经营者施加决定性影响。经营者集中具有有利于竞争和可能影响竞争的双重效果。一方面,经营者集中是形成规模经济,提高市场竞争力的重要手段;另一方面,过度的集中又会产生或加强市场支配地位,限制竞争,损害效率。《反垄断法》规定经营者集中制度的目的,就是通过对集中的控制,防止出现过度集中的市场力量,避免排除、限制竞争。为此,我国《反垄断法》借鉴国际上多数国家的做法,对经营者集中的申报制度、审查应考虑的因素、审查程序等作了规定。

**垄断行为和行政垄断的关系** 垄断法律关系的客体是行为,行政垄断也是以行为方式实施的垄断。为什么在本条只将垄断行为确立为包括垄断协议、滥用市场支配地位和经营者集中三种行为,且后面没有兜底性条款?从行政垄断产生的来源上看,包括具体行政行为和抽象行政行为。行政垄断的行为属性当无问题,这种权力滥用产生的垄断性应受《反垄断法》调整也无问题。没有将其列入本条"垄断行为",是因本条隐含着一个基本前提,即垄断行为是基于经济力量的滥用而产生的排除、限制竞争的行为。而行政垄断是基于行政力量产生的排除、限制竞争行为,由此,两者有本质的不同。

**案例指引**

**01.** 政府指定的拍卖机构对公共资源进行拍卖，对竞拍者收取保证金和拍卖手续费，是否构成垄断？[①]

潘某系上海市市民，多次参与上海某商品拍卖有限公司（以下简称上海拍卖公司）组织的上海市非营业性客车额度拍卖，但未获成功。上海拍卖公司根据上海市交通委员会的委托，为上海市非营业性客车额度的唯一拍卖公司。上海拍卖公司对于参加拍卖的竞拍者收取 2000 元保证金，并收取每次 100 元拍卖手续费。潘某提起诉讼认为，作为非营业性客车额度拍卖市场上唯一拍卖机构，上海拍卖公司利用其在上海非营业性客车额度拍卖市场的支配地位，对竞拍者收取高额保证金和拍卖手续费，构成滥用市场地位的垄断行为，诉请法院确认上海拍卖公司高额收费行为属于垄断行为，并赔偿其经济损失 300 元。法院经审理后认为，上海市非营业性客车额度属于由政府统一调控和管理的社会公共资源，不属于市场交易的商品或服务。对非营业性客车额度组织竞价拍卖，是政府交通管理职能部门调控和管理这种公共资源的一种具体方式。上海拍卖公司接受委托所提供的此项拍卖服务本质上不构成《反垄断法》规定可以竞争的商品或服务市场，不属于《反垄断法》调整范畴，遂判决驳回潘某的诉讼请求。

**第四条　【反垄断工作的原则要求】** 反垄断工作坚持中国共产党的领导。

国家坚持市场化、法治化原则，强化竞争政策基础地位，制定和实施与社会主义市场经济相适应的竞争规则，完善宏观调控，健

---

[①] 参见《2008-2018 年中国法院反垄断民事诉讼 10 大案件案情简介》（2018 年 11 月 16 日发布），潘某与上海某商品拍卖有限公司滥用市场支配地位纠纷案，载最高人民法院网 https：//www.chinacourt.org/article/detail/2018/11/id/3577648.shtml，最后访问日期：2024 年 11 月 12 日。

全统一、开放、竞争、有序的市场体系。

## 条文解读

加强党对经济工作的全面领导，是我国经济发展的根本保证。为建设统一、开放、竞争、有序的市场体系，促进社会主义市场经济健康发展，对反垄断工作十分重要。反垄断工作必须坚持党的领导，牢牢把握正确的政治方向。

竞争政策是政府为了充分发挥市场在资源配置中的决定性作用而实施的经济政策，与产业政策相对应。随着我国社会主义市场经济体制改革不断深化，越发认识到竞争政策基础地位的重要性。党的十九届四中全会通过的《中共中央关于坚持和完善中国特色社会主义制度 推进国家治理体系和治理能力现代化若干重大问题的决定》要求，强化竞争政策基础地位，落实公平竞争审查制度，加强和改进反垄断和反不正当竞争执法。2022年3月《中共中央 国务院关于加快建设全国统一大市场的意见》明确提出，坚持市场化、法治化原则，充分发挥市场在资源配置中的决定性作用，更好发挥政府作用，强化竞争政策基础地位。此次修改，将国家"坚持市场化、法治化原则""强化竞争政策基础地位"上升为法律规定。

我国实行以公有制为主体、多种所有制经济共同发展，按劳分配为主体、多种分配方式并存，社会主义市场经济体制的社会主义基本经济制度。制定《反垄断法》，既要研究借鉴其他国家反垄断制度的有益经验，更要从我国国情出发，不能简单照搬西方国家的反垄断制度。我国的竞争规则必须与社会主义市场经济的性质和发展要求相符合，与我国经济发展的阶段性特点相适应。必须按照建立统一、开放、竞争、有序的现代市场体系要求，坚决反对同建立和完善社会主义市场经济体制的改革目标相悖的市场垄断行为，维护正常的市场竞争秩序。同时，要完善国家宏观调控，统筹协调竞争政策与相关政策之间的关系，促进我国社会主义市场经济的健康发展。

**关联参见**

《中共中央关于坚持和完善中国特色社会主义制度 推进国家治理体系和治理能力现代化若干重大问题的决定》；《中共中央 国务院关于加快建设全国统一大市场的意见》；《反不正当竞争法》第1条；《消费者权益保护法》第1条

**第五条　【公平竞争审查制度】** 国家建立健全公平竞争审查制度。

行政机关和法律、法规授权的具有管理公共事务职能的组织在制定涉及市场主体经济活动的规定时，应当进行公平竞争审查。

**条文解读**

**公平竞争审查** ▶ 公平竞争审查是一项创新性的制度，也具有中国特色。2016年颁布的《国务院关于在市场体系建设中建立公平竞争审查制度的意见》（以下简称《意见》）对一直持续争议的经济转型过程中竞争政策和产业政策之间的关系有了基本的指向：确立了前者的优位地位。《意见》明确了两个审查的时间维度和效力跨度：既往效力——清理废除妨碍公平竞争的规定和做法；期后效力——出台的政策措施不得包含排除、限制竞争的要素。

在现行《反垄断法》中，对包括抽象行政行为性质的行政垄断，建立了两条监督轨道：一是上级机关对下级机关的监督；二是反垄断执法机构向上级机关提出建议。事实上，外部监督主体和内部监督的方式均有可进一步完善的空间。按照《意见》的规定，除上述方式外，审查还可以有两种方式：（1）事中的自我审查。即要求政策制定主体在政策制定过程中，严格对照审查标准进行自我审查，具体审查程序包括听取利害关系人的意见、向社会公开征求意见等。（2）委托第三方开展评估。《意见》开启了一种"未来模式"——在条件成熟时组织开展第三方评估。

关于审查标准，《意见》指出，要从维护全国统一市场和公平竞争的角度，按照以下标准进行审查：

1. 市场准入和退出标准。（1）不得设置不合理和歧视性的准入和退出条件；（2）公布特许经营权目录清单，且未经公平竞争，不得授予经营者特许经营权；（3）不得限定经营、购买、使用特定经营者提供的商品和服务；（4）不得设置没有法律法规依据的审批或者事前备案程序；（5）不得对市场准入负面清单以外的行业、领域、业务等设置审批程序。

2. 商品和要素自由流动标准。（1）不得对外地和进口商品、服务实行歧视性价格和歧视性补贴政策；（2）不得限制外地和进口商品、服务进入本地市场或者阻碍本地商品运出、服务输出；（3）不得排斥或者限制外地经营者参加本地招标投标活动；（4）不得排斥、限制或者强制外地经营者在本地投资或者设立分支机构；（5）不得对外地经营者在本地的投资或者设立的分支机构实行歧视性待遇，侵害其合法权益。

3. 影响生产经营成本标准。（1）不得违法给予特定经营者优惠政策；（2）安排财政支出一般不得与企业缴纳的税收或非税收入挂钩；（3）不得违法免除特定经营者需要缴纳的社会保险费用；（4）不得在法律规定之外要求经营者提供或者扣留经营者各类保证金。

4. 影响生产经营行为标准。（1）不得强制经营者从事《反垄断法》规定的垄断行为；（2）不得违法披露或者要求经营者披露生产经营敏感信息，为经营者从事垄断行为提供便利条件；（3）不得超越定价权限进行政府定价；（4）不得违法干预实行市场调节价的商品和服务的价格水平。没有法律、法规依据，各地区、各部门不得制定减损市场主体合法权益或者增加其义务的政策措施；不得违反《反垄断法》，制定含有排除、限制竞争内容的政策措施。

**实务应用**

**01.** 公平竞争审查的基本流程是什么？

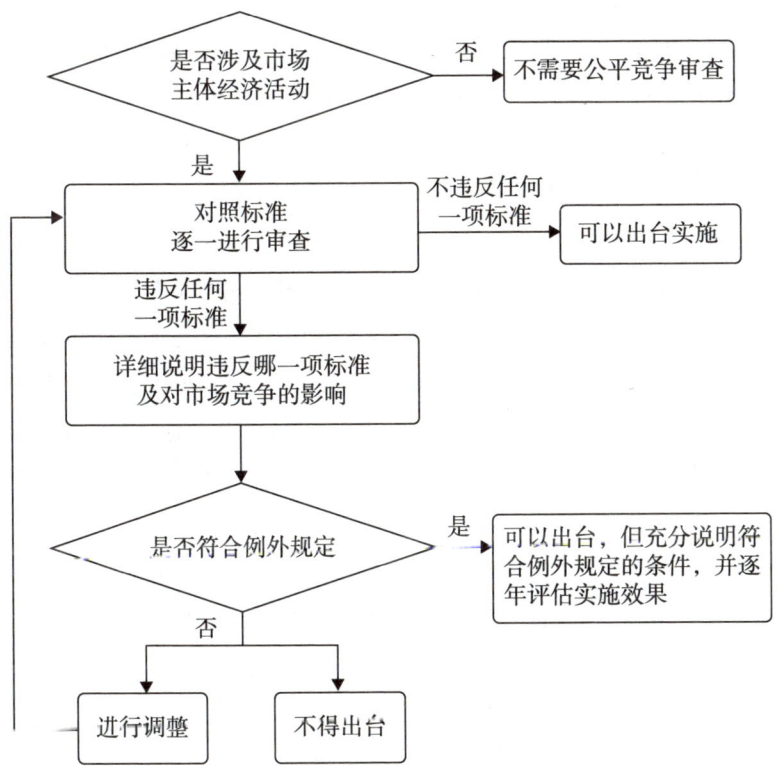

**关联参见**

《国务院关于在市场体系建设中建立公平竞争审查制度的意见》；《公平竞争审查制度实施细则》

**第六条** 【经营者集中的原则规定】经营者可以通过公平竞争、自愿联合，依法实施集中，扩大经营规模，提高市场竞争能力。

▎**条文解读**

  集中是经营者扩大自身规模，提高竞争能力，以更好地参与市场竞争的一种重要手段。集中可以为经营者带来好处，如实现规模经济，降低单位产品的成本，节约交易费用，提高生产效率，实施多样化生产而降低市场风险。但是，经营者集中也可能减少甚至消灭市场上的竞争者，产生或者加强经营者的市场支配地位，从而对市场的有效竞争造成威胁。正因为经营者集中可能对市场竞争产生不利后果，对于经营者集中的控制，就成为《反垄断法》的一项重要任务，对于具有或者可能具有排除、限制竞争后果的经营者集中，《反垄断法》明确禁止。

  在本条规定中，立法者为经营者的活动指出一条正向竞争的积极路径。由此，《反垄断法》的调整存在正向助力（引导形式）与反向的消除阻力（《反垄断法》第二章至第五章）两种方式。根据本条规定，经营者实施集中的，应遵循以下原则：一是经营者可以通过公平竞争、自愿联合，实施集中。根据我国当前的情况，经营者集中在一定程度上是有利于经济发展的，可以改善企业规模过小的情况，提高企业的生产效率和市场竞争力。特别是在经济全球化的条件下，鼓励国内企业通过经营者集中做大做强，提高国际竞争力，更有重要意义。因此，本条明确规定，经营者可以依法自愿实施集中。二是经营者集中应当依法进行。首先，经营者集中应当符合本法第四章的规定。其次，经营者集中还要符合其他有关法律、法规的规定。例如，以公司合并的形式实施集中的，应当符合公司法关于公司合并的规定。又如，有的行业监管法律，如证券法等要求特定行业的经营者的重大事项变更应当经过核准，经营者在实施集中时也都要严格遵守。

▎**关联参见**

  《国务院办公厅关于促进内外贸一体化发展的意见》

**第七条　【对具有市场支配地位的经营者的原则要求】** 具有市场支配地位的经营者，不得滥用市场支配地位，排除、限制竞争。

#### 条文解读

**市场支配地位** ▶ 市场支配地位是经营者参与相关市场竞争过程中垄断状态的表达。市场支配地位本质表现为市场控制力量，常称之为市场力量，往往以提价能力为核心。本法第 22 条第 3 款规定："本法所称市场支配地位，是指经营者在相关市场内具有能够控制商品价格、数量或者其他交易条件，或者能够阻碍、影响其他经营者进入相关市场能力的市场地位。"此处包含两个选择性条件：一是经营者具有控制商品价格、数量或者其他交易条件的能力；二是经营者具有排除、限制竞争的能力，即能够阻碍、影响其他经营者进入相关市场。

**滥用市场支配地位** ▶ 《反垄断法》并不禁止经营者取得市场支配地位；但是，具有市场支配地位的经营者，拥有强大的经济实力，能够控制市场上商品的价格、数量和其他交易条件，这种地位对市场竞争是一种潜在的威胁，如果其滥用市场支配地位，从事排除、限制竞争的行为，将会严重影响市场竞争秩序。滥用市场支配地位是经营者在参与相关市场竞争过程中实施垄断行为的重要表现，指企业凭借已经获得的市场支配地位，对其他市场主体实施不公平交易或者排挤竞争对手的行为。

**排除、限制竞争** ▶ 《反垄断法》所关注的重心并非个别经营者的利益，而是健康的市场竞争机制是否受到扭曲或者破坏，产生严重损害市场竞争效果是对市场行为进行反垄断干预的重要前提。

排除、限制竞争效果可以从两个方面理解：一是排除、限制竞争效果与垄断行为是否具有正当性并不等同。排除、限制竞争效果是具有市场支配地位的经营者实施特定滥用行为造成的竞争影响，判断垄断行为是否具有正当性即判断该行为是否存在合理性抗辩事由。两者既有联系，又存在区别。对正当性承担举证责任并不等同于对行为不具有排除、限制竞争的效果承担举证责任。二是排除、限制竞争效果不应与消费者福利损失相混淆。尽管消费者福利被视为各国反垄断法重要目标之一，但并不意味着反垄断执法机关面对垄断行为时，会直接关注该行为对终端消费者造成的影响。相反，通常而言，反垄断执法机关会优先关注被诉行为对一个或多个同业竞争者的影响，以此来判断是否存在排除、限制竞争者的效果，随后才会判断在此情况下是否会导致商品价格提高或改变市场结构，从而损害消费者福利。

### 案例指引

**02.** 判断是否属于滥用市场支配地位的原则性标准是什么？[①]

徐某（原审原告，上诉人）按照某即时通信软件表情包投稿要求上传 24 个表情，T 公司（原审被告，被上诉人）认为其投稿的"××"表情包旨在推广"×律师"互联网线上及线下法律咨询服务，违反《审核标准》中的禁止性约定未予审核通过。

徐某以滥用市场支配地位纠纷为由，对 T 公司提起诉讼，认为拒绝其投稿构成拒绝交易和限定交易。T 公司认为，其不具有市场支配地位，其基于企业自主经营权设定投稿审核标准，依约拒绝审核通过徐某投稿的表情包不属于滥用市场支配地位的行为。

法院生效裁判认为，本案中 T 公司被诉行为，不构成滥用市场支配地位。《反垄断法》规定，"具有市场支配地位的经营者，不得滥用市场支配地位，排除、限制竞争"，据此，"排除、限制竞争"是判断是否属于滥用市场支配地位的原则性标准。徐某涉案表情包投稿目的为商业推广，T 公司审核决定是否准入亦有其商业目的，二者地位平等，未达成合意系自由竞争市场的正常表现，T 公司的审稿行为本身没有排

---

[①] 参见《徐某、T 公司滥用市场支配地位纠纷二审民事判决书》，案号：（2016）粤民终 1938 号，载中国裁判文书网，最后访问日期：2024 年 11 月 18 日。

除、限制竞争之目的。同时,徐某通过多个商品推广渠道已能够满足并实现需求替代性的选择范围,T公司拒绝"××"表情包进驻不具有排除或者限制竞争效果,滥用市场支配地位无从谈起。

**关联参见**

《反垄断法》第22条、第23条、第24条;《关于相关市场界定的指南》第5条、第6条、第10条

**第八条　【特定行业经营者的经营行为】** 国有经济占控制地位的关系国民经济命脉和国家安全的行业以及依法实行专营专卖的行业,国家对其经营者的合法经营活动予以保护,并对经营者的经营行为及其商品和服务的价格依法实施监管和调控,维护消费者利益,促进技术进步。

前款规定行业的经营者应当依法经营,诚实守信,严格自律,接受社会公众的监督,不得利用其控制地位或者专营专卖地位损害消费者利益。

**条文解读**

**国有经济占控制地位的关系国民经济命脉和国家安全的行业** ▷ 2006年国资委《关于推进国有资本调整和国有企业重组指导意见》指出,重要行业和关键领域主要包括:涉及国家安全的行业,重大基础设施和重要矿产资源,提供重要公共产品和服务的行业,以及支柱产业和高新技术产业中的重要骨干企业。

一般而言,国有经济占控制地位的关系国民经济命脉和国家安全的行业多数以产业性质和国家干预形式为划分标准,具体分为自然垄断行业和政策性垄断行业。自然垄断行业的显著特征是投资数额大、投资周期长、规模要求高、公共服务性强。电信、电力、邮政、铁路运输、自来水和煤气等都是典型的自然垄断行业。政策性垄断行业,又称"法定

垄断行业",指国家基于社会经济总体和长远利益及政治、国防、外贸和其他国计民生等方面的政策性考虑,对于某些特定行业、特定主体和特定行为的垄断予以法律规制的例外许可,或法律规定予以鼓励和扶助,或实行国家垄断。通常政策性的行业垄断主要是某些同国计民生密切相关的行业,主要包括农林渔、银行、保险、烟草和食盐等。

**依法实行专营专卖的行业** ➡ 依法实行专营专卖的行业即国家直接垄断的行业,是政策性垄断的一种表现形式,指国家基于社会经济总体和长远利益及政治、国防和其他国计民生等方面的政策性考虑,在某些行业不仅允许垄断和限制竞争,而且规定由国家直接投资经营,并在一定程度上排除非国家资本的进入。我国实行专营专卖的行业主要包括烟草和食盐行业。

**特殊行业不得利用其控制地位或者专营专卖地位实施违法垄断行为** ➡ 上述特定行业涉及国民经济命脉,与公众利益关系密切,其经营行为受到社会的广泛关注。有些经营者滥用支配地位,制定垄断高价或者服务质量较差,损害消费者利益。例如,部分地区的烟草企业为了追求局部利益,滥用专营专卖地位,实施附条件交易、搭售、强制交易等行为,甚至通过增设税费、设卡堵截等方式阻止外地生产的烟草制品进入本地区销售。为此,本条第2款对这些特定行业经营者的经营行为作出了有针对性的规定,强调这些行业的经营者必须依法经营,严格自律,不得利用其垄断地位来实施垄断行为、损害消费者利益,这与本法第1条立法目的也是相同的。2022年《反垄断法》修正时新增的"公平竞争审查制度"也适用于本条所涉行业,避免政府利用相关政策排除、限制相关行业竞争,进而维护公平竞争的市场环境。

**关联参见**

《烟草专卖法》第1条、第3条;《烟草专卖法实施条例》第2条;《食盐专营办法》第2条、第4条

**第九条** 【经营者不得利用数据和算法、技术、资本优势以及平台规则进行垄断】经营者不得利用数据和算法、技术、资本优势以及平台规则等从事本法禁止的垄断行为。

### 条文解读

数字经济是一种以平台企业为重要组织形式的经济形态。数字平台企业之间的竞争具有"胜者通吃"进而诱发"资本无序扩张"的特点。在数字经济领域中,"胜者"一般是指拥有优越数据资源、掌握核心竞争技术、具有显著资本优势的互联网平台企业。不同于传统市场,互联网经济以平台为中心,形成双边市场或多边市场,若拥有经济权力的平台滥用其权力,产生的不利影响发散性更强,形成比传统市场更多维、多层次的危险结构,不限于横向和纵向扩展,还包括斜向(非横非纵)。常见的平台经济涉嫌滥用市场支配地位的垄断行为有"二选一""大数据杀熟"以及"自我优待"等。例如,"二选一"针对的是平台内经营者,但受害主体不限于平台内经营者,还包括另一边的消费者。此外,还可能波及横向关系的竞争者、受平台间接效应影响的主体,如广告商、辅助服务商等。

2021年原国务院反垄断委员会制定发布了《国务院反垄断委员会关于平台经济领域的反垄断指南》,该指南以《反垄断法》为依据,结合数字经济领域平台竞争的特殊性,有针对性地从垄断协议、滥用市场支配地位、经营者集中等方面为平台经济领域的监管提供了明确的指引。

### 案例指引

*03.* "大数据杀熟"是否构成滥用市场支配地位?[①]

胡女士一直都通过某 APP 来预订机票、酒店,因此,是平台上享

---

① 参见《"大数据杀熟第一案"参选"新时代推动法治进程 2022 年度十大案件"》(2022 年 12 月 21 日发布),载微信公众号"浙江天平"https://mp.weixin.qq.com/s/UtAKG2D-IuMtDVUsB2LsqA,最后访问日期:2024 年 11 月 12 日。

受8.5折优惠价的钻石贵宾客户。

2020年7月，胡女士像往常一样，通过某应用程序（APP）订购了舟山希尔顿酒店的一间豪华湖景大床房，支付价款2889元。然而，离开酒店时，胡女士偶然发现，酒店的实际挂牌价仅为1377.63元。胡女士不仅没有享受到星级客户应当享受的优惠，反而多支付了一倍多的房价。

胡女士与APP的运营方某商务有限公司沟通，对方以其系平台方，并非涉案订单的合同相对方等为由，仅退还了部分差价。

胡女士以某商务有限公司采集其个人非必要信息，进行"大数据杀熟"等为由诉至法院，要求退一赔三，并要求该APP为其增加不同意"服务协议"和"隐私政策"时仍可继续使用的选项，以避免被告采集其个人信息，掌握原告数据。

本案引发社会普遍关注，被称为"大数据杀熟第一案"。本案界定了数字经济背景下，平台经营者就平台内经营者应向消费者履行告知义务的程度和范围，以及其怠于履行监管职责可能导致的法律后果，对规范广大平台经营者起到了良好的示范效应。同时，本案审判对平台经营者在提供服务中合法、正当、必要的收集、使用个人信息问题进行了初步探讨，并对侵害个人信息的追责认定作出了先行探索和尝试，提出了依法严格保护个人信息应当平衡信息提供者利益、数据平台使用者利益和公共利益的司法理念，为规范个人信息收集、使用、加强个人信息权益保护、促进数字经济健康发展提供了良好的司法实践样本，也为类案审判起到了示范作用。

**关联参见**

《国务院反垄断委员会关于平台经济领域的反垄断指南》；《在线旅游经营服务管理暂行规定》第15条

**第十条 【不得滥用行政权力排除、限制竞争】** 行政机关和法律、法规授权的具有管理公共事务职能的组织不得滥用行政权力，排除、限制竞争。

### 条文解读

本条是关于禁止行政垄断的原则性规定，从主体、行为和结果三个方面阐释了行政垄断的特征。第一，"行政机关和法律、法规授权的具有管理公共事务职能的组织"是实施行政垄断的主体范围。行政机关包括国务院各部委、地方各级政府以及所属的行政部门，但是，在理解上，应当不包含国家最高行政机关，即作为中央人民政府的国务院。法律、法规授权的具有管理公共事务职能的组织是一类独立的行政主体，包括事业单位、社会团体等组织，其通过法律、行政法规以及地方性法规的授权而享有行政权力，履行行政职权，承担相应责任。第二，行政垄断的行为特征是"滥用行政权力"，根据分类标准不同，可以分为地区垄断与行业垄断、抽象行政行为垄断和具体行政行为垄断、作为型行政垄断和不作为型行政垄断等。第三，"排除、限制竞争"是行政垄断的结果要件。行政垄断损害了经营者的合法经营权利，剥夺了经营者应当拥有的竞争机会。这一结果要件使得行政垄断区别于一般行政法上行政主体滥用职权的行为。

### 关联参见

《制止滥用行政权力排除、限制竞争行为规定》；《国务院关于禁止在市场经济活动中实行地区封锁的规定》；《行政许可法》；《产品质量法》；《行政复议法》

**第十一条 【加强反垄断法实施】** 国家健全完善反垄断规则制度，强化反垄断监管力量，提高监管能力和监管体系现代化水平，加强反垄断执法司法，依法公正高效审理垄断案件，健全行政执法和司法衔接机制，维护公平竞争秩序。

### 条文解读

本条系宣示性规定，指向的是我国反垄断执法和司法的性质，条文本身并不能在执法或司法实践中直接适用。但是这一原则性质的条款也可以对实践思维提供一定指向，特别是其中关于执法与司法相衔接的要求。

行政执法与司法衔接机制的健全，首先要求不同机构之间法律适用的一致性，避免对于同一条款或者同一种垄断行为的适用方式出现不同的解释。例如，司法机关认为纵向垄断协议的适用应采合理原则，需要具备排除、限制竞争的效果才能被认定为违法，而行政执法机关则采本身违法原则，认为只要竞争行为符合纵向垄断协议的外观要件即可构成违法。执法和司法适用标准的不统一显然会造成《反垄断法》本身实施的不稳定性并且加剧其模糊性，同时严重影响当事人的行为预期。尽管在应然意义上，纵向垄断协议应该进行合理原则审查，但是考虑到我国现实的经济状况以及执法条件，在目前阶段应当遵循本身违法原则对纵向垄断协议进行审查，而不具有限制、排除竞争的效果只是当事人可以通过抗辩进行豁免的一个路径。尽管这似乎导致了理论层面适用标准本身的二元化，但这实际上是基于执法情况、完善执法司法衔接的一个尝试。这种尝试在2022年《反垄断法》修改过程中也得到了认可，其为纵向垄断协议规定了"本身违法+抗辩豁免"的适用路径。可以说，这也表明了未来我国反垄断实践过程中应当注重不同实施机构之间的协调统一。①

### 关联参见

《民事案件案由规定》十六、垄断纠纷

---

① 参见刘继峰等著：《中华人民共和国反垄断法理解与适用》，中国法制出版社2022年版，第51—52页。

**第十二条 【国务院反垄断委员会】**国务院设立反垄断委员会,负责组织、协调、指导反垄断工作,履行下列职责:

（一）研究拟订有关竞争政策;

（二）组织调查、评估市场总体竞争状况,发布评估报告;

（三）制定、发布反垄断指南;

（四）协调反垄断行政执法工作;

（五）国务院规定的其他职责。

国务院反垄断委员会的组成和工作规则由国务院规定。

■ 条文解读

本条是对于国务院反垄断委员会职责内容的规定,其并不能直接适用于反垄断执法或司法实践之中,但是可以为实践提供一种政策性的指导。其中,特别值得注意的反垄断委员会职能是"协调反垄断行政执法工作"的任务。尽管2018年机构改革之后原有的三大反垄断执法机构已经合并至国家市场监管总局之中,但是我国同样还存在反垄断执法机构与行业管制部门之间的执法协调问题。2023年12月,"国务院反垄断委员会"更名为"国务院反垄断反不正当竞争委员会"。

**第十三条 【反垄断执法机构】**国务院反垄断执法机构负责反垄断统一执法工作。

国务院反垄断执法机构根据工作需要,可以授权省、自治区、直辖市人民政府相应的机构,依照本法规定负责有关反垄断执法工作。

■ 条文解读

本条第1款主要有两层含义:一是国家层面,原来由商务部、国家发展改革委、原国家工商行政管理总局分散行使的反垄断执法权,已经统一由国家反垄断局行使,其他部门不再行使反垄断执法权。二是反垄断执法工作的专业性很强，为严格统一执法，同时考虑到建立全国统一、开放、竞争、有序的市场体系的需要，本法将反垄断执法作为中央事权，原则上应由国务院反垄断执法机构依据《反垄断法》行使，地方政府及其部门未经授权不得行使《反垄断法》的执法权。《禁止垄断协议规定》第2条第1款规定："国家市场监督管理总局（以下简称市场监管总局）负责垄断协议的反垄断统一执法工作。"第3条规定："市场监管总局负责查处下列垄断协议：（一）跨省、自治区、直辖市的；（二）案情较为复杂或者在全国有重大影响的；（三）市场监管总局认为有必要直接查处的。前款所列垄断协议，市场监管总局可以指定省级市场监管部门查处。省级市场监管部门根据授权查处垄断协议时，发现不属于本部门查处范围，或者虽属于本部门查处范围，但有必要由市场监管总局查处的，应当及时向市场监管总局报告。"

本条第2款属于反垄断执法权的纵向配置，即反垄断执法权在不同层级政府部门之间的配置。职权的纵向配置主要涉及反垄断执法权在中央与地方省级政府部门之间的配置。一方面，我国反垄断执法权基本属于中央事权。另一方面，省级政府相应机构只有在国务院反垄断执法机构的授权之下才能够展开相关的反垄断执法工作。省级相应机构一般指省市场监督管理局。《禁止垄断协议规定》第2条第2款规定："市场监管总局根据反垄断法第13条第2款规定，授权各省、自治区、直辖市市场监督管理部门（以下称省级市场监管部门）负责本行政区域内垄断协议的反垄断执法工作。"

**关联参见**

《市场监管总局关于反垄断执法授权的通知》；《禁止滥用市场支配地位行为规定》第2条；《禁止垄断协议规定》第2条、第3条

**第十四条** 【行业协会自律作用】行业协会应当加强行业自律，引导本行业的经营者依法竞争，合规经营，维护市场竞争

秩序。

### 条文解读

**行业协会** ➡ 行业协会，是由单一行业的竞争者所组成的非营利性组织。其职能主要是依据市场规则，结合本行业的特点，制定本行业的会规、行规或公约，约束本行业成员的市场行为，进行自我管理、集体自律。行业协会具有弥补市场失灵、协助政府管理等作用。

**行业协会对市场竞争的影响** ➡ 行业协会对市场竞争的影响具有两面性：一方面，行业协会应当发挥出规范、促进行业发展，维护市场竞争秩序的积极作用；另一方面，行业协会也可能被利用作为组织本行业经营者排除、限制竞争的工具。因此，本法从两个方面作了规范。一方面，加强正面引导，本条规定，行业协会应当加强行业自律，引导本行业的经营者依法竞争，合规经营，维护市场竞争秩序。另一方面，加强反面规范，明确行业协会不能为了行业利益而组织实施排除、限制竞争的行为，否则将承担相应的法律责任。

### 关联参见

《经营者反垄断合规指南》；《企业境外反垄断合规指引》

**第十五条** 【经营者和相关市场定义】本法所称经营者，是指从事商品生产、经营或者提供服务的自然人、法人和非法人组织。

本法所称相关市场，是指经营者在一定时期内就特定商品或者服务（以下统称商品）进行竞争的商品范围和地域范围。

### 条文解读

**经营者** ➡ 判断一个主体是否属于《反垄断法》上的经营者，关键在于它是否作为法律上和经济上的独立主体参与市场经济活动，而不在于它的具体组织形式。具体来说，要着重把握两点：一是该主体从事商品生产、经营或者提供服务，即参与市场经济活动。《反垄断法》上的经营者，包括独立参与市场经济活动的各类主体，从主体性质上看，包括自然人、法人和非法人组织；从营业性质上看，包括生产者、经销者和服务提供者。二是该主体具有法律上和经济上的独立性。经营者的一个显著特征是享有经营自主权，不具有独立性的企业部分，如分厂、销售网点等，不能被视为经营者。

**相关市场** ➡ 相关市场是指经营者在一定时期内就特定商品或者服务进行竞争的商品范围和地域范围。

界定相关商品市场，从需求替代角度，可以考虑需求者对商品价格等因素变化的反应、商品的特征与用途、销售渠道等因素。从供给替代角度，可以考虑其他经营者转产的难易程度、转产后所提供商品的市场竞争力等因素。

界定平台经济领域相关商品市场，可以根据平台一边的商品界定相关商品市场，也可以根据平台所涉及的多边商品，将平台整体界定为一个相关商品市场，或者分别界定多个相关商品市场，并考虑各相关商品市场之间的相互关系和影响。

界定相关地域市场，从需求替代角度，可以考虑商品的运输特征与成本、多数需求者选择商品的实际区域、地域间的贸易壁垒等因素。从供给替代角度，可以考虑其他地域经营者供应商品的及时性与可行性等因素。

此外，本条第2款所称经营者"一定时期内"就特定商品或者服务进行竞争，指的是相关市场上的时间因素，其可能会对相关市场上的商品因素和地域因素产生影响。当生产周期、使用期限、季节性、流行时尚性或知识产权保护期限等已构成商品不可忽视的特征时，界定相关市场还应考虑时间性。

在技术贸易、许可协议等涉及知识产权的反垄断执法工作中，可能还需要界定相关技术市场，考虑知识产权、创新等因素的影响。

**界定相关市场的基本依据** ➡ 在反垄断执法实践中，相关市场范围的大小主要取决于商品（地域）的可替代程度。在市场竞争中对经营者行为构成直接和有效竞争约束的，是市场里存在需求者认为具有较强替代关系的商品或能够提供这些商品的地域，因此，界定相关市场主要从需求者角度进行需求替代分析。当供给替代对经营者行为产生的竞争约束类似于需求替代时，也应考虑供给替代。

需求替代是根据需求者对商品功能用途的需求、质量的认可、价格的接受以及获取的难易程度等因素，从需求者的角度确定不同商品之间的替代程度。原则上，从需求者角度来看，商品之间的替代程度越高，竞争关系就越强，就越可能属于同一相关市场。

供给替代是根据其他经营者改造生产设施的投入、承担的风险、进入目标市场的时间等因素，从经营者的角度确定不同商品之间的替代程度。原则上，其他经营者生产设施改造的投入越少，承担的额外风险越小，提供紧密替代商品越迅速，则供给替代程度就越高，界定相关市场尤其在识别相关市场参与者时就应考虑供给替代。

**实务应用**

## 02. 界定相关市场的一般方法是什么？

界定相关市场的方法不是唯一的。在反垄断执法实践中，根据实际情况，可能使用不同的方法。界定相关市场时，可以基于商品的特征、用途、价格等因素进行需求替代分析，必要时进行供给替代分析。反垄断执法机构鼓励经营者根据案件具体情况运用客观、真实的数据，借助经济学分析方法来界定相关市场。无论采用何种方法界定相关市场，都要始终把握商品满足消费者需求的基本属性，并以此作为对相关市场界定中出现明显偏差时进行校正的依据。

1. 界定相关商品市场考虑的主要因素

从需求替代角度界定相关商品市场，可以考虑的因素包括但不限于以下各方面：（1）需求者因商品价格或其他竞争因素变化，转向或考虑转向购买其他商品的证据。(2) 商品的外形、特性、质量和技术特点等总体特征和用途。商品可能在特征上表现出某些差异,但需求者仍可以基于商品相同或相似的用途将其视为紧密替代品。(3) 商品之间的价格差异。通常情况下,替代性较强的商品价格比较接近,而且在价格变化时表现出同向变化趋势。在分析价格时,应排除与竞争无关的因素引起价格变化的情况。(4) 商品的销售渠道。销售渠道不同的商品面对的需求者可能不同,相互之间难以构成竞争关系,则成为相关商品的可能性较小。(5) 其他重要因素。如,需求者偏好或需求者对商品的依赖程度;可能阻碍大量需求者转向某些紧密替代商品的障碍、风险和成本;是否存在区别定价等。

从供给角度界定相关商品市场,一般考虑的因素包括:其他经营者对商品价格等竞争因素的变化做出反应的证据;其他经营者的生产流程和工艺,转产的难易程度,转产需要的时间,转产的额外费用和风险,转产后所提供商品的市场竞争力,营销渠道等。

任何因素在界定相关商品市场时的作用都不是绝对的,可以根据案件的不同情况有所侧重。

2. 界定相关地域市场考虑的主要因素

从需求替代角度界定相关地域市场,可以考虑的因素包括但不限于以下各方面:(1) 需求者因商品价格或其他竞争因素变化,转向或考虑转向其他地域购买商品的证据。(2) 商品的运输成本和运输特征。相对于商品价格来说,运输成本越高,相关地域市场的范围越小,如水泥等商品;商品的运输特征也决定了商品的销售地域,如需要管道运输的工业气体等商品。(3) 多数需求者选择商品的实际区域和主要经营者商品的销售分布。(4) 地域间的贸易壁垒,包括关税、地方性法规、环保因素、技术因素等。如关税相对商品的价格来说比较高时,则相关地域市场很可能是一个区域性市场。(5) 其他重要因素。如,特定区域需求者偏好;商品运进和运出该地域的数量。

从供给角度界定相关地域市场,一般考虑的因素包括:其他地域的经营者对商品价格等竞争因素的变化做出反应的证据；其他地域的经营者供应或销售相关商品的即时性和可行性，如将订单转向其他地域经营者的转换成本等。

## 03. 在经营者竞争的市场范围不够清晰或不易确定时，如何界定相关市场？

在经营者竞争的市场范围不够清晰或不易确定时，可以按照"假定垄断者测试"的分析思路来界定相关市场。

假定垄断者测试是界定相关市场的一种分析思路，可以帮助解决相关市场界定中可能出现的不确定性，目前为各国和地区制定反垄断指南时普遍采用。依据这种思路，人们可以借助经济学工具分析所获取的相关数据，确定假定垄断者可以将价格维持在高于竞争价格水平的最小商品集合和地域范围，从而界定相关市场。

假定垄断者测试一般先界定相关商品市场。首先从反垄断审查关注的经营者提供的商品（目标商品）开始考虑，假设该经营者是以利润最大化为经营目标的垄断者（假定垄断者），那么要分析的问题是，在其他商品的销售条件保持不变的情况下，假定垄断者能否持久地（一般为1年）小幅（一般为5%—10%）提高目标商品的价格。目标商品涨价会导致需求者转向购买具有紧密替代关系的其他商品，从而引起假定垄断者销售量下降。如果目标商品涨价后，即使假定垄断者销售量下降，但其仍然有利可图，则目标商品就构成相关商品市场。

如果涨价引起需求者转向具有紧密替代关系的其他商品，使假定垄断者的涨价行为无利可图，则需要把该替代商品增加到相关商品市场中，该替代商品与目标商品形成商品集合。接下来分析如果该商品集合涨价，假定垄断者是否仍有利可图。如果答案是肯定的，那么该商品集合就构成相关商品市场；否则还需要继续进行上述分析过程。

随着商品集合越来越大，集合内商品与集合外商品的替代性越来越小，最终会出现某一商品集合，假定垄断者可以通过涨价实现盈利，由此便界定出相关商品市场。

界定相关地域市场与界定相关商品市场的思路相同。首先从反垄断审查关注的经营者经营活动的地域（目标地域）开始，要分析的问题是，在其他地域的销售条件不变的情况下，假定垄断者对目标地域内的相关商品进行持久（一般为1年）小幅涨价（一般为5%—10%）是否有利可图。如果答案是肯定的，目标地域就构成相关地域市场；如果其他地域市场的强烈替代使得涨价无利可图，就需要扩大地域范围，直到涨价最终有利可图，该地域就是相关地域市场。

原则上，在使用假定垄断者测试界定相关市场时，选取的基准价格应为充分竞争的当前市场价格。但在滥用市场支配地位、共谋行为和已经存在共谋行为的经营者集中案件中，当前价格明显偏离竞争价格，选择当前价格作为基准价格会使相关市场界定的结果不合理。在此情况下，应该对当前价格进行调整，使用更具有竞争性的价格。

此外，一般情况下，价格上涨幅度为5%—10%，但在执法实践中，可以根据案件涉及行业的不同情况，对价格小幅上涨的幅度进行分析确定。

在经营者小幅提价时，并不是所有需求者（或地域）的替代反应都是相同的。在替代反应不同的情况下，可以对不同需求者群体（或地域）进行不同幅度的测试。此时，相关市场界定还需要考虑需求者群体和特定地域的情况。

### 关联参见

《关于相关市场界定的指南》；《国务院反垄断委员会关于平台经济领域的反垄断指南》第4条；《国务院反垄断委员会关于知识产权领域的反垄断指南》第4条；《国务院反垄断委员会关于药品领域的反垄断指南》第6条；《国务院反垄断委员会关于汽车业的反垄断指南》第3条

## 第二章 垄断协议

**第十六条 【垄断协议定义】**本法所称垄断协议,是指排除、限制竞争的协议、决定或者其他协同行为。

### 条文解读

**垄断协议** ● 垄断协议,是指两个或两个以上的经营者达成的或行业协会组织经营者达成的,排除、限制相关市场竞争的协议、决定或者其他协同行为。垄断协议分为横向协议和纵向协议。横向协议,又称为卡特尔,是处于同一生产或销售环节的竞争者间达成的排除、限制竞争的协议。纵向协议,是处于同一产业不同流通环节的具有交易关系的经营者间达成的排除、限制竞争的协议。

本条列举了垄断协议的三种表现形式,即协议、决定和协同行为。但是,对具体判定标准并未予以详细说明。作为本条款适用的补充,国家市场监管总局发布的《禁止垄断协议规定》第5条第3款指出,其他协同行为是指经营者之间虽未明确订立协议或者决定,但实质上存在协调一致的行为。第6条明确了认定其他协同行为应当考虑的因素:(1)经营者的市场行为是否具有一致性;(2)经营者之间是否进行过意思联络或者信息交流;(3)经营者能否对行为的一致性作出合理解释;(4)相关市场的市场结构、竞争状况、市场变化等情况。即协同行为须以经营者间存在意思联络为前提。一般情况下,在对意思联络进行判断时,只要经营者事前有联络、信息交换的事实,而基于共同认识、共同预测,步调一致地采取同一行为,即可认定存在。

### 实务应用

**04. 认定是否构成垄断协议,应当考虑哪些因素?**

认定垄断协议时应当考虑下列因素:(1)经营者达成、实施协议的事实;(2)市场竞争状况;(3)经营者在相关市场中的市场份额及其对市场的控制力；（4）协议对商品价格、数量、质量等方面的影响；（5）协议对市场进入、技术进步等方面的影响；（6）协议对消费者、其他经营者的影响；（7）与认定垄断协议有关的其他因素。

### 案例指引

**04.** 由权利内在的排他属性所形成的"垄断状态"，是否构成垄断？[①]

经中国足协授权，中超公司取得中超联赛资源代理开发经营权。中超公司于 2016 年网上公开招标 2017—2019 年中超联赛官方图片合作机构，映脉公司以相应报价中标，由此取得独家经营中超联赛图片资源的权利，而 T 公司未中标。但 T 公司仍于 2017 年、2018 年派人进入中超联赛现场拍摄图片并销售传播，期间中国足协出面发布声明予以制止以维护映脉公司的独家经营权。T 公司于 2020 年 6 月 24 日以中超公司、映脉公司滥用市场支配地位限定交易相对人只能与映脉公司进行交易为由，向法院起诉，请求判令中超公司、映脉公司停止垄断行为、消除影响、赔偿经济损失及合理开支。一审法院认为，现有证据不能证明中超公司、映脉公司具有市场支配地位，且两公司从事被诉行为具有正当理由，判决驳回 T 公司全部诉讼请求。T 公司不服，提起上诉。最高人民法院二审认为，《反垄断法》预防和制止滥用权利以排除、限制竞争的行为，但是由权利内在的排他属性所形成的"垄断状态"并非权利滥用行为。中超公司、映脉公司在中超联赛图片经营市场具有市场支配地位，但中超公司通过公开招标方式选择授权映脉公司独家经营 2017—2019 年中超联赛图片资源，在程序上体现了竞争；该经营权独家授予是竞争的应然结果，且有其合理理由，不具有反竞争效果。同时，中超

---

[①] 参见《人民法院反垄断典型案例》（2022 年 11 月 17 日发布），"涉中超联赛图片"滥用市场支配地位纠纷案【最高人民法院（2021）最高法知民终 1790 号】——体育赛事商业权利独家授权中的反垄断审查，载最高人民法院网 https：//www.court.gov.cn/zixun/xiangqing/379701.html，最后访问日期：2024 年 11 月 12 日。

联赛图片用户（需求方）只能向映脉公司购买该赛事图片，系基于原始经营权人中国足协依法享有的经营权并通过授权形成的结果，符合法律规定且有合理性，该限定交易情形有正当理由。最高人民法院终审判决，驳回上诉，维持原判。

本案明确了排他性民事权利的不正当行使才可能成为《反垄断法》预防和制止的对象，而民事权利的排他性或者排他性民事权利本身并不是《反垄断法》预防和制止的对象。本案对于厘清排他性民事权利的行使边界、保障企业的合法经营具有重要价值。

## 05. 具有市场独占地位的公用企业从事市场经营活动，何种情形构成垄断？①

H 公司是一家位于山东省威海市的房地产开发公司，2021 年 1 月 H 公司向法院起诉，请求判令威海 S 集团赔偿因其实施滥用市场支配地位的行为给 H 公司造成的经济损失并支付诉讼合理开支。一审法院认定，威海 S 集团在威海市区供水、污水设施建设和管理中处于市场支配地位，但现有证据不能证明威海 S 集团存在限定交易行为，判决驳回 H 公司诉讼请求。H 公司不服，提起上诉。最高人民法院二审认为，威海 S 集团不仅独家提供城市公共供水服务，而且承担着供水设施审核、验收等公用事业管理职责，其在参与供水设施建设市场竞争时，负有更高的不得排除、限制竞争的特别注意义务。威海 S 集团在受理给排水市政业务时，在业务办理服务流程清单中仅注明其公司及其下属企业的联系方式等信息，而没有告知、提示交易相对人可以选择其他具有相关资质的企业，属于隐性限定了交易相对人只能与其指定的经营者进行交易，构成限定交易行为。H 公司没有提供证据证明限定交易的实际支出高于正常竞争条件下的合理交易价格，且其自身对涉案给排水设施的拆除重建

---

① 参见《人民法院反垄断典型案例》（2022 年 11 月 17 日发布），"威海 S 集团"滥用市场支配地位纠纷案【最高人民法院（2022）最高法知民终 395 号】——公用企业限定交易行为的认定及损害赔偿计算，载最高人民法院网 https://www.court.gov.cn/zixun/xiangqing/379701.html，最后访问日期：2024 年 11 月 12 日。

负有主要责任，其也没有提供可供法院酌定损失的相关因素。最高人民法院终审判决，撤销一审判决，改判威海S集团赔偿H公司为调查、制止垄断行为所支付的合理开支。

本案明确了《反垄断法》上的限定交易行为可以是明示的、直接的，也可以是隐含的、间接的，阐明了认定限定交易行为的重点在于考察经营者是否实质上限制了交易相对人的自由选择权，为具有市场独占地位的经营者特别是公用企业提供了依法从事市场经营活动的行为指引。同时，本案明确了限定交易垄断行为造成损失的认定标准和举证责任分配，为类案审理中确定垄断行为的损害赔偿责任提供了裁判指引，也为垄断行为受害者通过提起反垄断民事诉讼积极寻求救济提供了规则指引。

**关联参见**

《禁止垄断协议规定》第5条、第6条、第16条、第21条；《国务院反垄断委员会关于平台经济领域的反垄断指南》第二章；《国务院反垄断委员会关于知识产权领域的反垄断指南》第二章；《国务院反垄断委员会关于药品领域的反垄断指南》第二章；《国务院反垄断委员会关于汽车业的反垄断指南》第二章

**第十七条　【横向垄断协议】** 禁止具有竞争关系的经营者达成下列垄断协议：

（一）固定或者变更商品价格；

（二）限制商品的生产数量或者销售数量；

（三）分割销售市场或者原材料采购市场；

（四）限制购买新技术、新设备或者限制开发新技术、新产品；

（五）联合抵制交易；

（六）国务院反垄断执法机构认定的其他垄断协议。

### 条文解读

**横向垄断协议** ➡ 横向垄断协议，是指两个或两个以上处于同一交易环节具有竞争关系的经营者之间达成的具有排除、限制竞争目的或效果的垄断协议。根据本条规定，横向垄断协议包括横向价格协议、限制数量协议、市场分割协议、限制创新协议、联合抵制协议等。作为横向垄断协议主体的"经营者"既可以是提供同种类商品和服务的供应者，也可以是购买同种类商品和服务的需求者。

**固定或者变更商品价格** ➡ 固定价格行为，是指具有竞争关系的经营者为避免价格竞争，通过协议、决议或者协同行为，共同决定商品或服务价格的协议。协议既可以是直接确定某商品或服务的价格，也可以是规定一个最低或者最高限价，还可以是规定统一的商品或服务价格的形成方式。《禁止垄断协议规定》第8条第1款规定，禁止具有竞争关系的经营者就固定或变更商品价格达成下列垄断协议：（1）固定或者变更价格水平、价格变动幅度、利润水平或者折扣、手续费等其他费用；（2）约定采用据以计算价格的标准公式、算法、平台规则等；（3）限制参与协议的经营者的自主定价权；（4）通过其他方式固定或者变更价格。

**限制商品的生产数量或者销售数量** ➡ 限制产量或销量协议也被称为数量卡特尔，是指具有竞争关系的经营者间达成合意或采取协调行为对商品的供给量或销售量等予以限制的协议。参与限制产量或销量协议的经营者通过控制或限制相关市场上产销的供给量，人为操控相关市场的供求关系，进而间接限制价格，破坏相关市场的竞争秩序。限制数量协议往往与价格协议联系在一起，危害市场竞争和消费者利益。

《禁止垄断协议规定》第9条规定，禁止具有竞争关系的经营者就限制商品的生产数量或者销售数量达成下列垄断协议：（1）以限制产量、固定产量、停止生产等方式限制商品的生产数量，或者限制特定品种、型号商品的生产数量；（2）以限制商品投放量等方式限制商品的销售数量,或者限制特定品种、型号商品的销售数量;(3)通过其他方式限制商品的生产数量或者销售数量。

**分割销售市场或者原材料采购市场** ⇨ 市场分割协议,是指生产或者销售同类产品的具有竞争关系的经营者间达成分割产品、产品销售地区、客户,排除、限制相关市场竞争的协议。本条第3项根据经营者进行活动的不同将分割市场分为分割销售市场与分割原材料采购市场。

《禁止垄断协议规定》第10条第1款规定,经营者就分割销售市场或者原材料采购市场达成的垄断协议包括以下几种形式:(1)划分商品销售地域、市场份额、销售对象、销售收入、销售利润或者销售商品的种类、数量、时间;(2)划分原料、半成品、零部件、相关设备等原材料的采购区域、种类、数量、时间或者供应商;(3)通过其他方式分割销售市场或者原材料采购市场。此外,该条第2款还指出,"原材料"还包括经营者生产经营所必需的数据、技术和服务等。

**限制购买新技术、新设备或者限制开发新技术、新产品** ⇨ 该类协议是指经营者之间联合限制购买新技术、新设备,或者限制开发新技术、新产品的协议。经营者限制购买新技术、新设备或者限制开发新技术、新产品,排除、限制了相关市场的技术竞争,阻碍了技术设备以及产品的升级和更新换代,会产生阻碍社会科技进步、经济发展的不利后果,《反垄断法》应当对其明确予以禁止。

对于该类协议,《禁止垄断协议规定》第11条规定了以下几种具体表现方式:(1)限制购买、使用新技术、新工艺;(2)限制购买、租赁、使用新设备、新产品;(3)限制投资、研发新技术、新工艺、新产品;(4)拒绝使用新技术、新工艺、新设备、新产品;(5)通过其他方式限制购买新技术、新设备或者限制开发新技术、新产品。

**联合抵制交易** ⇨ 联合抵制交易,又称共同拒绝交易,是指经营者无正当理由,与和自己具有竞争关系的同类经营者,共同拒绝其他经营者进行交易或限制交易内容,或者要求其他经营者实施上述行为的垄断协议行为。联合抵制交易分为直接联合抵制和间接联合抵制。直接联合抵制交易，是指经营者联合拒绝与特定经营者进行交易，体现为具有竞争关系的经营者联合拒绝向特定经营者供货；或者联合拒绝采购特定经营者的商品。间接联合抵制交易，是指具有竞争关系的经营者联合限定特定经营者不得与其具有竞争关系的其他经营者进行交易。

《禁止垄断协议规定》第12条明确禁止具有竞争关系的经营者达成如下类型的联合抵制交易协议：（1）联合拒绝向特定经营者供应或者销售商品；（2）联合拒绝采购或者销售特定经营者的商品；（3）联合限定特定经营者不得与其具有竞争关系的经营者进行交易；（4）通过其他方式联合抵制交易。

《禁止垄断协议规定》第13条规定，具有竞争关系的经营者不得利用数据和算法、技术以及平台规则等，通过意思联络、交换敏感信息、行为协调一致等方式，达成垄断协议。

**案例指引**

### 06. 如何认定横向垄断协议的合同效力？[①]

在吉某公司、承某公司与东某公司等13家被诉驾培单位以及第三人Z驾培公司横向垄断协议纠纷案中，同在某市的涉案15家驾培单位签订联营协议及自律公约，约定共同出资设立联营公司即Z驾培公司，固定驾驶培训服务价格、限制驾驶培训机构间的教练车辆及教练员流动，涉案15家驾培单位原先分散的辅助性服务（如报名、体检、制卡等）均由Z驾培公司统一在同一现场处理，Z驾培公司对应收取服务费850元。其中，联营协议第3条具体约定联营公司设立的注册资本与股本结构。涉案15家驾培单位中的吉某公司和承某公司以该15家单位构成垄断经营为由，向法院起诉，请求确认联营协议及自律公约无效。一

---

① 参见《人民法院反垄断典型案例》（2022年11月17日发布），"驾校联营"横向垄断协议纠纷案【最高人民法院（2021）最高法知民终1722号】——涉横向垄断协议的合同效力认定，载最高人民法院网 https://www.court.gov.cn/zixun/xiangqing/379701.html，最后访问日期：2024年11月12日。

审法院判决确认涉案联营协议及自律公约中构成横向垄断协议的相关条款无效，但同时认为，Z驾培公司统一处理涉案原先分散的辅助性服务，可提高服务质量、降低成本、增进效率，其收取850元服务费的行为符合垄断协议豁免条件。吉某公司、承某公司不服，提起上诉，请求改判确认联营协议中股本结构条款无效，东某公司等13家被诉驾培单位提出的固定价格协议豁免理由不能成立。最高人民法院二审认为，达成垄断协议的经营者欲以该协议具有2008年施行的《反垄断法》第15条第1款第1项至第5项情形为由主张豁免，应当提供充分证据证明协议具有上述5项法定情形之一所指积极的竞争效果或经济社会效果，且该效果是具体的、现实的，而不能仅仅依赖一般性推测或者抽象推定；一审法院在经营者没有提供真实、有效证据支持其豁免主张情况下，主要根据一般经验推定Z驾培公司统一提供服务的效果，直接认定其统一收费符合垄断协议豁免情形，适用法律不当。合同条款违反《反垄断法》关于禁止垄断行为的规定原则上无效；如果合同无效部分会影响其他部分效力的，其他部分也应无效；涉案联营协议第三条的约定主要是当事人实施横向垄断协议、实现市场垄断目的的手段；判断合同或者合同条款是否因违反《反垄断法》而无效时，还应该考虑消除和降低垄断行为风险的需要，实现《反垄断法》预防和制止垄断行为的立法目的。最高人民法院终审判决，撤销一审判决，确认案涉联营协议及自律公约全部无效。

　　本案强调当事人主张垄断协议豁免应当承担具体证明有关实际效果的举证责任，同时明确了认定涉横向垄断协议的民事行为无效的原则、考量因素与价值目标。本案裁判对于人民法院积极发挥反垄断司法职能作用，依法消除和降低垄断行为风险隐患，维护市场公平竞争，实现《反垄断法》预防和制止垄断行为的立法目的，具有示范意义。

## 07. 迟延交易行为与拒绝交易的区别是什么？[①]

某市 A 公司向一审法院提起诉讼称，A 公司系从事车用压缩天然气气瓶检验、安装的企业。华润车用气有限公司作为某市华润燃气有限公司下属子公司，系某市唯一从事天然气汽车加气业务的企业。华润车用气公司利用其市场支配地位，排除市场竞争，拒绝为 A 公司安装的天然气出租车办理 IC 加气卡，致使汽车无法正常加气，影响了 A 公司的正常经营，损害了 A 公司合法权益，遂请求法院依据《反垄断法》的相关规定，确认华润车用气公司实施了拒绝交易的垄断行为，并判令其履行交易义务及赔偿 A 公司相应的经济损失。法院经审理后认为，不能认定涉案被诉行为构成拒绝交易。民法上的迟延交易行为与《反垄断法》上的拒绝交易行为具有明确的法律界限，认定构成垄断行为必须严格把握法定要件。占市场支配地位的企业未能按照购买者的要求及时提供商品或者服务，并不一定构成拒绝交易；只有在该行为导致了市场竞争受到排除或限制时，才构成《反垄断法》规制的拒绝交易行为。

### 关联参见

《国务院反垄断委员会关于平台经济领域的反垄断指南》第 6 条；《国务院反垄断委员会关于知识产权领域的反垄断指南》第 7 条、第 11 条、第 12 条；《国务院反垄断委员会关于药品领域的反垄断指南》第二章；《国务院反垄断委员会关于汽车业的反垄断指南》第 5 条

**第十八条 【纵向垄断协议】** 禁止经营者与交易相对人达成下列垄断协议：

（一）固定向第三人转售商品的价格；

（二）限定向第三人转售商品的最低价格；

---

[①] 参见《2008-2018 年中国法院反垄断民事诉讼 10 大案件案情简介》（2018 年 11 月 16 日发布），某市 A 公司诉华润车用气有限公司拒绝交易纠纷上诉案，载最高人民法院网 https://www.court.gov.cn/zixun/xiangqing/130571.html，最后访问日期：2024 年 11 月 12 日。

(三) 国务院反垄断执法机构认定的其他垄断协议。

对前款第一项和第二项规定的协议，经营者能够证明其不具有排除、限制竞争效果的，不予禁止。

经营者能够证明其在相关市场的市场份额低于国务院反垄断执法机构规定的标准，并符合国务院反垄断执法机构规定的其他条件的，不予禁止。

## 条文解读

**纵向垄断协议** ➡ 纵向垄断协议是指在生产或者销售过程中处于不同阶段的经营者之间（如生产商与批发商之间、批发商与零售商之间）达成的协议。

实践中，固定向第三人转售商品的价格的典型情形有：固定向第三人转售商品的价格水平、价格变动幅度、利润水平或者折扣、手续费等其他费用。固定转售商品价格协议，与横向垄断协议中的固定价格协议一样，是最为严重的排除、限制竞争行为。

限定向第三人转售商品的最低价格的典型情形有：限定向第三人转售商品的最低价格，或者通过限定价格变动幅度、利润水平或者折扣、手续费等其他费用限定向第三人转售商品的最低价格。限制最低转售价格，不利于保护消费者利益，是最为严重的排除、限制竞争行为。

其他纵向垄断协议主要包括排他性交易协议、选择性交易协议、特许经营等。排他性交易和选择性交易多在汽车销售中出现。

经营者不得利用数据和算法、技术以及平台规则等，通过对价格进行统一、限定或者自动化设定转售商品价格等方式，达成纵向垄断协议。

**纵向垄断协议的反证** ➡ 本条第2款为2022年修法新增条款，明确了涉嫌违法行为人如果能够证明限定最低转售价格协议或固定转售价格协议不具有排除、限制竞争效果的，则不予禁止。该款赋予了经营者就上述协议不具备排除、限制市场竞争效果进行抗辩的权利。

**纵向垄断协议的安全港制度** ➡ 本条第3款为新增条款，确定了以

"市场份额"为标准的适用于纵向垄断协议的"安全港制度",即实施纵向垄断协议的经营者能够证明其在相关市场的市场份额低于反垄断执法机构规定标准,并符合相关规定条件的,不予禁止。2022年《反垄断法》修法对"安全港制度"进行了重点修改,调整为仅对纵向垄断协议适用"安全港制度",横向垄断协议不再适用。

### 实务应用

**05.** 横向垄断协议与纵向垄断协议的区别是什么?

横向垄断协议发生在处于同一交易环节且有竞争关系的经营者之间,而纵向垄断协议则发生在处于同一交易领域不同交易环节的经营者与其交易相对人之间。它们之间不但不具有客观上的竞争关系,反而具有商品的生产、流通、销售等环节上的相互依赖关系。一般来说,横向垄断协议具有一致对外性,经营者间具有共同的限制价格、产量、技术竞争等目的,而达成纵向垄断协议的经营者和交易相对人之间一般不存在共同的目的。

### 案例指引

**08.** 在药品零售渠道与交易相对人达成并实施固定和限定价格的垄断协议,应如何处罚?[①]

2019年11月,市场监管总局根据举报,对某药业公司涉嫌达成并实施垄断协议行为立案调查。

经查,2015年至2019年,某药业公司在全国范围内(不含港澳台地区)通过签署合作协议、下发调价函、口头通知等方式,与药品批发商、零售药店等下游企业达成固定药品转售价格和限定药品最低转售价

---

① 参见《国家市场监督管理总局行政处罚决定书》(国市监处〔2021〕29号),载国家市场监督管理总局网 https://www.samr.gov.cn/xw/zj/art/2023/art_410ce5f2019d42d7b7418c6d81146b10.html,最后访问日期:2024年11月12日。

格的协议，并通过制定实施规则、强化考核监督、惩罚低价销售经销商、委托中介机构监督线上销售药品价格等措施保证该协议实施。某药业公司上述行为排除、限制了竞争，损害了消费者合法权益和社会公共利益，违反《反垄断法》第14条（现为第18条）"禁止经营者与交易相对人达成下列垄断协议：（一）固定向第三人转售商品的价格；（二）限定向第三人转售商品的最低价格"的规定。

2021年4月15日，市场监管总局根据《反垄断法》第46条（现为第56条）、第49条（现为第59条）规定作出行政处罚决定，责令某药业公司停止违法行为，并处以其2018年销售额254.67亿元3%的罚款，计7.64亿元。

药品价格关系国计民生，涉及减轻群众就医负担、增进民生福祉等重大问题，市场监管总局将持续加强医药领域反垄断执法，有效预防和制止垄断行为，切实保护市场公平竞争，维护消费者合法权益和社会公共利益，促进社会主义市场经济健康发展。

## 09. 在经销合同中约定了限制最低转售价格条款，如何认定是否构成纵向垄断协议？[①]

北京A有限公司作为Q（上海）医疗器材有限公司、Q（中国）医疗器材有限公司（以下合称Q公司）医用缝线、吻合器等医疗器械产品的经销商，与Q公司已有15年的经销合作关系。2008年1月，Q公司与A公司签订《经销合同》及附件，约定A公司不得以低于Q公司规定的价格销售产品。2008年3月，A公司在北京大学人民医院举行的强生医用缝线销售招标中以最低报价中标。2008年7月，Q公司以A公司私自降价为由取消A公司在阜外医院、整形医院的经销权。2008年8月15日后，Q公司不再接受A公司医用缝线产品订单，2008年9月完

---

[①] 参见《2008—2018年中国法院反垄断民事诉讼10大案件案情简介》（2018年11月16日发布）、北京A有限公司诉Q（上海）医疗器材有限公司、Q（中国）医疗器材有限公司纵向垄断协议纠纷上诉案，载最高人民法院网 https：//www.court.gov.cn/zixun/xiangqing/130571.html，最后访问日期：2024年11月12日。

全停止了缝线产品、吻合器产品的供货。2009年，Q公司不再与A公司续签经销合同。A公司遂诉至法院，主张Q公司在经销合同中约定的限制最低转售价格条款，构成《反垄断法》所禁止的纵向垄断协议，请求判令Q公司赔偿因执行该垄断协议对A公司低价竞标行为进行"处罚"而给其造成的经济损失人民币1439.93万元。

一审法院判决驳回A公司的诉讼请求。A公司不服，提起上诉。

上海市高级人民法院二审认为，依据产品的需求、供给的替代性分析，应将本案的相关市场界定为中国大陆地区医用手术缝线市场，并且可以认定此相关市场竞争并不充分；Q公司凭借其在全球市场的优势、其丰富的产品品种、很高的产品声誉、其对销售渠道的控制以及其他优势，在竞争并不充分的本案相关市场具有很强的竞争优势和定价能力；Q公司对经销商的管理考评制度等证据表明其实施本案限制最低转售价格行为具有明显限制竞争的动机；Q公司所实施本案限制最低转售价格行为，导致中国大陆地区医用手术缝线市场的产品价格长期维持在一个较高水平，限制了市场竞争，而没有产生其他促进竞争的效果。综合上述情况，二审法院认定本案所涉限制最低转售价格协议属于《反垄断法》所禁止的垄断协议，Q公司制定、实施该协议并按该协议处罚A公司的行为属违法行为，故判决Q公司赔偿A公司经济损失人民币53万元。

## 关联参见

《禁止垄断协议规定》第14条；《国务院反垄断委员会关于平台经济领域的反垄断指南》第7条；《禁止滥用知识产权排除、限制竞争行为规定》第5条、第6条；《国务院反垄断委员会关于知识产权领域的反垄断指南》第5条、第8条、第9条、第10条；《国务院反垄断委员会关于汽车业的反垄断指南》第4条、第6条

**第十九条　【组织、帮助达成垄断协议】**经营者不得组织其他经营者达成垄断协议或者为其他经营者达成垄断协议提供实质性帮助。

### 条文解读

**轴辐协议** ● 本条是 2022 年修法中的新增条款,是对经营者"组织""帮助"其他经营者达成垄断协议的禁止性规定。作为本次修法的一大亮点,本条旨在强调,本法不仅禁止经营者之间或者经营者与交易相对人之间达成垄断协议,亦禁止经营者组织其他经营者达成垄断协议或者为其他经营者达成垄断协议提供实质性帮助。本次修法明确了垄断协议的组织者、帮助者的责任。2021 年颁布的《国务院反垄断委员会关于平台经济领域的反垄断指南》中将该种情形的协议界定为"轴辐协议"。

轴辐协议,又称中心辐射型垄断协议,是处于产业链上下游的经营者之间达成的一种排除、限制竞争的协议,由一个经营者(轴心经营者)与其上游或者下游的多个经营者(轮缘经营者)分别订立相互平行的纵向协议,轮缘经营者之间经由轴心经营者达成横向合谋,实现排除、限制竞争的目的。这种垄断协议类似马车或者自行车的车轮,轴心经营者相当于车轴,轮缘经营者相当于辐条,因此被形象地称为轴辐协议。

本条规定的经营者组织其他经营者达成垄断协议,包括下列情形:(1)经营者不属于垄断协议的协议方,在垄断协议达成或者实施过程中,对协议的主体范围、主要内容、履行条件等具有决定性或者主导作用。(2)经营者与多个交易相对人签订协议,使具有竞争关系的交易相对人之间通过该经营者进行意思联络或者信息交流,达成《禁止垄断协议规定》第 8 条至第 13 条的垄断协议。(3)通过其他方式组织其他经营者达成垄断协议。

经营者为其他经营者达成垄断协议提供实质性帮助,包括提供必要的支持、创造关键性的便利条件，或者其他重要帮助。

**关联参见**

《禁止垄断协议规定》第18条；《国务院反垄断委员会关于平台经济领域的反垄断指南》第8条

**第二十条　【垄断协议豁免】** 经营者能够证明所达成的协议属于下列情形之一的，不适用本法第十七条、第十八条第一款、第十九条的规定：

（一）为改进技术、研究开发新产品的；

（二）为提高产品质量、降低成本、增进效率，统一产品规格、标准或者实行专业化分工的；

（三）为提高中小经营者经营效率，增强中小经营者竞争力的；

（四）为实现节约能源、保护环境、救灾救助等社会公共利益的；

（五）因经济不景气，为缓解销售量严重下降或者生产明显过剩的；

（六）为保障对外贸易和对外经济合作中的正当利益的；

（七）法律和国务院规定的其他情形。

属于前款第一项至第五项情形，不适用本法第十七条、第十八条第一款、第十九条规定的，经营者还应当证明所达成的协议不会严重限制相关市场的竞争，并且能够使消费者分享由此产生的利益。

**条文解读**

**垄断协议的豁免** ➡ 垄断协议的豁免，是指经营者之间的协议、决议或者其他协同行为，虽然有排除、限制竞争的影响，但该类协议在其他方面所带来的好处要大于其对竞争的不利影响，因此法律对其予以豁

免,排除适用《反垄断法》的禁止性规定。本条规定对符合以下情形的垄断协议予以豁免:

1. 为改进技术、研究开发新产品的,即"研发卡特尔"。在激烈的市场竞争中,企业为了改进技术、研究开发新产品,有必要与其他企业进行合作。改进技术、研究开发新产品,可以提高生产效率,增加产品供给,有利于经济发展和消费者利益,相关协议应当予以豁免。

2. 为提高产品质量、降低成本、增进效率,统一产品规格、标准或者实行专业化分工的,即"标准化卡特尔"或者"专业化卡特尔"。统一产品的规格、标准,主要是指经营者对各种原材料、半成品或者成品在性能、规格、质量、等级等方面规定统一要求,使商品之间具有可替代性和兼容性。实行专业化分工,是指经营者发挥各自专长,分工协作,使它们从生产多种商品的全能型企业转变为专门化企业,以优化资源配置、提高经济效率,实现经济合理化。这两种行为有利于提高产品质量、降低成本、增进效率、实现规模经济,有利于增加消费者福利,相关协议应当予以豁免。

3. 为提高中小经营者经营效率,增强中小经营者竞争力的,即"中小企业合作卡特尔"。相对于大企业,中小企业在竞争中处于不利地位,因此需要在生产、研发、融资、管理、宣传、采购、销售等方面进行合作。"中小企业合作卡特尔"有利于中小企业降低成本,提高经营效率,增强竞争力,也可以使消费者获得质量更好、价格更低的产品,有利于消费者利益,相关协议应当予以豁免。

4. 为实现节约能源、保护环境、救灾救助等社会公共利益的,即"公共利益卡特尔"。节约能源、保护环境、救灾救助等涉及社会公共利益的行为,有利于社会的持续发展,有利于人民群众的利益,相关协议应当予以豁免。该项实施的难点在于如何认定"社会公共利益"。"社会公共利益"是一个不确定的法律概念,具有高度抽象性和概括性,在不同的法律语境下,社会公共利益的内涵与外延也具有较大的差异性。《反垄断法》语境下的社会公共利益,学界通说是"以自由竞争为基础的经济秩序",因为竞争是一种最理想的资源配置方式,竞争所产生的效果反映客观规律,即那些效益好的经济主体将获得利润,效益差的经济主体将面临亏损与破产。竞争秩序和竞争效率源自经济规律,只有在尊重经济规律的前提下构建竞争法律制度才能维护竞争秩序和提高竞争效率。①

5. 因经济不景气,为缓解销售量严重下降或者生产明显过剩的,即"萧条卡特尔"或者"结构危机卡特尔"。这主要是针对特定经济时期作的规定。在经济不景气时,市场严重供大于求,销售量大幅度下降,生产大量过剩。在这种特定情况下,经营者达成限制产量或者销量等协议,可以减少社会资源浪费,有利于经济的恢复,相关协议应当予以豁免。然而,协调生产能力、生产结构的协议具有严重限制竞争的效果,对于此类协议的豁免,需要根据相关市场运行的具体情况,进行慎重决定。

6. 为保障对外贸易和对外经济合作中的正当利益的,即"出口卡特尔"。对外贸易和对外经济合作主要是指货物进出口、技术进出口和国际服务贸易以及劳务输出等活动。为了保障我国对外贸易和经济合作中的正当利益,相关协议应当予以豁免。

7. 法律和国务院规定的其他情形。本项规定有两层含义:一是除本条规定的豁免情形外,如果其他法律对垄断协议豁免的情形作了规定,则应当豁免适用本法;二是本项还授权国务院可以在本法规定的豁免情形之外,规定其他的豁免情形。

---

① 参见刘继峰:《反垄断法益分析方法的建构及其运用》,载《中国法学》2013年第6期。

### 实务应用

**06.** 反垄断执法机构认定被调查的垄断协议是否符合豁免情形，应当考虑哪些因素？

反垄断执法机构认定被调查的垄断协议是否构成豁免，应当考虑下列因素：（1）协议实现该情形的具体形式和效果；（2）协议与实现该情形之间的因果关系；（3）协议是否是实现该情形的必要条件；（4）其他可以证明协议属于相关情形的因素。反垄断执法机构认定消费者能否分享协议产生的利益，应当考虑消费者是否因协议的达成、实施在商品价格、质量、种类等方面获得利益。

### 关联参见

《禁止垄断协议规定》第 20 条

**第二十一条　【行业协会不得组织垄断协议】**行业协会不得组织本行业的经营者从事本章禁止的垄断行为。

### 条文解读

**行业协会** ▶ 行业协会是指由同行业经济组织和个人组成，行使行业服务和自律管理职能的各种协会、学会、商会、联合会、促进会等社会团体法人。

禁止行业协会从事下列行为：（1）制定、发布含有排除、限制竞争内容的行业协会章程、规则、决定、通知、标准等；（2）召集、组织或者推动本行业的经营者达成含有排除、限制竞争内容的协议、决议、纪要、备忘录等；（3）其他组织本行业经营者达成或者实施垄断协议的行为。

## 案例指引

**10.** 行业协会以行业自律之名要求全体会员不得降价或变相降价，是否构成垄断？[①]

2017年9月，A市机动车检测行业协会为抵制个别检测单位降价或变相降价，制订《工作方案》并通过会员《公约》，以行业自律之名要求全体会员不得降价或变相降价。为保证落实到位，还要求会员单位缴纳保证金。2018年前后，A市机动车检测行业协会多次倡导并讨论如何调整收费，制定统一调价方案并组织实施。自2018年6月4日起，协会31家会员单位同步执行新的收费标准，调整后的收费标准几乎完全相同。因集体同步统一涨价且涨价幅度较大，此事引发当地热议和媒体关注。广东省市场监管局开展反垄断调查后，认定A市机动车检测行业协会上述行为违反了《反垄断法》的相关规定，对其处以罚款40万元。A市机动车检测行业协会不服该行政处罚决定，向广州知识产权法院起诉，请求撤销涉案处罚决定。该院审理认为，A市机动车检测行业协会利用行业特性所产生的区域影响力限制会员单位降价或变相降价，制定了划定各项收费项目收费下限的统一收费标准及实施时间的垄断协议，并组织会员单位实施的行为，属于排除、限制竞争的垄断行为。经对被诉行政行为进行全面审查后，驳回了A市机动车检测行业协会的全部诉讼请求。一审宣判后，双方均未上诉。

行业协会既有促进行业发展和市场竞争，维护消费者合法权益的功能，又有促成和便利相关企业实施垄断行为的可能性和风险。行业协会应当加强行业自律、引导行业依法竞争和合规经营。本案分析了被诉行业协会通过集体决策实施垄断行为的本质，对于规范行业协会加强自

---

[①] 参见《人民法院反垄断典型案例》（2022年11月17日发布），"A市机动车检测行业协会横向垄断协议"反垄断行政处罚案【广州知识产权法院（2020）粤73行初12号】——行业协会行为的反垄断审查，载最高人民法院网 https://www.court.gov.cn/zixun/xiangqing/379701.html，最后访问日期：2024年11月12日。

律、引导其防范垄断风险具有积极意义。

**关联参见**

《禁止垄断协议规定》第21条；《禁止滥用知识产权排除、限制竞争行为规定》第12条；《最高人民法院关于审理垄断民事纠纷案件适用法律若干问题的解释》第1条

## 第三章 滥用市场支配地位

**第二十二条 【禁止滥用市场支配地位】** 禁止具有市场支配地位的经营者从事下列滥用市场支配地位的行为：

（一）以不公平的高价销售商品或者以不公平的低价购买商品；

（二）没有正当理由，以低于成本的价格销售商品；

（三）没有正当理由，拒绝与交易相对人进行交易；

（四）没有正当理由，限定交易相对人只能与其进行交易或者只能与其指定的经营者进行交易；

（五）没有正当理由搭售商品，或者在交易时附加其他不合理的交易条件；

（六）没有正当理由，对条件相同的交易相对人在交易价格等交易条件上实行差别待遇；

（七）国务院反垄断执法机构认定的其他滥用市场支配地位的行为。

具有市场支配地位的经营者不得利用数据和算法、技术以及平台规则等从事前款规定的滥用市场支配地位的行为。

本法所称市场支配地位，是指经营者在相关市场内具有能够控制商品价格、数量或者其他交易条件，或者能够阻碍、影响其他经营者进入相关市场能力的市场地位。

### 条文解读

**市场支配地位** ➡ 市场支配地位是指经营者在相关市场内具有能够控制商品价格、数量或者其他交易条件，或者能够阻碍、影响其他经营者进入相关市场能力的市场地位。

其他交易条件是指除商品价格、数量之外能够对市场交易产生实质影响的其他因素，包括商品品种、商品品质、付款条件、交付方式、售后服务、交易选择、技术约束等。

能够阻碍、影响其他经营者进入相关市场，包括排除其他经营者进入相关市场，或者延缓其他经营者在合理时间内进入相关市场，或者导致其他经营者虽能够进入该相关市场但进入成本大幅提高，无法与现有经营者开展有效竞争等情形。

**不公平的高价、不公平的低价** ➡ 禁止具有市场支配地位的经营者以不公平的高价销售商品或者以不公平的低价购买商品。认定"不公平的高价"或者"不公平的低价"，可以考虑下列因素：（1）销售价格或者购买价格是否明显高于或者明显低于其他经营者在相同或者相似市场条件下销售或者购买同种商品或者可比较商品的价格；（2）销售价格或者购买价格是否明显高于或者明显低于同一经营者在其他相同或者相似市场条件区域销售或者购买同种商品或者可比较商品的价格；（3）在成本基本稳定的情况下，是否超过正常幅度提高销售价格或者降低购买价格；（4）销售商品的提价幅度是否明显高于成本增长幅度，或者购买商品的降价幅度是否明显高于交易相对人成本降低幅度；（5）需要考虑的其他相关因素。

涉及平台经济领域，还可以考虑平台涉及多边市场中各相关市场之间的成本关联情况及其合理性。

认定市场条件相同或者相似，应当考虑经营模式、销售渠道、供求状况、监管环境、交易环节、成本结构、交易情况、平台类型等因素。

**以低于成本的价格销售商品** ➡ 禁止具有市场支配地位的经营者没

有正当理由，以低于成本的价格销售商品。

认定以低于成本的价格销售商品，应当重点考虑价格是否低于平均可变成本。平均可变成本是指随着生产的商品数量变化而变动的每单位成本。涉及平台经济领域，还可以考虑平台涉及多边市场中各相关市场之间的成本关联情况及其合理性。

"正当理由"包括：（1）降价处理鲜活商品、季节性商品、有效期限即将到期的商品或者积压商品的；（2）因清偿债务、转产、歇业降价销售商品的；（3）在合理期限内为推广新商品进行促销的；（4）能够证明行为具有正当性的其他理由。

**拒绝与交易相对人进行交易** ➡ 禁止具有市场支配地位的经营者没有正当理由，通过下列方式拒绝与交易相对人进行交易：（1）实质性削减与交易相对人的现有交易数量；（2）拖延、中断与交易相对人的现有交易；（3）拒绝与交易相对人进行新的交易；（4）通过设置交易相对人难以接受的价格、向交易相对人回购商品、与交易相对人进行其他交易等限制性条件，使交易相对人难以与其进行交易；（5）拒绝交易相对人在生产经营活动中，以合理条件使用其必需设施。

在依据前述第5项认定经营者滥用市场支配地位时，应当综合考虑以合理的投入另行投资建设或者另行开发建造该设施的可行性、交易相对人有效开展生产经营活动对该设施的依赖程度、该经营者提供该设施的可能性以及对自身生产经营活动造成的影响等因素。

"正当理由"包括：（1）因不可抗力等客观原因无法进行交易；（2）交易相对人有不良信用记录或者出现经营状况恶化等情况，影响交易安全；（3）与交易相对人进行交易将使经营者利益发生不当减损；（4）交易相对人明确表示或者实际不遵守公平、合理、无歧视的平台规则；（5）能够证明行为具有正当性的其他理由。

**限定交易** ➡ 禁止具有市场支配地位的经营者没有正当理由，从事下列限定交易行为：（1）限定交易相对人只能与其进行交易；（2）限定交易相对人只能与其指定的经营者进行交易；（3）限定交易相对人不得与特定经营者进行交易。从事上述限定交易行为可以是直接限定，也可以是采取惩罚性或者激励性措施等方式变相限定。

"正当理由"包括：（1）为满足产品安全要求所必需；（2）为保护知识产权、商业秘密或者数据安全所必需；（3）为保护针对交易进行的特定投资所必需；（4）为维护平台合理的经营模式所必需；（5）能够证明行为具有正当性的其他理由。

**搭售商品或者在交易时附加其他不合理的交易条件** 禁止具有市场支配地位的经营者没有正当理由搭售商品，或者在交易时附加其他不合理的交易条件：（1）违背交易惯例、消费习惯或者无视商品的功能，利用合同条款或者弹窗、操作必经步骤等交易相对人难以选择、更改、拒绝的方式，将不同商品捆绑销售或者组合销售；（2）对合同期限、支付方式、商品的运输及交付方式或者服务的提供方式等附加不合理的限制；（3）对商品的销售地域、销售对象、售后服务等附加不合理的限制；（4）交易时在价格之外附加不合理费用；（5）附加与交易标的无关的交易条件。

"正当理由"包括：（1）符合正当的行业惯例和交易习惯；（2）为满足产品安全要求所必需；（3）为实现特定技术所必需；（4）为保护交易相对人和消费者利益所必需；（5）能够证明行为具有正当性的其他理由。

**对条件相同的交易相对人在交易条件上实行差别待遇** 禁止具有市场支配地位的经营者没有正当理由，对条件相同的交易相对人在交易条件上实行下列差别待遇：（1）实行不同的交易价格、数量、品种、品质等级；（2）实行不同的数量折扣等优惠条件；（3）实行不同的付款条件、交付方式；（4）实行不同的保修内容和期限、维修内容和时间、零配件供应、技术指导等售后服务条件。

条件相同是指交易相对人之间在交易安全、交易成本、规模和能力、信用状况、所处交易环节、交易持续时间等方面不存在实质性影响交易的差别。交易中依法获取的交易相对人的交易数据、个体偏好、消费习惯等方面存在的差异不影响认定交易相对人条件相同。

"正当理由"包括：（1）根据交易相对人实际需求且符合正当的交易习惯和行业惯例，实行不同交易条件；（2）针对新用户的首次交易在合理期限内开展的优惠活动；（3）基于公平、合理、无歧视的平台规则实施的随机性交易；（4）能够证明行为具有正当性的其他理由。

**实务应用**

**07.** 认定或者推定平台经营者是否具有市场支配地位，应当考虑哪些因素？

结合平台经济的特点，可以具体考虑以下因素：

（1）经营者的市场份额以及相关市场竞争状况。确定平台经济领域经营者市场份额，可以考虑交易金额、交易数量、销售额、活跃用户数、点击量、使用时长或者其他指标在相关市场所占比重，同时考虑该市场份额持续的时间。分析相关市场竞争状况，可以考虑相关平台市场的发展状况、现有竞争者数量和市场份额、平台竞争特点、平台差异程度、规模经济、潜在竞争者情况、创新和技术变化等。

（2）经营者控制市场的能力。可以考虑该经营者控制上下游市场或者其他关联市场的能力，阻碍、影响其他经营者进入相关市场的能力，相关平台经营模式、网络效应，以及影响或者决定价格、流量或者其他交易条件的能力等。

（3）经营者的财力和技术条件。可以考虑该经营者的投资者情况、资产规模、资本来源、盈利能力、融资能力、技术创新和应用能力、拥有的知识产权、掌握和处理相关数据的能力，以及该财力和技术条件能够以何种程度促进该经营者业务扩张或者巩固、维持市场地位等。

（4）其他经营者对该经营者在交易上的依赖程度。可以考虑其他经营者与该经营者的交易关系、交易量、交易持续时间、锁定效应、用户黏性，以及其他经营者转向其他平台的可能性及转换成本等。

（5）其他经营者进入相关市场的难易程度。可以考虑市场准入、平台规模效应、资金投入规模、技术壁垒、用户多栖性、用户转换成本、数据获取的难易程度、用户习惯等。

（6）其他因素。可以考虑基于平台经济特点认定经营者具有市场支配地位的其他因素。

### 案例指引

**11.** 将数字电视基本收视服务和数字电视付费节目服务捆绑销售，是否违法？①

**吴小秦诉陕西广电网络传媒（集团）股份
有限公司捆绑交易纠纷案**

（最高人民法院审判委员会讨论通过 2017 年 3 月 6 日发布）

**关键词**

民事　捆绑交易　垄断　市场支配地位　搭售

**裁判要点**

1. 作为特定区域内唯一合法经营有线电视传输业务的经营者及电视节目集中播控者，在市场准入、市场份额、经营地位、经营规模等各要素上均具有优势，可以认定该经营者占有市场支配地位。

2. 经营者利用市场支配地位，将数字电视基本收视维护费和数字电视付费节目费捆绑在一起向消费者收取，侵害了消费者的消费选择权，不利于其他服务提供者进入数字电视服务市场。经营者即使存在两项服务分别收费的例外情形，也不足以否认其构成《反垄断法》所禁止的搭售。

**相关法条**

《中华人民共和国反垄断法》第 17 条②第 1 款第 5 项

---

① 最高人民法院指导案例 79 号。
② 现为第 22 条，下同。

**基本案情**

原告吴小秦诉称：2012年5月10日，其前往陕西广电网络传媒（集团）股份有限公司（以下简称广电公司）缴纳数字电视基本收视维护费得知，该项费用由每月25元调至30元，吴小秦遂缴纳了3个月费用90元，其中数字电视基本收视维护费75元、数字电视节目费15元。之后，吴小秦获悉数字电视节目应由用户自由选择，自愿订购。吴小秦认为，广电公司属于公用企业，在数字电视市场内具有支配地位，其收取数字电视节目费的行为剥夺了自己的自主选择权，构成搭售，故诉至法院，请求判令：确认被告2012年5月10日收取其数字电视节目费15元的行为无效，被告返还原告15元。

广电公司辩称：广电公司作为陕西省内唯一电视节目集中播控者，向选择收看基本收视节目之外的消费者收取费用，符合《反垄断法》的规定；广电公司具备陕西省有线电视市场支配地位，鼓励用户选择有线电视套餐，但并未滥用市场支配地位，强行规定用户在基本收视业务之外必须消费的服务项目，用户有自主选择权；垄断行为的认定属于行政权力，而不是司法权力，原告没有请求认定垄断行为无效的权利；广电公司虽然推出了一系列满足用户进行个性化选择的电视套餐，但从没有进行强制搭售的行为，保证了绝大多数群众收看更多电视节目的选择权利；故请求驳回原告要求确认广电公司增加节目并收取费用无效的请求；愿意积极解决吴小秦的第二项诉讼请求。

法院经审理查明：2012年5月10日，吴小秦前往广电公司缴纳数字电视基本收视维护费时获悉，数字电视基本收视维护费每月最低标准由25元上调至30元。吴小秦缴纳了2012年5月10日至8月9日的数字电视基本收视维护费90元。广电公司向吴小秦出具的收费专用发票载明：数字电视基本收视维护费75元及数字电视节目费15元。之后，吴小秦通过广电公司客户服务中心（服务电话96766）咨询，广电公司节目升级增加了不同的收费节目，有不同的套餐，其中最低套餐基本收视费每年360元，用户每次最少应缴纳3个月费用。广电公司是经陕西省政府批准,陕西境内唯一合法经营有线电视传输业务的经营者和唯一电视节目集中播控者。广电公司承认其在有线电视传输业务中在陕西省占有支配地位。

另查,2004年12月2日国家发展改革委、国家广电总局印发的《有线电视基本收视维护费管理暂行办法》规定:有线电视基本收视维护费实行政府定价,收费标准由价格主管部门制定。2005年7月11日国家广电总局关于印发《推进试点单位有线电视数字化整体转换的若干意见(试行)》的通知规定,各试点单位在推进整体转换过程中,要重视付费频道等新业务的推广,供用户自由选择,自愿订购。陕西省物价局于2006年5月29日出台的《关于全省数字电视基本收视维护费标准的通知》规定:数字电视基本收视维护费收费标准为:以居民用户收看一台电视机使用一个接收终端为计费单位。全省县城以上城市居民用户每主终端每月25元;有线数字电视用户可根据实际情况自愿选择按月、按季或按年度缴纳基本收视维护费。国家发展改革委、国家广电总局于2009年8月25日出台的《关于加强有线电视收费管理等有关问题的通知》指出:有线电视基本收视维护费实行政府定价;有线电视增值业务服务和数字电视付费节目收费,由有线电视运营机构自行确定。

二审中,广电公司提供了四份收费专用发票复印件,证明在5月10日前后,广电公司的营业厅收取过25元的月服务费,因无原件,吴小秦不予质证。庭后广电公司提供了其中三张的原件,双方进行了核对与质证。该票据上均显示一年交费金额为300元,即每月25元。广电公司提供了五张票据的原件,包括一审提供过原件的三张,交易地点均为咸阳市。由此证明广电公司在5月10日前后,提供过每月25元的收费服务。

再审中,广电公司提交了其2016年网站收费套餐截图、关于印发《2016年大众业务实施办法(试行)的通知》、2016年部分客户收费发票。

**裁判结果**

陕西省西安市中级人民法院于2013年1月5日作出(2012)西民

四初字第438号民事判决：1.确认陕西广电网络传媒（集团）股份有限公司2012年5月10日收取原告吴小秦数字电视节目费15元的行为无效；2.陕西广电网络传媒（集团）股份有限公司于本判决生效之日起十日内返还吴小秦15元。陕西广电网络传媒（集团）股份有限公司提起上诉，陕西省高级人民法院于2013年9月12日作出（2013）陕民三终字第38号民事判决：1.撤销一审判决；2.驳回吴小秦的诉讼请求。吴小秦不服二审判决，向最高人民法院提出再审申请。最高人民法院于2016年5月31日作出（2016）最高法民再98号民事判决：1.撤销陕西省高级人民法院（2013）陕民三终字第38号民事判决；2.维持陕西省西安市中级人民法院（2012）西民四初字第438号民事判决。

**裁判理由**

法院生效裁判认为：本案争议焦点包括，一是本案诉争行为是否违反了《反垄断法》第17条第1款第5项之规定，二是一审法院适用《反垄断法》是否适当。

一、关于本案诉争行为是否违反了《反垄断法》第17条第1款第5项之规定

《反垄断法》第17条第1款第5项规定，禁止具有市场支配地位的经营者没有正当理由搭售商品或者在交易时附加其他不合理的交易条件。本案中，广电公司在一审答辩中明确认可其"是经陕西省政府批准，陕西境内唯一合法经营有线电视传输业务的经营者。作为陕西省内唯一电视节目集中播控者，广电公司具备陕西省有线电视市场支配地位，鼓励用户选择更丰富的有线电视套餐，但并未滥用市场支配地位，也未强行规定用户在基本收视业务之外必须消费的服务项目。"二审中，广电公司虽对此不予认可，但并未举出其不具有市场支配地位的相应证据。再审审查过程中，广电公司对一、二审法院认定其具有市场支配地位的事实并未提出异议。鉴于广电公司作为陕西境内唯一合法经营有线电视传输业务的经营者，陕西省内唯一电视节目集中播控者，一、二审法院在查明事实的基础上认定在有线电视传输市场中，广电公司在市场

准入、市场份额、经营地位、经营规模等各要素上均具有优势,占有支配地位,并无不当。

关于广电公司在向吴小秦提供服务时是否构成搭售的问题。《反垄断法》第17条第1款第5项规定禁止具有市场支配地位的经营者没有正当理由搭售商品。本案中,根据原审法院查明的事实,广电公司在提供服务时其工作人员告知吴小秦每月最低收费标准已从2012年3月起由25元上调为30元,每次最少缴纳一个季度,并未告知吴小秦可以单独缴纳数字电视基本收视维护费或者数字电视付费节目费。吴小秦通过广电公司客户服务中心(服务电话号码96766)咨询获悉,广电公司节目升级,增加了不同的收费节目,有不同的套餐,其中最低套餐基本收视费为每年360元,每月30元,用户每次最少应缴纳3个月费用。根据前述事实并结合广电公司给吴小秦开具的收费专用发票记载的收费项目——数字电视基本收视维护费75元及数字电视节目费15元的事实,可以认定广电公司实际上是将数字电视基本收视节目和数字电视付费节目捆绑在一起向吴小秦销售,并没有告知吴小秦是否可以单独选购数字电视基本收视服务的服务项目。此外,从广电公司客户服务中心(服务电话号码96766)的答复中亦可佐证广电公司在提供此服务时,是将数字电视基本收视维护费和数字电视付费节目费一起收取并提供。虽然广电公司在二审中提交了其向其他用户单独收取数字电视基本收视维护费的相关票据,但该证据仅能证明广电公司在收取该费用时存在客户服务中心说明的套餐之外的例外情形。再审中,广电公司并未对客户服务中心说明的套餐之外的例外情形作出合理解释,其提交的单独收取相关费用的票据亦发生在本案诉讼之后,不足以证明诉讼时的情形,对此不予采信。因此,存在客户服务中心说明的套餐之外的例外情形并不足以否认广电公司将数字电视基本收视维护费和数字电视付费节目费一起收取的普遍做法。二审法院认定广电公司不仅提供了组合服务,也提供了基本服务,证据不足,应予纠正。因此,现有证据不能证明普通消费者可以仅缴纳电视基本收视维护费或者数字电视付费节目费,即不能证明消费者选择权的存在。二审法院在不能证明是否有选择权的情况下直接认为本案属于未告知消费者有选择权而涉及侵犯消费者知情权的问题，进而在此基础上，认定为广电公司的销售行为未构成《反垄断法》所规制的没有正当理由的搭售，事实和法律依据不足，应予纠正。

  根据本院查明的事实，数字电视基本收视维护费和数字电视付费节目费属于两项单独的服务。在原审诉讼及本院诉讼中，广电公司未证明将两项服务一起提供符合提供数字电视服务的交易习惯；同时，如将数字电视基本收视维护费和数字电视付费节目费分别收取，现亦无证据证明会损害该两种服务的性能和使用价值；广电公司更未对前述行为说明其正当理由，在此情形下，广电公司利用其市场支配地位，将数字电视基本收视维护费和数字电视付费节目费一起收取，客观上影响消费者选择其他服务提供者提供相关数字付费节目，同时也不利于其他服务提供者进入电视服务市场，对市场竞争具有不利的效果。因此一审法院认定其违反了《反垄断法》第17条第1款第5项之规定，并无不当。吴小秦部分再审申请理由成立，予以支持。

  二、关于一审法院适用《反垄断法》是否适当

  本案诉讼中，广电公司在答辩中认为本案的发生实质上是一个有关吴小秦基于消费者权益保护法所应当享受的权利是否被侵犯的纠纷，而与垄断行为无关，认为一审法院不应当依照《反垄断法》及相关规定，认为其处于市场支配地位，从而确认其收费行为无效。根据《最高人民法院关于适用〈中华人民共和国民事诉讼法〉的解释》第226条及第228条的规定，人民法院应当根据当事人的诉讼请求、答辩意见以及证据交换的情况，归纳争议焦点，并就归纳的争议焦点征求当事人的意见。在法庭审理时，应当围绕当事人争议的事实、证据和法律适用等焦点问题进行。根据查明的事实，吴小秦在其诉状中明确主张"被告收取原告数字电视节目费，实际上是为原告在提供上述服务范围外增加提供服务内容，对此原告应当具有自主选择权。被告属于公用企业或者其他依法具有独占地位的经营者，在数字电视市场内具有支配地位。被告的

上述行为违反了《反垄断法》第 17 条第 1 款第 5 项关于'禁止具有市场支配地位的经营者从事没有正当理由搭售商品,或者在交易时附加其他不合理的交易条件的滥用市场支配地位行为',侵害了原告的合法权益。原告依照《最高人民法院关于审理因垄断行为引发的民事纠纷案件应用法律若干问题的规定》①,提起民事诉讼,请求人民法院依法确认被告的捆绑交易行为无效,判令其返还原告 15 元。"在该诉状中,吴小秦并未主张其消费者权益受到损害,因此一审法院根据吴小秦的诉讼请求适用《反垄断法》进行审理,并无不当。

综上,广电公司在陕西省境内有线电视传输服务市场上具有市场支配地位,其将数字电视基本收视服务和数字电视付费节目服务捆绑在一起向吴小秦销售,违反了《反垄断法》第 17 条第 1 款第 5 项之规定。吴小秦关于确认广电公司收取其数字电视节目费 15 元的行为无效和请求判令返还 15 元的再审请求成立。一审判决认定事实清楚,适用法律正确,应予维持,二审判决认定事实依据不足,适用法律有误,应予纠正。

**关联参见**

《禁止滥用市场支配地位行为规定》第 6 条、第 14—19 条

**第二十三条 【认定经营者具有市场支配地位应当考虑的因素】** 认定经营者具有市场支配地位,应当依据下列因素:

(一)该经营者在相关市场的市场份额,以及相关市场的竞争状况;

(二)该经营者控制销售市场或者原材料采购市场的能力;

(三)该经营者的财力和技术条件;

---

① 《最高人民法院关于审理垄断民事纠纷案件适用法律若干问题的解释》自 2024 年 7 月 1 日起施行,《最高人民法院关于审理因垄断行为引发的民事纠纷案件应用法律若干问题的规定》(法释〔2012〕5 号)同时废止。

（四）其他经营者对该经营者在交易上的依赖程度；

（五）其他经营者进入相关市场的难易程度；

（六）与认定该经营者市场支配地位有关的其他因素。

**条文解读**

### 认定经营者具有市场支配地位的考量因素

1. 根据本条第1项，确定经营者在相关市场的市场份额，可以考虑一定时期内经营者的特定商品销售金额、销售数量或者其他指标在相关市场所占的比重。分析相关市场竞争状况，可以考虑相关市场的发展状况、现有竞争者的数量和市场份额、市场集中度、商品差异程度、创新和技术变化、销售和采购模式、潜在竞争者情况等因素。

2. 根据本条第2项，确定经营者控制销售市场或者原材料采购市场的能力，可以考虑该经营者控制产业链上下游市场的能力，控制销售渠道或者采购渠道的能力，影响或者决定价格、数量、合同期限或者其他交易条件的能力，以及优先获得企业生产经营所必需的原料、半成品、零部件、相关设备以及需要投入的其他资源的能力等因素。

3. 根据本条第3项，确定经营者的财力和技术条件，可以考虑该经营者的资产规模、盈利能力、融资能力、研发能力、技术装备、技术创新和应用能力、拥有的知识产权等，以及该财力和技术条件能够以何种方式和程度促进该经营者业务扩张或者巩固、维持市场地位等因素。

4. 根据本条第4项，确定其他经营者对该经营者在交易上的依赖程度，可以考虑其他经营者与该经营者之间的交易关系、交易量、交易持续时间、在合理时间内转向其他交易相对人的难易程度等因素。

5. 根据本条第5项，确定其他经营者进入相关市场的难易程度，可以考虑市场准入、获取必要资源的难度、采购和销售渠道的控制情况、资金投入规模、技术壁垒、品牌依赖、用户转换成本、消费习惯等因素。

6. 根据本条第6项，认定平台经济领域经营者具有市场支配地位，还可以考虑相关行业竞争特点、经营模式、交易金额、交易数量、用户数量、网络效应、锁定效应、技术特性、市场创新、控制流量的能力、掌握和处理相关数据的能力及经营者在关联市场的市场力量等因素。

7. 认定两个以上的经营者具有市场支配地位，除以上所述因素外，还应当考虑市场结构、相关市场透明度、相关商品同质化程度、经营者行为一致性等因素。

## 案例指引

### 12. 如何界定相关市场？[①]

**北京奇虎科技有限公司诉腾讯科技（深圳）有限公司、深圳市腾讯计算机系统有限公司滥用市场支配地位纠纷案**

（最高人民法院审判委员会讨论通过　2017年3月6日发布）

**关键词**

民事　滥用市场支配地位　垄断　相关市场

**裁判要点**

1. 在反垄断案件的审理中，界定相关市场通常是重要的分析步骤。但是，能否明确界定相关市场取决于案件具体情况。在滥用市场支配地位的案件中，界定相关市场是评估经营者的市场力量及被诉垄断行为对竞争影响的工具，其本身并非目的。如果通过排除或者妨碍竞争的直接证据，能够对经营者的市场地位及被诉垄断行为的市场影响进行评估，则不需要在每一个滥用市场支配地位的案件中，都明确而清楚地界定相关市场。

2. 假定垄断者测试（HMT）是普遍适用的界定相关市场的分析思路。在实际运用时，假定垄断者测试可以通过价格上涨（SSNIP）或质量下降（SSNDQ）等方法进行。互联网即时通信服务的免费特征使用户

---

① 最高人民法院指导案例78号。

具有较高的价格敏感度,采用价格上涨的测试方法将导致相关市场界定过宽,应当采用质量下降的假定垄断者测试进行定性分析。

3. 基于互联网即时通信服务低成本、高覆盖的特点,在界定其相关地域市场时,应当根据多数需求者选择商品的实际区域、法律法规的规定、境外竞争者的现状及进入相关地域市场的及时性等因素,进行综合评估。

4. 在互联网领域中,市场份额只是判断市场支配地位的一项比较粗糙且可能具有误导性的指标,其在认定市场支配力方面的地位和作用必须根据案件具体情况确定。

**相关法条**

《中华人民共和国反垄断法》第 17 条、第 18 条、第 19 条①

**基本案情**

北京奇虎科技有限公司(以下简称奇虎公司)、奇智软件(北京)有限公司于 2010 年 10 月 29 日发布扣扣保镖软件。2010 年 11 月 3 日,腾讯科技(深圳)有限公司(以下简称腾讯公司)发布《致广大 QQ 用户的一封信》,在装有 360 软件的电脑上停止运行 QQ 软件。11 月 4 日,奇虎公司宣布召回扣扣保镖软件。同日,360 安全中心亦宣布,在国家有关部门的强力干预下,目前 QQ 和 360 软件已经实现了完全兼容。2010 年 9 月,腾讯 QQ 即时通信软件与 QQ 软件管理一起打包安装,安装过程中并未提示用户将同时安装 QQ 软件管理。2010 年 9 月 21 日,腾讯公司发出公告称,正在使用的 QQ 软件管理和 QQ 医生将自动升级为 QQ 电脑管家。奇虎公司诉至广东省高级人民法院,指控腾讯公司滥用其即时通信软件及服务相关市场的市场支配地位。奇虎公司主张,腾讯公司和深圳市腾讯计算机系统有限公司(以下简称腾讯计算机公司)在即时通信软件及服务相关市场具有市场支配地位,两公司明示禁止其用户使用奇虎公司的 360 软件,否则停止 QQ 软件服务;拒绝向安

---

① 现分别为第 22 条、第 23 条、第 24 条,下同。

装有360软件的用户提供相关的软件服务,强制用户删除360软件;采取技术手段,阻止安装了360浏览器的用户访问QQ空间,上述行为构成限制交易;腾讯公司和腾讯计算机公司将QQ软件管家与即时通信软件相捆绑,以升级QQ软件管家的名义安装QQ医生,构成捆绑销售。请求判令腾讯公司和腾讯计算机公司立即停止滥用市场支配地位的垄断行为,连带赔偿奇虎公司经济损失1.5亿元。

**裁判结果**

广东省高级人民法院于2013年3月20日作出(2011)粤高法民三初字第2号民事判决:驳回北京奇虎科技有限公司的诉讼请求。北京奇虎科技有限公司不服,提出上诉。最高人民法院于2014年10月8日作出(2013)民三终字第4号民事判决:驳回上诉、维持原判。

**裁判理由**

法院生效裁判认为:本案中涉及的争议焦点主要包括,一是如何界定本案中的相关市场,二是被上诉人是否具有市场支配地位,三是被上诉人是否构成《反垄断法》所禁止的滥用市场支配地位行为等几个方面。

一、如何界定本案中的相关市场

该争议焦点可以进一步细化为一些具体问题,择要概括如下:

首先,并非在任何滥用市场支配地位的案件中均必须明确而清楚地界定相关市场。竞争行为都是在一定的市场范围内发生和展开的,界定相关市场可以明确经营者之间竞争的市场范围及其面对的竞争约束。在滥用市场支配地位的案件中,合理地界定相关市场,对于正确认定经营者的市场地位、分析经营者的行为对市场竞争的影响、判断经营者行为是否违法,以及在违法情况下需承担的法律责任等关键问题,具有重要意义。因此,在反垄断案件的审理中,界定相关市场通常是重要的分析步骤。尽管如此,是否能够明确界定相关市场取决于案件具体情况,尤其是案件证据、相关数据的可获得性、相关领域竞争的复杂性等。在滥用市场支配地位案件的审理中,界定相关市场是评估经营者的市场力量及被诉垄断行为对竞争的影响的工具,其本身并非目的。即使不明确界定相关市场,也可以通过排除或者妨碍竞争的直接证据对被诉经营者的市场地位及被诉垄断行为可能的市场影响进行评估。因此,并非在每一个滥用市场支配地位的案件中均必须明确而清楚地界定相关市场。一审法院实际上已经对本案相关市场进行了界定,只是由于本案相关市场的边界具有模糊性,一审法院仅对其边界的可能性进行了分析而没有对相关市场的边界给出明确结论。有鉴于此,奇虎公司关于一审法院未对本案相关商品市场作出明确界定,属于本案基本事实认定不清的理由不能成立。

其次,关于"假定垄断者测试"方法可否适用于免费商品领域问题。法院生效裁判认为:第一,作为界定相关市场的一种分析思路,假定垄断者测试(HMT)具有普遍的适用性。实践中,假定垄断者测试的分析方法有多种,既可以通过数量不大但有意义且并非短暂的价格上涨(SSNIP)的方法进行,又可以通过数量不大但有意义且并非短暂的质量下降(SSNDQ)的方法进行。同时,作为一种分析思路或者思考方法,假定垄断者测试在实际运用时既可以通过定性分析的方法进行,又可以在条件允许的情况下通过定量分析的方法进行。第二,在实践中,选择何种方法进行假定垄断者测试取决于案件所涉市场竞争领域以及可获得的相关数据的具体情况。如果特定市场领域的商品同质化特征比较明显,价格竞争是较为重要的竞争形式,则采用数量不大但有意义且并非短暂的价格上涨(SSNIP)的方法较为可行。但是如果在产品差异化非常明显且质量、服务、创新、消费者体验等非价格竞争成为重要竞争形式的领域,采用数量不大但有意义且并非短暂的价格上涨(SSNIP)的方法则存在较大困难。特别是,当特定领域商品的市场均衡价格为零时,运用SSNIP方法尤为困难。在运用SSNIP方法时,通常需要确定适当的基准价格,进行5%-10%幅度的价格上涨,然后确定需求者的反应。在基准价格为零的情况下,如果进行5%-10%幅度的价格增长,增长后其价格仍为零;如果将价格从零提升到一个较小的正价格,则相当于价格增长幅度的无限增大,意味着商品特性或者经营模式发生较大变化,因而难以进行 SSNIP 测试。第三,关于假定垄断者测试在本案中的可适用性问题。互联网服务提供商在互联网领域的竞争中更加注重质量、服务、创新等方面的竞争而不是价格竞争。在免费的互联网基础即时通信服务已经长期存在并成为通行商业模式的情况下,用户具有极高的价格敏感度,改变免费策略转而收取哪怕是较小数额的费用都可能导致用户的大量流失。同时,将价格由免费转变为收费也意味着商品特性和经营模式的重大变化,即由免费商品转变为收费商品,由间接盈利模式转变为直接盈利模式。在这种情况下,如果采取基于相对价格上涨的假定垄断者测试,很可能将不具有替代关系的商品纳入相关市场中,导致相关市场界定过宽。因此,基于相对价格上涨的假定垄断者测试并不完全适宜在本案中适用。尽管基于相对价格上涨的假定垄断者测试难以在本案中完全适用,但仍可以采取该方法的变通形式,例如基于质量下降的假定垄断者测试。由于质量下降程度较难评估以及相关数据难以获得,因此可以采用质量下降的假定垄断者测试进行定性分析而不是定量分析。

　　再次,关于本案相关市场是否应确定为互联网应用平台问题。上诉人认为,互联网应用平台与本案的相关市场界定无关;被上诉人则认为,互联网竞争实际上是平台的竞争,本案的相关市场范围远远超出了即时通信服务市场。法院生效裁判针对互联网领域平台竞争的特点,阐述了相关市场界定时应如何考虑平台竞争的特点及处理方式,认为:第一,互联网竞争一定程度地呈现出平台竞争的特征。被诉垄断行为发生时,互联网的平台竞争特征已经比较明显。互联网经营者通过特定的切入点进入互联网领域,在不同类型和需求的消费者之间发挥中介作用,以此创造价值。第二,判断本案相关商品市场是否应确定为互联网应用平台,其关键问题在于,网络平台之间为争夺用户注意力和广告主的相互竞争是否完全跨越了由产品或者服务特点所决定的界限,并给经营者施加了足够强大的竞争约束。这一问题的答案最终取决于实证检验。在缺乏确切的实证数据的情况下，至少注意如下方面：首先，互联网应用平台之间争夺用户注意力和广告主的竞争以其提供的关键核心产品或者服务为基础。其次，互联网应用平台的关键核心产品或者服务在属性、特征、功能、用途等方面上存在较大的不同。虽然广告主可能不关心这些产品或者服务的差异，只关心广告的价格和效果，因而可能将不同的互联网应用平台视为彼此可以替代，但是对于免费端的广大用户而言，其很难将不同平台提供的功能和用途完全不同的产品或者服务视为可以有效地相互替代。一个试图查找某个历史人物生平的用户通常会选择使用搜索引擎而不是即时通信，其几乎不会认为两者可以相互替代。再次，互联网应用平台关键核心产品或者服务的特性、功能、用途等差异决定了其所争夺的主要用户群体和广告主可能存在差异，因而在获取经济利益的模式、目标用户群、所提供的后续市场产品等方面存在较大区别。最后，本案中应该关注的是被上诉人是否利用了其在即时通信领域中可能的市场支配力量排除、限制互联网安全软件领域的竞争，将其在即时通信领域中可能存在的市场支配力量延伸到安全软件领域，这一竞争过程更多地发生在免费的用户端。鉴于上述理由，在本案相关市场界定阶段互联网平台竞争的特性不是主要考虑因素。第三，本案中对互联网企业平台竞争特征的考虑方式。相关市场界定的目的是明确经营者所面对的竞争约束，合理认定经营者的市场地位，并正确判断其行为对市场竞争的影响。即使不在相关市场界定阶段主要考虑互联网平台竞争的特性，但为了正确认定经营者的市场地位，仍然可以在识别经营者的市场地位和市场控制力时予以适当考虑。因此，对于本案，不在相关市场界定阶段主要考虑互联网平台竞争的特性并不意味着忽视这一特性，而是为了以更恰当的方式考虑这一特性。

最后，关于即时通信服务相关地域市场界定需要注意的问题。法院生效裁判认为：本案相关地域市场的界定，应从中国大陆地区的即时通信服务市场这一目标地域开始，对本案相关地域市场进行考察。因为基于互联网的即时通信服务可以低成本、低代价到达或者覆盖全球，并无额外的、值得关注的运输成本、价格成本或者技术障碍,所以在界定相关地域市场时,将主要考虑多数需求者选择商品的实际区域、法律法规的规定、境外竞争者的现状及其进入相关地域市场的及时性等因素。由于每一个因素均不是决定性的,因此需要根据上述因素进行综合评估。首先,中国大陆地区境内绝大多数用户均选择使用中国大陆地区范围内的经营者提供的即时通信服务。中国大陆地区境内用户对于国际即时通信产品并无较高的关注度。其次,我国有关互联网的行政法规规章等对经营即时通信服务规定了明确的要求和条件。我国对即时通信等增值电信业务实行行政许可制度,外国经营者通常不能直接进入我国大陆境内经营,需要以中外合资经营企业的方式进入并取得相应的行政许可。再次,位于境外的即时通信服务经营者的实际情况。在本案被诉垄断行为发生前,多数主要国际即时通信经营者例如 MSN、雅虎、Skype、谷歌等均已经通过合资的方式进入中国大陆地区市场。因此,在被诉垄断行为发生时,尚未进入我国大陆境内的主要国际即时通信服务经营者已经很少。如果我国大陆境内的即时通信服务质量小幅下降,已没有多少境外即时通信服务经营者可供境内用户选择。最后,境外即时通信服务经营者在较短的时间内(例如一年)及时进入中国大陆地区并发展到足以制约境内经营者的规模存在较大困难。境外即时通信服务经营者首先需要通过合资方式建立企业、满足一系列许可条件并取得相应的行政许可,这在相当程度上延缓了境外经营者的进入时间。综上,本案相关地域市场应为中国大陆地区市场。

综合本案其他证据和实际情况,本案相关市场应界定为中国大陆地区即时通信服务市场,既包括个人电脑端即时通信服务,又包括移动端即时通信服务;既包括综合性即时通信服务,又包括文字、音频以及视频等非综合性即时通信服务。

二、被上诉人是否具有市场支配地位

对于经营者在相关市场中的市场份额在认定其市场支配力方面的地位和作用,法院生效裁判认为:市场份额在认定市场支配力方面的地位和作用必须根据案件具体情况确定。一般而言，市场份额越高，持续的时间越长，就越可能预示着市场支配地位的存在。尽管如此，市场份额只是判断市场支配地位的一项比较粗糙且可能具有误导性的指标。在市场进入比较容易，或者高市场份额源于经营者更高的市场效率或者提供了更优异的产品，或者市场外产品对经营者形成较强的竞争约束等情况下，高的市场份额并不能直接推断出市场支配地位的存在。特别是，互联网环境下的竞争存在高度动态的特征，相关市场的边界远不如传统领域那样清晰，在此情况下，更不能高估市场份额的指示作用，而应更多地关注市场进入、经营者的市场行为、对竞争的影响等有助于判断市场支配地位的具体事实和证据。

结合上述思路，法院生效裁判从市场份额、相关市场的竞争状况、被诉经营者控制商品价格、数量或者其他交易条件的能力、该经营者的财力和技术条件、其他经营者对该经营者在交易上的依赖程度、其他经营者进入相关市场的难易程度等方面，对被上诉人是否具有市场支配地位进行考量和分析。最终认定本案现有证据并不足以支持被上诉人具有市场支配地位的结论。

三、被上诉人是否构成《反垄断法》所禁止的滥用市场支配地位行为

法院生效裁判打破了传统的分析滥用市场支配地位行为的"三步法"，采用了更为灵活的分析步骤和方法，认为：原则上，如果被诉经营者不具有市场支配地位，则无须对其是否滥用市场支配地位进行分析，可以直接认定其不构成《反垄断法》所禁止的滥用市场支配地位行为。不过，在相关市场边界较为模糊、被诉经营者是否具有市场支配地位不甚明确时，可以进一步分析被诉垄断行为对竞争的影响效果，以检验关于其是否具有市场支配地位的结论正确与否。此外，即使被诉经营者具有市场支配地位，判断其是否构成滥用市场支配地位，也需要综合评估该行为对消费者和竞争造成的消极效果和可能具有的积极效果，进而对该行为的合法性与否作出判断。本案主要涉及两个方面的问题：

一是关于被上诉人实施的"产品不兼容"行为（用户二选一）是否构成《反垄断法》禁止的限制交易行为。根据《反垄断法》第 17 条的规定，具有市场支配地位的经营者，没有正当理由，限定交易相对人只能与其进行交易或者只能与其指定的经营者进行交易的，构成滥用市场支配地位。上诉人主张，被上诉人没有正当理由，强制用户停止使用并卸载上诉人的软件，构成《反垄断法》所禁止的滥用市场支配地位限制交易行为。对此，法院生效裁判认为，虽然被上诉人实施的"产品不兼容"行为对用户造成了不便，但是并未导致排除或者限制竞争的明显效果。这一方面说明被上诉人实施的"产品不兼容"行为不构成《反垄断法》所禁止的滥用市场支配地位行为，也从另一方面佐证了被上诉人不具有市场支配地位的结论。

二是被上诉人是否构成《反垄断法》所禁止的搭售行为。根据《反垄断法》第 17 条的规定，具有市场支配地位的经营者，没有正当理由搭售商品，或者在交易时附加其他不合理的交易条件的，构成滥用市场支配地位。上诉人主张，被上诉人将 QQ 软件管家与即时通信软件捆绑搭售，并且以升级 QQ 软件管家的名义安装 QQ 医生，不符合交易惯例、消费习惯或者商品的功能，消费者选择权受到了限制，不具有正当理由；一审判决关于被诉搭售行为产生排除、限制竞争效果的举证责任分配错误。对此，法院生效裁判认为，上诉人关于被上诉人实施了滥用市场支配地位行为的上诉理由不能成立。

**关联参见**

《电子商务法》第 22 条；《禁止滥用知识产权排除、限制竞争行为规定》第 8 条；《禁止滥用市场支配地位行为规定》第 7—13 条

**第二十四条** 【市场支配地位的推定】有下列情形之一的，可以推定经营者具有市场支配地位：

（一）一个经营者在相关市场的市场份额达到二分之一的；

（二）两个经营者在相关市场的市场份额合计达到三分之二的；

（三）三个经营者在相关市场的市场份额合计达到四分之三的。

有前款第二项、第三项规定的情形，其中有的经营者市场份额不足十分之一的，不应当推定该经营者具有市场支配地位。

被推定具有市场支配地位的经营者，有证据证明不具有市场支配地位的，不应当认定其具有市场支配地位。

## 条文解读

**市场支配地位的推定** ➡ 为了节约执法成本和对经营者实行有效监管，本条第1款规定了推定制度，即反垄断执法机构仅根据本条规定的经营者的市场份额，就可推定该经营者具有市场支配地位，因为市场份额是判断经营者是否具有市场支配地位的重要因素。

在具体实践中，计算市场份额所考察的相关因素需结合行业特征，具体问题具体分析，但确定一个统一合理的标准是计算市场份额的重要前提。常用的标准包括：第一，根据特定商品或服务的销售额计算市场份额。在经营者提供的商品或服务种类单一时，或是相关市场的界定仅覆盖经营者部分业务时，宜以该部分商品或服务的销售金额为标准，计算其在相关市场的占比。第二，根据企业收益计算市场份额。尤其在互联网领域中，经营者提供的各商品或服务之间相互独立但又高度关联，难以独立统计。此时，可以时间为单位，根据企业收益在相关市场总收益的占比测算该企业市场份额。值得注意的是，属共同市场支配地位推定情形的，应当按照同一计算标准分别计算各经营者在相关市场的市场份额。

**推定市场支配地位的豁免** ➡ 在多个企业共同构成的市场支配地位推定中，市场份额不足1/10的经营者被豁免于市场支配地位的认定。由于此部分经营者市场力量过小，通常亦非滥用市场支配地位行为主导方，而滥用市场支配地位行为往往需体量、市场优势地位达一定程度的经营者实施才具有规制必要，因此市场份额小于1/10的经营者不属于滥用市场支配地位制度规制的主体范围，不宜将其置于滥用市场支配地位体制下对其进行规制。若其以垄断协议的方式实施《反垄断法》第22条规定之行为，排除限制竞争效果达到应予规制的程度，可适用垄断协议的规制方式。

**经营者对市场支配地位推定的反证** ➡ 经营者对市场支配地位推定进行抗辩可分为两种情形：一种是抗辩该推定本身不成立，例如对市场份额的测算结果或计算标准产生疑问。另一种是经营者结合《反垄断法》第23条的规定，阻却推定到认定的证成，此时的抗辩并不围绕推定，而是对体现市场支配地位的各要素展开。

**关联参见**

《禁止滥用市场支配地位行为规定》第7条

## 第四章 经营者集中

**第二十五条** 【经营者集中界定】经营者集中是指下列情形：

（一）经营者合并；

（二）经营者通过取得股权或者资产的方式取得对其他经营者的控制权；

（三）经营者通过合同等方式取得对其他经营者的控制权或者能够对其他经营者施加决定性影响。

**条文解读**

本条对经营者集中进行了界定，包括三种情形：

一是经营者合并。合并是最主要和最常见的经营者集中情形。经营者合并是指两个或两个以上的经营者通过订立协议，合并为一家的行为。经营者合并可分为两种方式：一种方式是吸收合并，又称存续合并，是指一个经营者吸收其他经营者，被吸收的经营者解散；另一种方式是新设合并，是指两个或者两个以上的经营者合并设立一个新的企业，合并各方解散。经营者合并是经营者自愿的共同行为，必须遵守法律规定，通过依法订立合同来完成，并产生相应的法律后果。在证券交易所进行上市公司收购形成的企业合并也属于本法所称的经营者合并。

二是经营者通过取得股权或者资产的方式取得对其他经营者的控制权。这类经营者集中情形不涉及经营者合并，参与集中的相关经营者仍继续存在，只是通过股权或者资产交易的方式，使某一经营者取得了对其他经营者的控制权。

三是经营者通过合同等方式取得对其他经营者的控制权或者能够对其他经营者施加决定性影响。这是经营者集中界定的兜底性条款。例如，经营者通过委托经营、联营等合同方式，或者通过人事安排、技术控制等方式，与另一个或几个经营者之间形成控制与被控制关系，取得对其他经营者的控制权，或者取得对其他经营者的生产经营活动施加决定性的影响的能力，能够实际支配公司业务等。《经营者集中审查规定》第5条指出，判断经营者是否取得对其他经营者的控制权或者能够对其他经营者施加决定性影响，应当考虑下列因素：（1）交易的目的和未来的计划；（2）交易前后其他经营者的股权结构及其变化；（3）其他经营者股东（大）会等权力机构的表决事项及其表决机制，以及其历史出席率和表决情况；（4）其他经营者董事会等决策或者管理机构的组成及其表决机制，以及其历史出席率和表决情况；（5）其他经营者高级管理人员的任免等；（6）其他经营者股东、董事之间的关系，是否存在委托行使投票权、一致行动人等；（7）该经营者与其他经营者是否存在重大商业关系、合作协议等；（8）其他应当考虑的因素。

**实务应用**

**08.** 《反垄断法》意义上的经营者集中与民商法意义上的企业并购等有什么区别？

《反垄断法》意义上需要控制的是可能产生排除、限制市场竞争效果的经营者集中，除经营者合并、取得股权或资产、通过合同等形式，以及通过类似方式使得原本相互独立的市场竞争力量之间发生的集中外，《反垄断法》第 25 条及相关配套规定也以"控制权"和"施加决定性影响"混合模式的标准，确定了需要进行申报审查的经营者集中范围。民商法意义上的企业并购等行为，主要侧重点在于参与并购交易之间企业作为民事主体在此过程中相关主体的产生、变更及消灭，以及彼此之间权利义务关系的产生、变更及消灭。因此，发生《反垄断法》意义上的经营者集中，必须进行申报审查，对于具有或者可能具有排除、限制竞争效果的，执法机构应当作出禁止经营者集中的决定。

**关联参见**

《经营者集中审查规定》第 4 条、第 5 条；商务部《关于外国投资者并购境内企业的规定》

第二十六条 【经营者集中申报】经营者集中达到国务院规定的申报标准的，经营者应当事先向国务院反垄断执法机构申报，未申报的不得实施集中。

经营者集中未达到国务院规定的申报标准，但有证据证明该经营者集中具有或者可能具有排除、限制竞争效果的，国务院反垄断执法机构可以要求经营者申报。

经营者未依照前两款规定进行申报的，国务院反垄断执法机构应当依法进行调查。

**条文解读**

**经营者集中的申报标准** ➡ 经营者集中达到下列标准之一的，经营者应当事先向国务院反垄断执法机构申报，未申报的不得实施集中：（1）参与集中的所有经营者上一会计年度在全球范围内的营业额合计超过 120 亿元人民币，并且其中至少两个经营者上一会计年度在中国境内的营业额均超过 8 亿元人民币；（2）参与集中的所有经营者上一会计年度在中国境内的营业额合计超过 40 亿元人民币，并且其中至少两个经营者上一会计年度在中国境内的营业额均超过 8 亿元人民币。

营业额的计算，应当考虑银行、保险、证券、期货等特殊行业、领域的实际情况，具体办法由国务院反垄断执法机构会同国务院有关部门制定。

**参与集中的经营者的营业额的认定** ▶ 营业额包括相关经营者上一会计年度内销售产品和提供服务所获得的收入，扣除相关税金及附加。上一会计年度，是指集中协议签署日的上一会计年度。

参与集中的经营者的营业额，应当为该经营者以及申报时与该经营者存在直接或者间接控制关系的所有经营者的营业额总和，但是不包括上述经营者之间的营业额。

经营者取得其他经营者的组成部分时，出让方不再对该组成部分拥有控制权或者不能施加决定性影响的，目标经营者的营业额仅包括该组成部分的营业额。

参与集中的经营者之间或者参与集中的经营者和未参与集中的经营者之间有共同控制的其他经营者时，参与集中的经营者的营业额应当包括被共同控制的经营者与第三方经营者之间的营业额，此营业额只计算一次，且在有共同控制权的参与集中的经营者之间平均分配。

金融业经营者营业额的计算，按照金融业经营者集中申报营业额计算相关规定执行。

**视为一次集中** ▶ 相同经营者之间在两年内多次实施的未达到申报标准的经营者集中，应当视为一次集中，集中时间从最后一次交易算起，参与集中的经营者的营业额应当将多次交易合并计算。经营者通过与其有控制关系的其他经营者实施上述行为，依照《经营者集中审查规定》处理。前述所称两年内，是指从第一次交易完成之日起至最后一次交易签订协议之日止的期间。

**经营者集中的申报义务人** ▶ 通过合并方式实施的经营者集中，合并各方均为申报义务人；其他情形的经营者集中，取得控制权或者能够施加决定性影响的经营者为申报义务人，其他经营者予以配合。

同一项经营者集中有多个申报义务人的，可以委托一个申报义务人申报。被委托的申报义务人未申报的，其他申报义务人不能免除申报义务。申报义务人未申报的，其他参与集中的经营者可以提出申报。

申报人可以自行申报，也可以依法委托他人代理申报。申报人应当严格审慎选择代理人。申报代理人应当诚实守信、合规经营。

**关联参见**

《国务院关于经营者集中申报标准的规定》第3条；《经营者集中审查规定》第8—15条

**第二十七条　【豁免申报】**经营者集中有下列情形之一的，可以不向国务院反垄断执法机构申报：

（一）参与集中的一个经营者拥有其他每个经营者百分之五十以上有表决权的股份或者资产的；

（二）参与集中的每个经营者百分之五十以上有表决权的股份或者资产被同一个未参与集中的经营者拥有的。

**条文解读**

**经营者集中豁免申报** ▶ 对于第一种情形，参与集中的一个经营者拥有其他每个经营者50%以上有表决权的股份或者资产的，该经营者已经对其他经营者形成了控制与被控制的关系。依照我国《公司法》的规定，持有某一公司50%以上有表决权的股份，已成为该公司的控股股东，对股东大会、公司经营管理决策可以产生重大影响；持有某一公司50%以上的资产，实际上可以支配公司，成为公司实际控制人。因此，基于《反垄断法》对经营者集中控制审查视角，这一类型的集中实质上是同一集团企业内部间的调整，并不会对现有市场竞争结构产生影响，不需要向反垄断执法机构进行申报。

对于第二种情形，参与集中的每个经营者 50%以上有表决权的股份或者资产被同一个未参与集中的经营者拥有的，本质上是同一集团内部子公司间的合并，相关子公司均被未参与集中的经营者所实际控制，也不会对现有市场竞争结构产生影响，故不需要向反垄断执法机构进行申报。

**关联参见**

《国家市场监督管理总局反垄断局关于经营者集中申报的指导意见》第 4 条、第 25 条

**第二十八条 【申报文件】** 经营者向国务院反垄断执法机构申报集中，应当提交下列文件、资料：

（一）申报书；

（二）集中对相关市场竞争状况影响的说明；

（三）集中协议；

（四）参与集中的经营者经会计师事务所审计的上一会计年度财务会计报告；

（五）国务院反垄断执法机构规定的其他文件、资料。

申报书应当载明参与集中的经营者的名称、住所、经营范围、预定实施集中的日期和国务院反垄断执法机构规定的其他事项。

**实务应用**

**09. 经营者集中的申报文件、资料应当包括哪些内容？有哪些注意事项？**

《经营者集中审查规定》第 14 条指出，申报文件、资料应当包括如下内容：（1）申报书。申报书应当载明参与集中的经营者的名称、住所（经营场所）、经营范围、预定实施集中的日期，并附申报人身份证件或者登记注册文件，境外申报人还须提交当地公证机关的公证文件和相关

的认证文件。委托代理人申报的，应当提交授权委托书。(2) 集中对相关市场竞争状况影响的说明。包括集中交易概况；相关市场界定；参与集中的经营者在相关市场的市场份额及其对市场的控制力；主要竞争者及其市场份额；市场集中度；市场进入；行业发展现状；集中对市场竞争结构、行业发展、技术进步、创新、国民经济发展、消费者以及其他经营者的影响；集中对相关市场竞争影响的效果评估及依据。(3) 集中协议。包括各种形式的集中协议文件，如协议书、合同以及相应的补充文件等。(4) 参与集中的经营者经会计师事务所审计的上一会计年度财务会计报告。(5) 市场监管总局要求提交的其他文件、资料。申报人应当对申报文件、资料的真实性、准确性、完整性负责。申报代理人应当协助申报人对申报文件、资料的真实性、准确性、完整性进行审核。

《经营者集中审查规定》第15条指出，申报人应当对申报文件、资料中的商业秘密、未披露信息、保密商务信息、个人隐私或者个人信息进行标注，并且同时提交申报文件、资料的公开版本和保密版本。申报文件、资料应当使用中文。

**第二十九条 【申报文件补交】** 经营者提交的文件、资料不完备的，应当在国务院反垄断执法机构规定的期限内补交文件、资料。经营者逾期未补交文件、资料的，视为未申报。

**条文解读**

市场监管总局对申报人提交的文件、资料进行核查，发现申报文件、资料不完备的，可以要求申报人在规定期限内补交。申报人逾期未补交的，视为未申报。

市场监管总局经核查认为申报文件、资料符合法定要求的，自收到完备的申报文件、资料之日予以受理并书面通知申报人。

经营者集中未达到申报标准，参与集中的经营者自愿提出经营者集中申报，市场监管总局收到申报文件、资料后经核查认为有必要受理的，按照《反垄断法》予以审查并作出决定。

> **关联参见**

《经营者集中审查规定》第 16—18 条

第三十条 【初步审查】国务院反垄断执法机构应当自收到经营者提交的符合本法第二十八条规定的文件、资料之日起三十日内，对申报的经营者集中进行初步审查，作出是否实施进一步审查的决定，并书面通知经营者。国务院反垄断执法机构作出决定前，经营者不得实施集中。

国务院反垄断执法机构作出不实施进一步审查的决定或者逾期未作出决定的，经营者可以实施集中。

> **条文解读**

为规范经营者集中反垄断审查工作程序，保障审查工作顺利进行，《反垄断法》对经营者集中审查程序作出了相应规定，分为初步审查和进一步审查两个阶段。经初步审查，对竞争没有影响或影响不大的经营者集中予以放行；对竞争影响较大、具有或者可能具有排除、限制竞争效果的经营者集中，由国务院反垄断执法机构实施进一步审查。这样安排，既有利于经营者及时实施集中，提高商业活动效率，也有利于执法机构集中资源和精力审查重点案件，保护市场竞争。

**经营者集中初步审查** ➡ 本条是关于经营者集中初步审查的规定，初步审查导致两种结果：一种是经营者参与的集中对竞争没有影响或影响不大，不需要进一步审查，国务院反垄断执法机构应当作出相应决定并书面通知申报参与集中的经营者，可以进行经营者集中；另一种是如果认为该集中有可能影响竞争或对竞争造成威胁，国务院反垄断执法机构应作出实施进一步审查的决定，并书面通知申报参与集中的经营者。为维护经营者集中审查秩序，在国务院反垄断执法机构作出上述决定前，经营者不得实施集中。经营者违反上述规定实施集中的，由国务院反垄断执法机构依照《反垄断法》第 58 条的规定追究其相应的法律责任。

**关联参见**

《经营者集中审查规定》第 22 条

第三十一条 【进一步审查】国务院反垄断执法机构决定实施进一步审查的，应当自决定之日起九十日内审查完毕，作出是否禁止经营者集中的决定，并书面通知经营者。作出禁止经营者集中的决定，应当说明理由。审查期间，经营者不得实施集中。

有下列情形之一的，国务院反垄断执法机构经书面通知经营者，可以延长前款规定的审查期限，但最长不得超过六十日：

（一）经营者同意延长审查期限的；

（二）经营者提交的文件、资料不准确，需要进一步核实的；

（三）经营者申报后有关情况发生重大变化的。

国务院反垄断执法机构逾期未作出决定的，经营者可以实施集中。

**关联参见**

《经营者集中审查规定》第 22 条

第三十二条 【审查期限中止】有下列情形之一的，国务院反垄断执法机构可以决定中止计算经营者集中的审查期限，并书面通知经营者：

（一）经营者未按照规定提交文件、资料，导致审查工作无法进行；

（二）出现对经营者集中审查具有重大影响的新情况、新事实，不经核实将导致审查工作无法进行；

（三）需要对经营者集中附加的限制性条件进一步评估，且经营者提出中止请求。

自中止计算审查期限的情形消除之日起，审查期限继续计算，国务院反垄断执法机构应当书面通知经营者。

### 条文解读

**经营者集中审查期限的中止计算** 经营者集中审查期限的中止计算制度，是《反垄断法》2022年修正时新增的内容。该制度的基本含义是，在出现特定情况导致经营者集中审查工作难以继续进行，或者无法在法定期限内完成时，反垄断执法机构审查经营者集中的期限可以暂停计算，直至导致暂停的事项消除为止。因为该制度的适用效果是中止计算经营者集中的审查期限，所以又被形象地称为"停表"（Stop the Clock）制度。

在审查过程中，出现本条规定情形的，市场监管总局可以决定中止计算经营者集中的审查期限并书面通知申报人，审查期限自决定作出之日起中止计算。自中止计算审查期限的情形消除之日起，审查期限继续计算，市场监管总局应当书面通知申报人。

在审查过程中，申报人未按照规定提交文件、资料导致审查工作无法进行的，市场监管总局应当书面通知申报人在规定期限内补正。申报人未在规定期限内补正的，市场监管总局可以决定中止计算审查期限。申报人按要求提交文件、资料后，审查期限继续计算。

在审查过程中，出现对经营者集中审查具有重大影响的新情况、新事实，不经核实将导致审查工作无法进行的，市场监管总局可以决定中止计算审查期限。经核实，审查工作可以进行的，审查期限继续计算。

### 关联参见

《经营者集中审查规定》第23—25条

**第三十三条** 【审查考虑因素】审查经营者集中，应当考虑下列因素：

（一）参与集中的经营者在相关市场的市场份额及其对市场的控制力；

（二）相关市场的市场集中度；

（三）经营者集中对市场进入、技术进步的影响；

（四）经营者集中对消费者和其他有关经营者的影响；

（五）经营者集中对国民经济发展的影响；

（六）国务院反垄断执法机构认为应当考虑的影响市场竞争的其他因素。

## 条文解读

### 审查经营者集中的考虑因素

1. 评估经营者集中的竞争影响，可以考察相关经营者单独或者共同排除、限制竞争的能力、动机及可能性。集中涉及上下游市场或者关联市场的，可以考察相关经营者利用在一个或者多个市场的控制力，排除、限制其他市场竞争的能力、动机及可能性。

2. 评估参与集中的经营者对市场的控制力，可以考虑参与集中的经营者在相关市场的市场份额、产品或者服务的替代程度、控制销售市场或者原材料采购市场的能力、财力和技术条件、掌握和处理数据的能力，以及相关市场的市场结构、其他经营者的生产能力、下游客户购买能力和转换供应商的能力、潜在竞争者进入的抵消效果等因素。评估相关市场的市场集中度，可以考虑相关市场的经营者数量及市场份额等因素。

3. 评估经营者集中对市场进入的影响，可以考虑经营者通过控制生产要素、销售和采购渠道、关键技术、关键设施、数据等方式影响市场进入的情况，并考虑进入的可能性、及时性和充分性。评估经营者集中对技术进步的影响，可以考虑经营者集中对技术创新动力和能力、技术研发投入和利用、技术资源整合等方面的影响。

4. 评估经营者集中对消费者的影响，可以考虑经营者集中对产品或者服务的数量、价格、质量、多样化等方面的影响。评估经营者集中对其他有关经营者的影响，可以考虑经营者集中对同一相关市场、上下游市场或者关联市场经营者的市场进入、交易机会等竞争条件的影响。

5. 评估经营者集中对国民经济发展的影响，可以考虑经营者集中对经济效率、经营规模及其对相关行业发展等方面的影响。

6. 评估经营者集中的竞争影响，还可以综合考虑集中对公共利益的影响、参与集中的经营者是否为濒临破产的企业等因素。

关联参见

《经营者集中审查规定》第32—37条

第三十四条 【审查决定】经营者集中具有或者可能具有排除、限制竞争效果的，国务院反垄断执法机构应当作出禁止经营者集中的决定。但是，经营者能够证明该集中对竞争产生的有利影响明显大于不利影响，或者符合社会公共利益的，国务院反垄断执法机构可以作出对经营者集中不予禁止的决定。

条文解读

为了提高反垄断执法机构的审查效率，充分发挥经营者的积极性，本条规定由经营者承担举证责任来证明集中的利大于弊。经营者证明的具体方式有两种：一种是集中对竞争产生的有利影响明显大于不利影响。反垄断执法机构审查经营者集中，关键是审查该集中对市场竞争的影响，因此如果集中对竞争产生的有利影响明显大于不利影响，则可以得到豁免。另一种是集中符合社会公共利益。维护社会公共利益是《反垄断法》的立法目的之一。某项经营者集中虽然具有或者可能具有排除、限制竞争的效果，但符合社会公共利益，如有利于在相当大的程度上促进就业，明显推动技术进步、增强国际竞争力等，也可以得到豁免。

**第三十五条 【附加限制性条件】** 对不予禁止的经营者集中，国务院反垄断执法机构可以决定附加减少集中对竞争产生不利影响的限制性条件。

### 条文解读

**经营者集中附加限制性条件** ➡ 经营者集中附加限制性条件是指在经营者集中审查中，对于具有或者可能具有排除、限制竞争影响的集中案件，如果参与集中的当事人作出相关承诺以消除集中具有或者可能具有排除、限制竞争影响，反垄断执法机构可以接受当事人的承诺，以附加限制性条件的方式批准集中交易。

根据经营者集中交易具体情况，限制性条件可以包括如下种类：第一，结构性条件，又称结构性救济、资产或业务剥离，主要体现为对经营者特定权益的处分，包括剥离有形资产，知识产权、数据等无形资产或者相关权益（这些处分的权益被称为"剥离业务"）；第二，行为性条件，又称行为性救济，主要体现为对经营者特定行为的约束，其内容具有开放性，可以包括开放网络或者平台等基础设施、许可关键技术（包括专利或者其他知识产权）、终止排他性协议、保持独立运营、修改平台规则或者算法、承诺兼容或者不降低互操作性水平等行为性条件。第三，结构性条件和行为性条件相结合的综合性条件等。

剥离业务一般应当具有在相关市场开展有效竞争所需要的所有要素，包括有形资产、无形资产、股权、关键人员以及客户协议或者供应协议等权益。剥离对象可以是参与集中经营者的子公司、分支机构或者业务部门等。

**限制性条件承诺方案** ➡ 为减少集中具有或者可能具有的排除、限制竞争的效果，参与集中的经营者可以向市场监管总局提出附加限制性条件承诺方案。市场监管总局应当对承诺方案的有效性、可行性和及时性进行评估，并及时将评估结果通知申报人。市场监管总局认为承诺方案不足以减少集中对竞争的不利影响的，可以与参与集中的经营者就限制性条件进行磋商，要求其在合理期限内提出其他承诺方案。

承诺方案存在不能实施的风险的，参与集中的经营者可以提出备选方案。备选方案应当在首选方案无法实施后生效，并且比首选方案的条件更为严格。承诺方案为剥离，但存在下列情形之一的，参与集中的经营者可以在承诺方案中提出特定买方和剥离时间建议：（1）剥离存在较大困难；（2）剥离前维持剥离业务的竞争性和可销售性存在较大风险；（3）买方身份对剥离业务能否恢复市场竞争具有重要影响；（4）市场监管总局认为有必要的其他情形。

对于具有或者可能具有排除、限制竞争效果的经营者集中，参与集中的经营者提出的附加限制性条件承诺方案能够有效减少集中对竞争产生的不利影响的，市场监管总局可以作出附加限制性条件批准决定。参与集中的经营者未能在规定期限内提出附加限制性条件承诺方案，或者所提出的承诺方案不能有效减少集中对竞争产生的不利影响的，市场监管总局应当作出禁止经营者集中的决定。

**关联参见**

《经营者集中审查规定》第 39—42 条

**第三十六条** 【审查决定公布】国务院反垄断执法机构应当将禁止经营者集中的决定或者对经营者集中附加限制性条件的决定，及时向社会公布。

**条文解读**

依照《反垄断法》规定，国务院反垄断执法机构对经营者集中进行审查后作出的决定可分为四种，分别为：对经营者集中不实施进一步审查的决定；对经营者集中不予禁止的决定；禁止经营者集中的决定；对经营者集中附加限制性条件的决定。由于后两种决定不仅涉及参与集中的经营者的利益，而且对消费者和其他经营者的利益有重要影响，为了确保这两种决定的公平、公正、科学、合理，本条规定，相关决定必须及时向社会公布。而前两种决定一般仅涉及参与集中的经营者的利益，对消费者和其他经营者的利益没有实质性的影响，《反垄断法》没有对其向社会公布提出要求，国务院反垄断执法机构可以根据实际的需要向社会公布。

**关联参见**

《行政许可法》第5条；《政府信息公开条例》第19条、第23条

第三十七条 【审查工作要求】国务院反垄断执法机构应当健全经营者集中分类分级审查制度，依法加强对涉及国计民生等重要领域的经营者集中的审查，提高审查质量和效率。

**条文解读**

2022年3月25日发布的《中共中央 国务院关于加快建设全国统一大市场的意见》指出："完善垄断行为认定法律规则，健全经营者集中分类分级反垄断审查制度。破除平台企业数据垄断等问题，防止利用数据、算法、技术手段等方式排除、限制竞争。加强对金融、传媒、科技、民生等领域和涉及初创企业、新业态、劳动密集型行业的经营者集中审查，提高审查质量和效率，强化垄断风险识别、预警、防范。"按照党中央相关决策部署，本条对国务院反垄断执法机构的经营者集中审查工作提出相应要求。

经营者集中分类分级制度旨在通过确立监管重点提高审查质量和效率。对企业来说，如果集中交易涉及金融、传媒、科技、民生等领域，或者属于对初创企业、新业态、劳动密集型行业经营者的并购，则应当

特别注意本条的适用，要自我评估集中交易对市场竞争的影响，并严格按照《反垄断法》的规定履行相关义务。

**第三十八条** 【国家安全审查】对外资并购境内企业或者以其他方式参与经营者集中，涉及国家安全的，除依照本法规定进行经营者集中审查外，还应当按照国家有关规定进行国家安全审查。

▍条文解读

外国投资者并购境内企业，指外国投资者购买境内非外商投资企业股东的股权或认购境内公司增资，使该境内公司变更设立为外商投资企业；或者，外国投资者设立外商投资企业，并通过该企业协议购买境内企业资产且运营该资产，或外国投资者协议购买境内企业资产，并以该资产投资设立外商投资企业运营该资产。

外国投资者并购境内企业达到《国务院关于经营者集中申报标准的规定》规定的申报标准的，应当事先向商务部申报，未申报不得实施交易。外国投资者并购境内企业并取得实际控制权，涉及重点行业、存在影响或可能影响国家经济安全因素或者导致拥有驰名商标或中华老字号的境内企业实际控制权转移的，当事人应就此向商务部进行申报。当事人未予申报，但其并购行为对国家经济安全造成或可能造成重大影响的，商务部可以会同相关部门要求当事人终止交易或采取转让相关股权、资产或其他有效措施，以消除并购行为对国家经济安全的影响。

当外资参与的经营者集中满足以下条件时，一般应在经营者集中申报后立即申请或并行申请国家安全审查：（1）投资军工、军工配套等关系国防安全的领域，以及在军事设施和军工设施周边地域投资；（2）投资关系国家安全的重要农产品、重要能源和资源、重大装备制造、重要基础设施、重要运输服务、重要文化产品与服务、重要信息技术和互联网产品与服务、重要金融服务、关键技术以及其他重要领域，并取得所投资企业的实际控制权。

> **关联参见**

《国家安全法》第 59 条;《外商投资法》第 35 条;《外商投资安全审查办法》第 4 条;商务部《关于外国投资者并购境内企业的规定》

## 第五章　滥用行政权力排除、限制竞争

**第三十九条　【禁止指定交易】** 行政机关和法律、法规授权的具有管理公共事务职能的组织不得滥用行政权力,限定或者变相限定单位或者个人经营、购买、使用其指定的经营者提供的商品。

> **条文解读**

行政垄断是指政府及其所属机构滥用行政权力限制竞争的行为。它们不属于政府为维护社会经济秩序而进行的正常经济管理,也不属于政府为实现对国民经济的宏观调控而采取的产业政策、财政政策等经济和社会政策。因此,认定政府及其所属部门的一个行为是否构成滥用权力,其依据是国家的法律和政策。如果国家的法律或政策明确规定禁止政府及其所属部门从事某种限制竞争行为,而政府或其所属机构违反规定采取了这种行为,这就构成滥用行政权力限制竞争。《反垄断法》的任务是维护市场自由和公平竞争的秩序,因此,如果政府的一项行政行为明显导致对市场参与者的不公平待遇,或者是对某些企业、某些行业、某些地区的歧视,一般应被认定为滥用行政权力限制竞争。

行政机关和法律、法规授权的具有管理公共事务职能的组织不得滥用行政权力,实施下列行为,限定或者变相限定单位或者个人经营、购买、使用其指定的经营者提供的商品或者服务:(1)以明确要求、暗示、拒绝或者拖延行政审批、备案、重复检查、不予接入平台或者网络等方式,限定或者变相限定经营、购买、使用特定经营者提供的商品;(2)通过限制投标人所在地、所有制形式、组织形式等方式,限定或者变相限定经营、购买、使用特定经营者提供的商品;(3)通过设置不合

理的项目库、名录库、备选库、资格库等方式,限定或者变相限定经营、购买、使用特定经营者提供的商品;(4) 限定或者变相限定单位或者个人经营、购买、使用其指定的经营者提供的商品的其他行为。

### 案例指引

**13.** 以特许经营项目的名义确定特定企业为区域独家经营企业,该行为应当如何认定?①

2022年3月10日,某省市场监管局依法对某市综合行政执法局涉嫌滥用行政权力排除、限制竞争行为进行立案调查。

经查,2019年11月,当事人委托第三方通过某市公共资源交易中心某分中心以公开招标方式组织实施招标,确定某网络科技有限公司为中标单位。2019年12月18日,当事人与中标单位签订《共享助力自行车运营合同》,合同有效期为5年。

某省市场监管局认为,当事人以共享助力自行车属于特许经营项目名义,确定某网络科技有限公司为某市区域独家共享助力自行车经营企业的做法,没有法律法规和国家政策依据,实际上是变相限制共享助力自行车企业市场准入的行为,排除、限制了其他具有合格资质和服务能力的共享助力自行车品牌进入该区域市场,剥夺了消费者的自由选择权。上述行为违反了《反垄断法》第39条的规定,构成滥用行政权力排除、限制竞争行为。

某省市场监管局根据《反垄断法》第61条的规定,向某市人民政府发出行政建议书,依法提出以下处理建议:一是责令当事人立即停止指定某网络科技有限公司作为某市区域内独家共享助力自行车经营企业的违法行为,为其他具有合格资质和服务能力的共享助力自行车品牌运

---

① 参见《2022年制止滥用行政权力排除、限制竞争执法专项行动案件(第一批)》(2022年6月9日发布),某省市场监管局依法调查处理某市综合行政执法局滥用行政权力排除、限制竞争行为,载国家市场监督管理总局网 https://www.samr.gov.cn/zt/qhfldzf/art/2022/art_ 26558678bf2a4426ace719439a331ef6.html,最后访问日期:2024年11月18日。

营商在相关市场提供公平竞争机会，保障消费者自由选择权。二是认真落实公平竞争审查机制，要求当事人在制定涉及市场主体经济活动的各类政策措施时，严格履行公平竞争审查程序，认真评估对市场竞争产生的影响，依法维护公平竞争的市场环境。三是加强对当事人后续行为的监督和指导，防止滥用行政权力排除、限制市场竞争行为发生。

### 关联参见

《制止滥用行政权力排除、限制竞争行为规定》第 4 条；《公平竞争审查制度实施细则》第 13 条

**第四十条　【禁止违规签订合作协议、备忘录】** 行政机关和法律、法规授权的具有管理公共事务职能的组织不得滥用行政权力，通过与经营者签订合作协议、备忘录等方式，妨碍其他经营者进入相关市场或者对其他经营者实行不平等待遇，排除、限制竞争。

### 条文解读

本条文是在 2008 年《反垄断法》所列举的几类具体行政垄断行为基础上，通过新增条款方式，进而在一定程度上扩充了行政垄断行为类型的规制范围。

在构成要件方面，利用合作协议、备忘录等方式实施垄断主要包括以下几个部分：在行为主体方面，必须是行政机关和法律、法规授权的具有管理公共事务职能的组织。在表现形式方面，该行为主要是通过与经营者签订合作协议、备忘录等方式所实施的妨碍其他经营者进入相关市场或者对其他经营者实行不平等待遇的垄断行为，其典型表现主要包括政企合作协议式行政垄断与政企备忘录式行政垄断。在行为目的层面，该行为旨在通过合理协议等方式实现排除、限制竞争的目的。在行为后果层面，该行为将会造成排除、限制竞争的消极效果。结合现有条

文来看，其中的"排除、限制竞争"不仅应当被视作该行为的意图之所在，也是对其行为后果的法定要求。

> **案例指引**

**14. 行政机关与企业签订合同，约定只由该企业提供特定市场服务，是否构成排除、限制竞争？**①

2022年7月31日，某省市场监管局依法对某市城市管理综合执法局涉嫌滥用行政权力排除、限制竞争行为立案调查。

经查，2022年3月15日，当事人与某科技有限公司签订的《共享单车规范停放管理协议》，规定"乙方应当严格按照《某市共享单车及助力车投放可行性报告》进行车辆投放，乙方通过规模发展、优质服务、公平竞争等市场手段扩大市场份额，直至饱和，保证某市场需求和车辆供给"。

某省市场监管局认为，当事人与某科技有限公司签订合同，约定只由该企业提供某市共享单车市场服务，排除、限制了其他具有相应资质和服务能力的企业参与某市共享单车市场的竞争，剥夺了消费者的自主选择权。当事人的上述行为违反了《反垄断法》第40条的规定，构成滥用行政权力排除、限制竞争行为。

调查期间，当事人积极整改，消除不良影响，解除相关协议，发布"欢迎共享单车企业到我市考察入驻经营"的通知，并在某市人民政府官网公布。当事人向某省市场监管局提交了整改报告，表示将严格执行公平竞争审查制度，凡涉及市场主体经济活动的政策措施必须经过公平竞争审查，防止出现排除、限制竞争情况。

---

① 参见《2022年制止滥用行政权力排除、限制竞争执法专项行动案件（第五批）》（2023年1月11日发布），某省市场监管局纠正某市城市管理综合执法局滥用行政权力排除、限制竞争行为，载国家市场监督管理总局网 https://www.samr.gov.cn/zt/qhfldzf/art/2023/art_1ad3fa6bc72b4ccf983ce85feb72cdf4.html，最后访问日期：2024年11月18日。

**关联参见**

《制止滥用行政权力排除、限制竞争行为规定》第 5 条；《公平竞争审查制度实施细则》第 13 条

**第四十一条　【禁止妨碍商品自由流通】** 行政机关和法律、法规授权的具有管理公共事务职能的组织不得滥用行政权力，实施下列行为，妨碍商品在地区之间的自由流通：

（一）对外地商品设定歧视性收费项目、实行歧视性收费标准，或者规定歧视性价格；

（二）对外地商品规定与本地同类商品不同的技术要求、检验标准，或者对外地商品采取重复检验、重复认证等歧视性技术措施，限制外地商品进入本地市场；

（三）采取专门针对外地商品的行政许可，限制外地商品进入本地市场；

（四）设置关卡或者采取其他手段，阻碍外地商品进入或者本地商品运出；

（五）妨碍商品在地区之间自由流通的其他行为。

**条文解读**

本条是关于滥用行政权力，妨碍商品在地区之间的自由流通的具体行为的规定。

根据本条的规定，行政机关和法律、法规授权的具有管理公共事务职能的组织滥用行政权力，妨碍商品在地区之间的自由流通的行为主要有以下形式：

1. 对外地商品设定歧视性收费项目、实行歧视性收费标准，或者规定歧视性价格。这种行为主要目的是从维护本地企业的利益出发，甚至会提出为了维护当地的社会稳定或者保障当地民众的就业，以及"肥

水不流外人田"的狭隘心理,纷纷出台各种措施,对外地商品单独征收费用,或者同样收费项目却不一样的标准,以及强制其销售价格,如对来本地施工的建筑企业额外收取教育附加费,强制商品价格高于本地同等商品价格的20%以上等。这些行为表面是维护了当地经济利益,实际上却是以牺牲消费者的利益为代价。

2. 对外地商品规定与本地同类商品不同的技术要求、检验标准,或者对外地商品采取重复检验、重复认证等歧视性技术措施,限制外地商品进入本地市场。这种妨碍商品自由流通的方法属于人为设置商品技术壁垒。在实际生活中,随着社会经济的发展和改革开放的逐步放开,特别是社会主义市场经济的逐步建立,在依法行政和责任行政的大势下,一些地方政府或者部门为了实施行政垄断,限制某些商品的自由流通,并不采取本条第1项所列举的传统手段,而是采取更为隐蔽、更难发现的技术壁垒做法,企图通过技术手段限制外地商品进入本地市场。这种手法往往使当事人无法提出异议,且执法者只是在具体执法时内部掌握,所以,对于这种违法手段,必须掌握充足的证据,才能予以处罚。

3. 采取专门针对外地商品的行政许可,限制外地商品进入本地市场。通过行政许可的形式来人为设置一些障碍限制外地商品进入本地市场,属于一种比较少见的违法方式。根据有关法律,行政许可,是指行政机关根据公民、法人或者其他组织等行政相对人的申请,经依法审查,准予其从事某种特定活动的行为。行政许可事项包括:(1)安全事项。这是普通行政许可事项,包括危险物品的储藏、生产、使用;意识形态的有关活动;保险、金融、证券等涉及社会信用的行业;政府担保的外国贷款的宏观调控;污染防治,环境保护;涉及人身健康、财产安全的事项。(2)特许事项。对有限资源的配置和资源垄断行业的市场准入需要法定授权的事项。(3)认可事项。即指有关资质和资格的行政许可事项。(4)核准事项。即直接关系公共安全、人身健康、生命财产安全的重要设备、设施、产品、物品,需要按照技术标准、技术规范,通过检验、检测、检疫等方式进行审定的事项。（5）登记事项。即是为了确立主体资格，如企业或者其他组织的设立等。

4. 设置关卡或者采取其他手段，阻碍外地商品进入或者本地商品运出。这种行为在改革开放之初的 90 年代较为常见，随着社会发展的不断变迁和依法行政意识的逐渐提高，这种行为也很少发生，但在个别地区仍偶尔会出现。其中设置关卡是大家较为熟悉的违法手段，或者设置关卡阻碍本地农产品运往外地，并引发了种种社会矛盾。

5. 妨碍商品在地区之间自由流通的其他行为。这是一条兜底性条款，主要是考虑到随着社会经济的发展和科技的进步，还可能会出现新的行政垄断限制商品自由流通的情形，而法律不可能穷尽所有违法手段，这条备用条款的存在，将有利于执法机关适应形势的发展，不断地完善我们的执法理念来促进反垄断工作的进展。

## 案例指引

### 15. 要求外地企业提供本地相关部门申请办理准运证，是否构成排除、限制竞争？[①]

2022 年 5 月 17 日，某省市场监管局依法对某县自然资源局涉嫌滥用行政权力排除、限制竞争行为立案调查。

经查，2022 年 3 月 14 日以来，当事人在加强对外地砂石的治理工作中，要求有关外地砂石公司要向矿产品运入地即当地相关部门申请办理准运证，否则不予通行，并在"问政"平台上公开回复："根据《某自治州矿产资源管理条例》（2005）第 4 章第 21 条之规定：加工、收购、销售矿产品需凭采矿许可证或矿产品经营许可证到矿产品运出入地的自然资源管理部门办理准运证。凡无准运证的矿产品，铁路、公路、

---

[①] 参见《2022 年制止滥用行政权力排除、限制竞争执法专项行动案件（第五批）》（2023 年 1 月 11 日发布），某省市场监管局依法调查处理某县自然资源局滥用行政权力排除、限制竞争行为，载国家市场监督管理总局网 https://www.samr.gov.cn/zt/qhfldzf/art/2023/art_ 1ad3fa6bc72b4ccf983ce85feb72cdf4.html，最后访问日期：2024 年 11 月 18 日。

水上等运输组织及个人不得承运。从云南进入某县境内的砂石运输车辆经查验未提供有效证件,不得承运砂石。"

某省市场监管局认为,当事人要求外地砂石企业提供本地相关部门申请办理准运证没有相关法律、法规依据,根据《某自治州矿产资源管理条例》第 21 条第 2 款 "收购、销售矿产品需凭采矿许可证或矿产品经营许可证到矿产品运出地的国土资源管理部门办理准运证" 的规定,收购、销售矿产品需到矿产品运出地(采矿地)而非运入地(矿产销售地)的有关部门申请办理准运证,其错误适用该条例第 21 条第 2 款,将 "运出地" 扩大为 "运出入地",限制了外地矿产品资源进入某县市场或通过某县进入其他市场,违反了《反垄断法》第 41 条第 5 项的规定,构成滥用行政权力排除、限制竞争行为。

某省市场监管局根据《反垄断法》第 61 条第 1 款的规定,向某县人民政府发出行政建议书,依法提出以下处理建议:一是责令当事人立即停止错误适用《某自治州矿产资源管理条例》第 4 章第 21 条、限制外地企业运输矿产品资源的行为,妥善处理、切实消除之前要求外地企业提供矿产品运入地准运证,排除、限制竞争行为的后果。二是主动消除 "问政" 平台上公开回复的不良影响,并以此案为契机,举一反三,加强对后续行为的监督和指导。三是提高认识,认真学习贯彻《反垄断法》《国务院关于在市场体系建设中建立公平竞争审查制度的意见》《公平竞争审查制度实施细则》和《中共中央 国务院关于加快建设全国统一大市场的意见》,全面落实公平竞争审查制度。四是责令当事人在某县人民政府收到行政建议书之日起 30 日内,将有关改正情况书面报告某省市场监管局。

**关联参见**

《国务院关于禁止在市场经济活动中实行地区封锁的规定》第 4 条;《制止滥用行政权力排除、限制竞争行为规定》第 6 条;《公平竞争审查制度实施细则》第 14 条

第四十二条 【禁止限制招投标等活动】行政机关和法律、法规授权的具有管理公共事务职能的组织不得滥用行政权力,以设定歧视性资质要求、评审标准或者不依法发布信息等方式,排斥或者限制经营者参加招标投标以及其他经营活动。

### 条文解读

本条是关于滥用行政权力,排斥或者限制外地经营者参加本地的招标投标活动的规定。

招标投标活动是行政主体采购的主要形式,并且与经营者的经营活动关系密切,如果存在行政性限制竞争行为,将对经营者平等地参与市场竞争造成重要影响。招标投标活动应当遵循公开、公平、公正和诚实信用的原则。依法必须进行招标的项目,其招标投标活动不受地区或者部门的限制。任何单位和个人不得违法限制或者排斥本地区、本系统以外的法人或者其他组织参加投标,不得以任何方式非法干涉招标投标活动。同时,行政机关和法律、法规授权的具有管理公共事务职能的组织也不得滥用行政权力,以设定歧视性资质要求、评审标准或者不依法发布信息等方式,排斥或者限制经营者的其他经营活动。

不得排斥或者限制外地经营者参加本地招标投标活动,包括但不限于:(1)不依法及时、有效、完整地发布招标信息;(2)直接规定外地经营者不能参与本地特定的招标投标活动;(3)对外地经营者设定歧视性的资质资格要求或者评标评审标准;(4)将经营者在本地区的业绩、所获得的奖项荣誉作为投标条件、加分条件、中标条件或者用于评价企业信用等级,限制或者变相限制外地经营者参加本地招标投标活动;(5)没有法律、行政法规或者国务院规定依据,要求经营者在本地注册设立分支机构,在本地拥有一定办公面积,在本地缴纳社会保险等,限制或者变相限制外地经营者参加本地招标投标活动;(6)通过设定与招标项目的具体特点和实际需要不相适应或者与合同履行无关的资格、技术和商务条件,限制或者变相限制外地经营者参加本地招标投标活动。

**案例指引**

### 16. 招标投标中限定投标人为本地企业，是否构成排除、限制竞争？[①]

2022年8月22日，某省市场监管局依法对某县发展和改革委员会涉嫌滥用行政权力排除、限制竞争行为立案调查。

经查，2020年4月30日，当事人印发《某县法定招标规模以下国有投资的工程发包实施办法（试行）》，规定"县内10万元以上至50万元以下的工程施工项目，发包程序按'公开摇号'方式进行，参加摇号的为县内施工企业，乡镇项目可在当地交易站进行公开摇号；县内10万元以下的工程施工项目'作业用工'，发包程序按'公开摇号'方式进行，参加摇号的对象为当地工匠与技工，各乡镇（街道、园区）、县直单位可通过'发布公告'方式确定摇号范围，较大乡镇可分设片区；参与本县工程施工项目摇号的县内施工企业是指总公司注册地在某县并具有合法投标资格的施工企业，不包括分公司、子公司"。

某省市场监管局认为，当事人要求参加该县法定招标规模以下的工程施工与工程服务的企业为注册地在本县的施工企业，排除、限制了该领域市场竞争，违反了《反垄断法》第42条和第45条的规定，构成滥用行政权力排除、限制竞争行为。

调查期间，当事人认识到上述行为违反了《反垄断法》规定，积极整改，主动采取措施停止了相关行为，消除了相关后果，印发了废止有关文件的通知，在政府网站进行公布，并表示将严格落实《公平竞争审查制度实施细则》相关规定，从体制机制上保证公平竞争审查工作的有

---

[①] 参见《2022年制止滥用行政权力排除、限制竞争执法专项行动案件（第四批）》（2022年11月25日发布），某省市场监管局纠正某县发展和改革委员会滥用行政权力排除、限制竞争行为，载国家市场监督管理总局网 https://www.samr.gov.cn/zt/qhfldzf/art/2022/art_ff59d5dcae8848bcbfe62270e766eb50.html，最后访问日期：2024年11月18日。

效开展。

> **关联参见**

《招标投标法》第 6 条；《国务院关于禁止在市场经济活动中实行地区封锁的规定》第 4 条；《制止滥用行政权力排除、限制竞争行为规定》第 7 条；《公平竞争审查制度实施细则》第 14 条

**第四十三条　【禁止不当限制分支机构】**行政机关和法律、法规授权的具有管理公共事务职能的组织不得滥用行政权力，采取与本地经营者不平等待遇等方式，排斥、限制、强制或者变相强制外地经营者在本地投资或者设立分支机构。

> **条文解读**

所谓排斥、限制、强制或者变相强制外地经营者的投资活动，是指行政机关和法律、法规授权的具有管理公共事务职能的组织滥用行政权力，通过采取有关歧视性的做法，排斥、限制、强制或者变相强制外地经营者在本地投资或者设立分支机构的情形。

具体而言，行政机关和法律、法规授权的具有管理公共事务职能的组织不得滥用行政权力，实施下列行为，排斥、限制、强制或者变相强制外地经营者在本地投资或者设立分支机构：（1）拒绝、强制或者变相强制外地经营者在本地投资或者设立分支机构；（2）对外地经营者在本地投资的规模、方式以及设立分支机构的地址、商业模式等进行限制或者提出不合理要求；（3）对外地经营者在本地的投资或者设立的分支机构在投资、经营规模、经营方式、税费缴纳等方面规定与本地经营者不同的要求，在安全生产、节能环保、质量标准、行政审批、备案等方面实行歧视性待遇；（4）排斥、限制、强制或者变相强制外地经营者在本地投资或者设立分支机构的其他行为。

**关联参见**

《国务院关于禁止在市场经济活动中实行地区封锁的规定》第 5 条；《制止滥用行政权力排除、限制竞争行为规定》第 8 条；《公平竞争审查制度实施细则》第 14 条

**第四十四条 【禁止强制经营者从事垄断行为】** 行政机关和法律、法规授权的具有管理公共事务职能的组织不得滥用行政权力，强制或者变相强制经营者从事本法规定的垄断行为。

**条文解读**

"强制"通常以行政命令或者要求等形式体现，而"变相强制"的范围更加宽泛，包括但不限于指示、直接组织等看似不具备强制力，但对经营者产生强制效果，使其丧失选择权利的行为。在实践中，行政机关往往不会通过直接强制等手段要求经营者达成垄断协议等，更多的是引导组织经营者达成垄断协议或实施滥用市场支配地位行为。如行政指导型的行政性限制竞争行为，虽不具有法律上的强制力，但由于行政相对人惧于行政机关的权威而服从行政指导，因此可能具有事实上的强制力。

**关联参见**

《制止滥用行政权力排除、限制竞争行为规定》第 9 条；《公平竞争审查制度实施细则》第 16 条

**第四十五条 【禁止以抽象行政行为排除、限制竞争】** 行政机关和法律、法规授权的具有管理公共事务职能的组织不得滥用行政权力，制定含有排除、限制竞争内容的规定。

**条文解读**

本条是关于不得滥用行政权力以抽象行政行为排除、限制竞争的规定。

抽象行政行为是指以不特定的人或事为对象，制定具有普遍约束力的规范性文件的行为。与以具体行政行为排除、限制竞争相比，以抽象行政行为排除、限制竞争有以下特点：第一，针对的对象是不特定的人或者事；第二，其效力具有普遍性；第三，该规定可以反复适用，而不是只适用一次；第四，该行为通常创立了一种新的行为模式。实践中，行政主体不仅可能通过具体行政行为，强制市场主体与其指定的经营者进行交易，或者限制商品、资本等要素在不同地区的自由流动，还可能通过制定规章、意见、会议纪要、联合发文或者其他文件的方式，干预市场竞争，使部分经营者获得竞争优势，或者使部分经营者处于不利的竞争地位。因此，采用抽象行政行为的方式排除、限制竞争往往影响面更广、危害更大。

行政权力以抽象行政行为排除、限制竞争的规定，其实施主体既包括行政机关，也包括法律、法规授权的具有管理公共事务职能的组织。行政机关以抽象行政行为排除、限制竞争，是指行政机关滥用行政权力，在其发布的有约束力的规范性文件中制定含有排除、限制竞争内容的规定。本条中的"规定"一般包括行政机关、法律法规授权的组织所发布的具有普遍约束力的法规、规章和具有普遍约束力的决定、命令。实践中，行政机关、法律法规授权的组织可能以规定、办法、决定、公告、通知、意见、会议纪要等形式，制定、发布含有排除、限制竞争内容的市场准入、产业发展、招商引资、招标投标、政府采购、经营行为规范、资质标准等涉及市场主体经济活动的规章、规范性文件和其他政策措施。

> 案例指引

**17. 对拍卖竞买人的所有制形式、产业投入、履约保函等进行限定，是否构成排除、限制竞争？**[①]

2022年6月10日，某省市场监管局依法对A市B区自然资源和规划局涉嫌滥用行政权力排除、限制竞争行为立案调查。

经查，2022年5月10日，当事人发布《A市B区白庙山矿区建筑用白云岩矿采矿权拍卖出让公告》，要求竞买人必须具备"具有独立法人资格的国有或国有控股企业，实缴注册资金2亿元以上；竞得人须承诺在B区境内投资不低于30亿元打造一个产业园区""竞买人在资质审查截止时间前提供A市境内任何银行的履约保函"等资格条件。

某省市场监管局认为，当事人作为行政机关，在没有法律法规依据的情况下，对该采矿权拍卖竞买人的所有制形式、产业投入、履约保函等进行限定，排除、限制了其他同行业经营者参与当地相关市场竞争，违反了《反垄断法》第45条的规定，构成滥用行政权力排除、限制竞争行为，应当依法予以纠正。

某省市场监管局根据《反垄断法》第61条的规定，向A市B区人民政府发出行政建议书，依法提出处理建议：一是责令当事人停止滥用行政权力，限定竞买人的所有制形式、产业投入、履约保函等排除、限制竞争的违法行为，为其他经营者在相关市场提供公平竞争机会，依法保障经营者合法权益。二是要求当事人认真学习《反垄断法》《国务院关于在市场体系建设中建立公平竞争审查制度的意见》等法律法规，着力推进《公平竞争审查制度实施细则》落实落地，在制定涉及市场主

---

[①] 参见《2022年制止滥用行政权力排除、限制竞争执法专项行动案件（第二批）》（2022年7月29日发布），某省市场监管局依法调查处理A市B区自然资源和规划局滥用行政权力排除、限制竞争行为，载国家市场监督管理总局网 https://www.samr.gov.cn/jzxts/tzgg/qlpc/art/2023/art_0c7cb5c791c7400a98b2742029391362.html，最后访问日期：2024年11月18日。

体经济活动的各类政策措施时，严格履行公平竞争审查程序，认真评估对市场竞争的影响，强化公平竞争政策实施。三是加强对当事人有关后续行为的监督与指导，举一反三，防止发生滥用行政权力排除、限制竞争行为。

**关联参见**

《制止滥用行政权力排除、限制竞争行为规定》第 10 条

## 第六章　对涉嫌垄断行为的调查

**第四十六条　【涉嫌垄断行为的举报和调查】**反垄断执法机构依法对涉嫌垄断行为进行调查。

对涉嫌垄断行为，任何单位和个人有权向反垄断执法机构举报。反垄断执法机构应当为举报人保密。

举报采用书面形式并提供相关事实和证据的，反垄断执法机构应当进行必要的调查。

**条文解读**

反垄断执法机构依据职权，或者通过举报、上级机关交办、其他机关移送、下级机关报告、经营者主动报告等途径，发现涉嫌垄断协议。

举报采用书面形式并提供相关事实和证据的，反垄断执法机构应当进行必要的调查。书面举报一般包括下列内容：（1）举报人的基本情况；（2）被举报人的基本情况；（3）涉嫌垄断协议的相关事实和证据；（4）是否就同一事实已向其他行政机关举报或者向人民法院提起诉讼。反垄断执法机构根据工作需要，可以要求举报人补充举报材料。对于采用书面形式的实名举报，反垄断执法机构在案件调查处理完毕后，可以根据举报人的书面请求依法向其反馈举报处理结果。

**关联参见**

《禁止垄断协议规定》第 22 条、第 23 条;《禁止滥用市场支配地位行为规定》第 24 条、第 25 条;《经营者集中审查规定》第 57 条

**第四十七条** 【调查措施】反垄断执法机构调查涉嫌垄断行为,可以采取下列措施:

(一)进入被调查的经营者的营业场所或者其他有关场所进行检查;

(二)询问被调查的经营者、利害关系人或者其他有关单位或者个人,要求其说明有关情况;

(三)查阅、复制被调查的经营者、利害关系人或者其他有关单位或者个人的有关单证、协议、会计账簿、业务函电、电子数据等文件、资料;

(四)查封、扣押相关证据;

(五)查询经营者的银行账户。

采取前款规定的措施,应当向反垄断执法机构主要负责人书面报告,并经批准。

**关联参见**

《反不正当竞争法》第 13 条

**第四十八条** 【调查程序】反垄断执法机构调查涉嫌垄断行为,执法人员不得少于二人,并应当出示执法证件。

执法人员进行询问和调查,应当制作笔录,并由被询问人或者被调查人签字。

**条文解读**

检查证件主要包括:(1)证明执法人员身份的证件。如工作证等。

（2）证明监督检查机关行为性质的授权或委托文件。如介绍信、授权书、委托书或监督检查机关统一制发的其他证件。只有同时提供以上两方面的证件，执法人员的身份才是合法有效的，才能够代表监督检查机关履行职责。

**关联参见**

《行政处罚法》第 55 条

**第四十九条　【保密义务】** 反垄断执法机构及其工作人员对执法过程中知悉的商业秘密、个人隐私和个人信息依法负有保密义务。

**条文解读**

保守在反垄断执法过程中所知悉的相关商业秘密、个人隐私和个人信息是反垄断执法机构及其工作人员最基本的职业要求，如果确实需要对外公布相关信息，也应当进行脱敏化、匿名化处理，并征得利害关系人的确认。反垄断执法机构工作人员违法泄露在执法过程中所知悉的商业秘密、个人隐私和个人信息，将要承担相应的法律责任，依法对其给予处分，构成犯罪的，还应当承担刑事责任。

**关联参见**

《民法典》第 1032 条、第 1034 条；《个人信息保护法》第 4 条；《反不正当竞争法》第 15 条

**第五十条　【被调查对象的配合调查义务】** 被调查的经营者、利害关系人或者其他有关单位或者个人应当配合反垄断执法机构依法履行职责，不得拒绝、阻碍反垄断执法机构的调查。

**条文解读**

本条从两个方面规定了相关单位或者个人的配合义务,一是从正面规定相关单位或者个人要进行积极的配合,至于如何积极配合,则需要根据反垄断执法机构在具体的调查过程中所提出的要求来进行判定;二是从反面规定相关单位或者个人不得从事消极的抗拒行为,即不得拒绝、阻碍反垄断执法机构所依法展开的调查。需要说明的是,如果反垄断执法机构所进行的反垄断调查不符合法律规定,如未出示执法证件等,相关单位或者个人自然有权拒绝反垄断执法机构所进行的调查,并不构成不依法配合反垄断调查的行为。

**关联参见**

《经营者反垄断合规指南》第19条

**第五十一条 【被调查对象陈述意见的权利】** 被调查的经营者、利害关系人有权陈述意见。反垄断执法机构应当对被调查的经营者、利害关系人提出的事实、理由和证据进行核实。

**关联参见**

《禁止滥用市场支配地位行为规定》第29条;《经营者集中审查规定》第62—63条

**第五十二条 【对垄断行为的处理和公布】** 反垄断执法机构对涉嫌垄断行为调查核实后,认为构成垄断行为的,应当依法作出处理决定,并可以向社会公布。

**关联参见**

《政府信息公开条例》第5条;《经营者集中审查规定》第64条

第五十三条 【承诺制度】 对反垄断执法机构调查的涉嫌垄断行为,被调查的经营者承诺在反垄断执法机构认可的期限内采取具体措施消除该行为后果的,反垄断执法机构可以决定中止调查。中止调查的决定应当载明被调查的经营者承诺的具体内容。

反垄断执法机构决定中止调查的,应当对经营者履行承诺的情况进行监督。经营者履行承诺的,反垄断执法机构可以决定终止调查。

有下列情形之一的,反垄断执法机构应当恢复调查:

(一) 经营者未履行承诺的;

(二) 作出中止调查决定所依据的事实发生重大变化的;

(三) 中止调查的决定是基于经营者提供的不完整或者不真实的信息作出的。

## 条文解读

经营者承诺制度,一般是指涉嫌垄断行为的经营者在接受反垄断调查过程中,主动承诺停止或者放弃被指控的垄断行为,并采取具体措施消除对竞争的不利影响,反垄断执法机构经评估后可以接受承诺,作出中止调查和终止调查的决定。

本条规定承诺制度中止调查的条件是,被调查的经营者承诺在反垄断执法机构认可的期限内采取具体措施消除该行为的后果。这一规定包含以下实质要求:第一,经营者必须在反垄断执法机构已经受理案件且调查进行过程中提出承诺。第二,承诺必须由经营者自愿提出。第三,经营者承诺采取的措施应当是有效和切实可行的。第四,该措施应当能够在反垄断执法机构认可的合理期限内消除该行为的后果。反垄断执法机构接受承诺,一个重要考虑就是将涉嫌垄断行为对市场竞争的影响降到最低,这就要求在尽可能短的时间内消除阻碍竞争的因素;如果允许经营者以承诺为名,拖延对其涉嫌垄断行为的调查处理,承诺制度就失去了应有的价值。因此,经营者履行承诺措施的期限,由反垄断执法机构根据具体案情决定。

> **关联参见**

《禁止垄断协议规定》第 31—35 条；《禁止滥用市场支配地位行为规定》第 32—36 条

**第五十四条** 【对涉嫌滥用行政权力排除、限制竞争行为的调查】反垄断执法机构依法对涉嫌滥用行政权力排除、限制竞争的行为进行调查，有关单位或者个人应当配合。

> **条文解读**

市场监管总局负责滥用行政权力排除、限制竞争行为的反垄断统一执法工作。市场监管总局可以授权省级市场监管部门负责本行政区域内滥用行政权力排除、限制竞争行为的反垄断执法工作。

市场监管总局负责对下列滥用行政权力排除、限制竞争行为进行调查，提出依法处理的建议：（1）在全国范围内有影响的；（2）省级人民政府实施的；（3）案情较为复杂或者市场监管总局认为有必要直接查处的。前述滥用行政权力排除、限制竞争行为，市场监管总局可以指定省级市场监管部门查处。省级市场监管部门查处滥用行政权力排除、限制竞争行为时，发现不属于本部门查处范围，或者虽属于本部门查处范围，但有必要由市场监管总局查处的，应当及时报告市场监管总局。

市场监管总局在查处涉嫌滥用行政权力排除、限制竞争行为时，可以委托省级市场监管部门进行调查。省级市场监管部门在查处涉嫌滥用行政权力排除、限制竞争行为时，可以委托下级市场监管部门进行调查。受委托的市场监管部门在委托范围内，以委托机关的名义进行调查，不得再委托其他行政机关、组织或者个人进行调查。

对反垄断执法机构依法实施的调查，有关单位或者个人拒绝提供有关材料、信息，或者提供虚假材料、信息，或者隐匿、销毁、转移证据,或者有其他拒绝、阻碍调查行为的,反垄断执法机构依法作出处理,并可以向其有关上级机关、监察机关等反映情况。

#### 关联参见

《制止滥用行政权力排除、限制竞争行为规定》第 2 条、第 3 条、第 17 条、第 26 条

第五十五条 【约谈制度】经营者、行政机关和法律、法规授权的具有管理公共事务职能的组织,涉嫌违反本法规定的,反垄断执法机构可以对其法定代表人或者负责人进行约谈,要求其提出改进措施。

#### 条文解读

行政约谈是对特定领域有调查和处罚权力的行政机关为防止该领域某些不利情况发生,在危害结果出现之前就对行为人进行谈话的柔性行政执法手段,是在正式行政处罚或其他行政决定作出前行政机关与行为人发生的接触活动,具有替代、取消或减轻行政处罚等不利后果的功能。相比于刚性权威的行政命令行为,行政约谈行为属于一种行政指导行为,体现了软法约束特征。

本条规定的反垄断执法机构可以采取约谈措施的情形是经营者、行政机关和法律、法规授权的具有管理公共事务职能的组织,涉嫌违反《反垄断法》规定的,其中既包括涉嫌从事《反垄断法》禁止的垄断行为,也包括涉嫌从事《反垄断法》规定的滥用行政权力排除、限制竞争的行为。约谈对象是涉嫌违反《反垄断法》规定的经营者、行政机关和法律、法规授权的具有管理公共事务职能的组织的法定代表人或者负责人,即经营者的法定代表人,或者行政机关和法律、法规授权的具有管理公共事务职能的组织的负责人。

本条规定的约谈虽然不是行政处罚,但具有警示性、责任性,被约

谈的对象应当按照反垄断执法机构的要求提出改进措施。

**关联参见**

《禁止垄断协议规定》第 36 条

## 第七章 法律责任

**第五十六条 【达成、实施垄断协议的法律责任】** 经营者违反本法规定，达成并实施垄断协议的，由反垄断执法机构责令停止违法行为，没收违法所得，并处上一年度销售额百分之一以上百分之十以下的罚款，上一年度没有销售额的，处五百万元以下的罚款；尚未实施所达成的垄断协议的，可以处三百万元以下的罚款。经营者的法定代表人、主要负责人和直接责任人员对达成垄断协议负有个人责任的，可以处一百万元以下的罚款。

经营者组织其他经营者达成垄断协议或者为其他经营者达成垄断协议提供实质性帮助的，适用前款规定。

经营者主动向反垄断执法机构报告达成垄断协议的有关情况并提供重要证据的，反垄断执法机构可以酌情减轻或者免除对该经营者的处罚。

行业协会违反本法规定，组织本行业的经营者达成垄断协议的，由反垄断执法机构责令改正，可以处三百万元以下的罚款；情节严重的，社会团体登记管理机关可以依法撤销登记。

**条文解读**

本条第 1 款是经营者达成并实施垄断协议和未实施所达成垄断协议的法律责任，本款所称"经营者违反本法规定"，是指经营者既违反《反垄断法》第 17 条关于禁止横向垄断协议的规定和第 18 条关于禁止纵向垄断协议的规定，又不能够证明所达成的协议满足《反垄断法》第 20 条规定可以豁免的情形。

本条第 2 款是 2022 年《反垄断法》修改增加的内容，是对违反《反垄断法》第 19 条规定的处罚，即组织其他经营者达成垄断协议或者为其他经营者达成垄断协议提供实质性帮助行为的法律责任。

本条第 3 款是关于垄断协议行为处罚的宽容条款。本款所称"经营者"，是指参与了该垄断协议的经营者；所称"主动向反垄断执法机构报告达成垄断协议的有关情况"，是指在反垄断执法机构对其开展反垄断调查之前和调查过程中，经营者向反垄断执法机构提供了有关垄断协议的详细且准确的情报，一般包括参与的经营者、涉及的产品范围、达成协议的方式、协议的具体实施等情况；所称"提供重要证据"，是指经营者主动向反垄断执法机构提供对于查处反垄断案件有较大证明力的证据。

本条第 4 款是关于行业协会违反《反垄断法》规定，组织本行业的经营者达成垄断协议的法律责任。需要注意的是，经营者参加行业协会组织的垄断协议的，同样要按照本条第 1 款、第 2 款的规定承担相应的法律责任，不能以行业协会的组织行为为理由要求减轻或者免除处罚。

### 案例指引

**18. 横向垄断协议实施者违约赔偿请求权是否合法？**[①]

A 幼儿园主张其与 B 幼儿园等其他四家幼儿园共同签订合作协议，约定合作各方对收入和开支共同结算并平均分配利润，B 幼儿园等四家幼儿园对 A 幼儿园的人数减少和其不在特定区域开设幼儿园进行补偿。后因该四家幼儿园未按照约定支付补偿款，故 A 幼儿园起诉至某市中级人民法院，请求判令 B 幼儿园支付补偿款并承担违约责任。一审法院认为，涉案五家幼儿园签订涉案协议并确认了收费标准，划分了当地幼儿园市场，

---

① 参见《人民法院反垄断典型案例》（2022 年 11 月 17 日发布），"幼儿园"横向垄断协议纠纷案【最高人民法院（2021）最高法知民终 2253 号】——横向垄断协议实施者违约赔偿请求权的认定，载最高人民法院网 https://www.court.gov.cn/zixun/xiangqing/379701.html，最后访问日期：2024 年 11 月 18 日。

该行为明显具有排除、限制竞争的目的，且在特定时间内实现了排除、限制竞争的效果。涉案协议因违反《反垄断法》的禁止性规定，应当认定无效，故判决驳回A幼儿园的诉讼请求。A幼儿园不服，提起上诉。最高人民法院二审认为，涉案协议明确约定了固定和上涨价格、个别经营者退出相关市场等内容，不仅明显具有排除、限制竞争的目的，而且也实际产生了排除、限制竞争的效果，一审法院认定涉案协议构成横向垄断协议并无不当。A幼儿园请求B幼儿园等向其支付协议期间的经济补偿金及违约金，实质上是要求瓜分垄断利益，人民法院对此不予支持。最高人民法院终审判决，驳回上诉，维持原判。

垄断行为限制公平竞争，损害广大消费者利益，由此而产生的收益不应得到法律保护。本案阐明了《反垄断法》的立法目的在于为垄断行为的受害人提供法律救济，而不为实施垄断行为的经营者提供不当获利的机会。横向垄断协议实施者根据该协议主张损害赔偿，实质上是要求瓜分垄断利益，人民法院对该类请求不予支持。本案对于打击横向垄断行为、维护公平竞争秩序、引导幼教行业良性发展具有重要意义。

## 19. 如何理解反垄断罚款基数"上一年度销售额"？[①]

盛某公司于2017年起在海南省消防协会消防维保检测行业分会组织下与其他企业达成并实施消防安全检测价格的垄断协议，该公司经营业务范围有20余项，其2018年度销售额1亿元，其中开展消防安全检测业务的经营收入为93.9万元。海南省市场监管局经立案调查于2020年11月决定对盛某公司处以2018年销售额1亿元1%的罚款即100万元。盛某公司不服处罚决定，向法院提起行政诉讼。一审法院认为，海南省市场监管局以实施垄断协议所取得的销售收入和未实施垄断行为所取得的销售收入一并作为处罚基数来计算处罚金额错误，遂判决撤销该

---

[①] 参见《人民法院反垄断典型案例》（2022年11月17日发布），"海南消防检测企业横向垄断协议"反垄断行政处罚案【最高人民法院（2021）最高法知行终880号】——反垄断罚款基数"上一年度销售额"的理解，载最高人民法院网 https://www.court.gov.cn/zixun/xiangqing/379701.html，最后访问日期：2024年11月18日。

处罚决定。海南省市场监管局不服，提起上诉。最高人民法院二审认为，2008年《反垄断法》第46条第1款规定计罚基数时对"上一年度销售额"没有作进一步限定，结合立法目的和一般法律适用原则，将"上一年度销售额"原则上解释为全部销售额具有合理性；考虑盛某公司实施垄断协议的时间、性质、情节等因素，本案罚款数额符合过罚相当原则。最高人民法院终审判决，撤销一审判决，驳回盛某公司的诉讼请求。

多年来反垄断行政执法实践和学理研究中对反垄断罚款基数"上一年度销售额"存在多种理解，本案二审判决从《反垄断法》预防和制止垄断行为的立法目的出发，对其含义作出了原则性阐释，并根据过罚相当原则明确了确定罚款数额时应考虑的主要因素。本案裁判对依法支持和监督反垄断行政执法、促进司法标准与行政执法标准统一具有重要价值。

## 20. 如何认定"其他协同行为"？如何理解"上一年度"？[①]

2016年9—12月期间，包括K混凝土公司在内的19家某省A市及B市预拌混凝土企业通过聚会、微信群等形式就统一上调混凝土销售价格交流协商，并各自同期不同幅度地上调了价格。2020年6月，某省市场监管局对该19家企业的行为进行查处，且均以2016年度销售额为基数，对3家牵头企业处以2%的罚款，对其他16家企业处以1%的罚款。K混凝土公司不服处罚决定，向法院提起行政诉讼，请求撤销被诉处罚决定。一审法院判决驳回K混凝土公司诉讼请求。K混凝土公司不服，提起上诉。最高人民法院二审认为，包括K混凝土公司在内的涉案19家预拌混凝土企业之间进行了意思联络、信息交流，具有限制、排除相互间价格竞争的共谋，其被诉行为具有一致性，且不能对该行为的一致性作出合理解释。同时，根据相关市场的市场结构、竞争状况、市场变化等情况，被诉行为产生了反竞争效果。因此，K混凝土公司的被诉行

---

[①] 参见《人民法院反垄断典型案例》（2022年11月17日发布），"A市混凝土企业横向垄断协议"反垄断行政处罚案【最高人民法院（2022）最高法知行终29号】——"其他协同行为"的认定以及"上一年度"的理解，载最高人民法院网 https://www.court.gov.cn/zixun/xiangqing/379701.html，最后访问日期：2024年11月18日。

为构成《反垄断法》规定的横向垄断协议项下的"其他协同行为",涉案19家混凝土企业达成并实施了"固定或者变更商品价格"的横向垄断协议。关于被诉处罚决定的罚款计算,"上一年度销售额"是计算罚款的基数,原则上"上一年度"应确定为与作出处罚时在时间上最接近、事实上最关联的违法行为存在年度。被诉行为发生于2016年并于当年年底停止,反垄断执法机构于2017年启动调查,因此,以2016年销售额作为计算罚款的基准,更接近违法行为发生时涉案企业的实际经营情况,与执法实践中通常以垄断行为停止时的上一个会计年度来计算经营者销售额的基本精神保持一致,也符合过罚相当原则。最高人民法院终审判决,驳回上诉,维持原判。

"其他协同行为"属于横向垄断协议的一种表现形式,因其不直接体现为明确的协议或决定,具有较强的隐蔽性,在行政主管和司法认定上存在难度。本案明确了一致性市场行为和信息交流两个因素可以证明存在"其他协同行为",然后应由经营者对其行为一致性作出合理解释。该分层认定方式有助于厘清法律规范的具体适用,合理分配了诉讼当事人的举证责任。同时,本案对反垄断罚款基数的"上一年度销售额"中"上一年度"作出原则性阐释,既尊重了行政机关依法行使行政裁量权,保证行政执法效果,维护反垄断执法威慑力,也对行政机关作出行政处罚决定的裁量基准和方法依法作出指引。

**关联参见**

《禁止垄断协议规定》第42—44条;《国务院反垄断委员会横向垄断协议案件宽大制度适用指南》第10条、第12条

**第五十七条** 【滥用市场支配地位的法律责任】经营者违反本法规定,滥用市场支配地位的,由反垄断执法机构责令停止违法行为,没收违法所得,并处上一年度销售额百分之一以上百分之十以下的罚款。

**关联参见**

《禁止滥用市场支配地位行为规定》第 41 条

**第五十八条** 【经营者违法实施集中的法律责任】经营者违反本法规定实施集中,且具有或者可能具有排除、限制竞争效果的,由国务院反垄断执法机构责令停止实施集中、限期处分股份或者资产、限期转让营业以及采取其他必要措施恢复到集中前的状态,处上一年度销售额百分之十以下的罚款;不具有排除、限制竞争效果的,处五百万元以下的罚款。

**第五十九条** 【确定罚款数额时考虑的因素】对本法第五十六条、第五十七条、第五十八条规定的罚款,反垄断执法机构确定具体罚款数额时,应当考虑违法行为的性质、程度、持续时间和消除违法行为后果的情况等因素。

**案例指引**

**21.** 如何计算横向垄断协议的损害赔偿数额?[①]

A 公司自 2018 年 3 月开始向福建 B 公司供应混凝土。包含 A 公司在内的陕西省延安市 10 家混凝土企业联合声明,自 2018 年 7 月 1 日开始,所有标号的混凝土每立方米在原价基础上上浮 60 元。2018 年 7 月 13 日,A 公司与福建 B 公司达成口头协议,约定将混凝土每立方米单价全面上涨 45 元。同月,原陕西省工商局接到 A 公司等涉嫌垄断的举报,于 2018 年 8 月启动调查,但 A 公司对混凝土供应单价并未作出调

---

① 参见《人民法院反垄断典型案例》(2022 年 11 月 17 日发布),"延安混凝土企业"合同纠纷及横向垄断协议纠纷案【陕西省西安市中级人民法院(2020)陕 01 知民初 509 号】——横向垄断协议的损害赔偿计算,载最高人民法院网 https://www.court.gov.cn/zixun/xiangqing/379701.html,最后访问日期:2024 年 11 月 18 日。

整，亦未向福建 B 公司告知相关情况。自 2019 年 4 月开始，福建 B 公司和 A 公司通过签订补充协议，对同标号混凝土在先前价格基础上每立方米再次上涨 25 元。2019 年 8 月，陕西省市场监管局对 A 公司和其他 9 家混凝土企业达成并实施垄断协议作出处罚决定。2019 年 9 月底，A 公司对福建 B 公司的混凝土供应结束，10 月双方组织结算。在 A 公司向福建 B 公司主张欠付混凝土货款时，福建 B 公司得知 A 公司因实施垄断行为被行政机关处罚，遂向陕西省西安市中级人民法院起诉，要求 A 公司赔偿相应损失。该院审理认为，当事人之间因形式上的契约自由不能成为实施垄断行为一方违法行为的合法外衣。经营者达成涨价协议对交易相对人造成损害的，应当承担相应的民事责任。关于横向垄断协议损害赔偿，对难以脱离当地供应市场或对技术支持需求较高的商品，应以垄断协议所固定价格与此前在自由市场竞争中与交易相对人所约定产品价格的差值进行计算。故判决福建 B 公司向 A 公司支付欠付合同款约 602 万元并支付违约金；A 公司向福建 B 公司支付因实施横向垄断协议所造成的损害赔偿金约 143 万元。一审宣判后，双方均未上诉。

本案是横向垄断协议的受害人在反垄断行政执法机关认定被诉垄断行为违法并作出行政处罚后提起民事损害赔偿诉讼的案件。反垄断民事诉讼是垄断行为受害人获得损害赔偿的基本途径，是《反垄断法》实施的重要方式。本案基于经济学原理和一般市场交易规律，对不同交易形态特征下的损害赔偿请求数额认定和计算路径进行了有益探索。本案同时也生动展现了反垄断行政执法与司法的有效衔接，对于形成《反垄断法》执法和司法合力、切实提升《反垄断法》实施效果具有典型意义。

### 关联参见

《行政处罚法》第 28 条、第 32 条；《禁止垄断协议规定》第 45 条

**第六十条　【民事责任和民事公益诉讼】**经营者实施垄断行为，给他人造成损失的，依法承担民事责任。

经营者实施垄断行为，损害社会公共利益的，设区的市级以上人民检察院可以依法向人民法院提起民事公益诉讼。

### 条文解读

在反垄断私人诉讼的适用方面，他人不仅包括经营者，也包括自然人。不管是自然人、经营者或者其他组织认为自己因相关企业的垄断行为遭受损失而要求对方赔偿，都需要提供相应的证据，主要包括证明被告存在违法行为的证据、原告受到了损失的证据（且这种损失是能够被计算的）、受到的损失与违法行为之间存在因果关系的证据。

在反垄断公益诉讼的适用方面，本条主要针对经营者实施的垄断行为，并不针对行政机关和法律、法规授权的具有管理公共事务职能的组织实施的垄断行为，因此属于一种反垄断民事公益诉讼，而非反垄断行政公益诉讼。根据本条规定，设区的市级以上人民检察院将成为主要的公益诉讼实施主体。

### 案例指引

**22. 反垄断执法机构作出行政处罚后，消费者在就垄断行为主张损害赔偿的民事诉讼中能否减轻举证责任？**[①]

2014 年，缪某从 A 公司购买涉案车辆。2016 年，上海市物价局作出涉案处罚决定书，认定在 2014 年分销汽车过程中，通用公司存在与上海地区经销商达成并实施限定向第三人转售商品最低价格垄断协议的事实，责令其立即停止违法行为，并处以上一年度相关销售额 4% 的罚款。缪某认为，其于通用公司实施上述纵向垄断协议期间购买涉案车辆，其合法权益受到了涉案垄断行为的侵害，故向上海知识产权法院提

---

① 参见《最高人民法院知识产权法庭典型案例（2022）》（2023 年 3 月 30 日发布），通用汽车限定最低转售价格纵向垄断协议后继诉讼案【缪某与通用公司、上海 A 公司纵向垄断协议纠纷案】，载最高人民法院网 https://www.court.gov.cn/zixun/xiangqing/394812.html，最后访问日期：2024 年 11 月 18 日。

起诉讼，请求判令通用公司赔偿其购车损失 10000 元及维权合理开支 7500 元，A 公司对上述损失承担补充赔偿责任。一审法院以证据不足为由判决驳回诉讼请求。缪某不服，提起上诉。最高人民法院二审认为，反垄断执法机构认定构成垄断行为的处罚决定在法定期限内未被提起行政诉讼或者已为人民法院生效裁判所确认，原告在相关垄断民事纠纷案件中据此主张该垄断行为成立的，无须再行举证证明，但有相反证据足以推翻的除外。基于本案证据可以认定有关垄断行为和损失，遂撤销一审判决，改判支持缪某全部诉讼请求。

本案系反垄断执法机构作出行政处罚后，消费者就垄断行为主张损害赔偿的民事诉讼，即所谓反垄断后继诉讼。本案裁判明确了后继诉讼中原告的举证责任，有利于切实减轻原告举证负担，有效强化反垄断民事救济，对于健全反垄断领域行政执法和司法衔接机制的路径和方法具有现实意义。

### 关联参见

《民法典》第 179 条、第 1182 条；《消费者权益保护法》第 47 条；《个人信息保护法》第 70 条；《最高人民法院关于审理垄断民事纠纷案件适用法律若干问题的解释》第 12 条

**第六十一条　【滥用行政权力排除、限制竞争的法律责任】**
行政机关和法律、法规授权的具有管理公共事务职能的组织滥用行政权力，实施排除、限制竞争行为的，由上级机关责令改正；对直接负责的主管人员和其他直接责任人员依法给予处分。反垄断执法机构可以向有关上级机关提出依法处理的建议。行政机关和法律、法规授权的具有管理公共事务职能的组织应当将有关改正情况书面报告上级机关和反垄断执法机构。

法律、行政法规对行政机关和法律、法规授权的具有管理公共事务职能的组织滥用行政权力实施排除、限制竞争行为的处理另有

规定的，依照其规定。

**关联参见**

《公务员法》第 61 条、第 62 条、第 64 条；《公平竞争审查制度实施细则》第 27 条

**第六十二条** 【拒绝、阻碍审查和调查的法律责任】对反垄断执法机构依法实施的审查和调查，拒绝提供有关材料、信息，或者提供虚假材料、信息，或者隐匿、销毁、转移证据，或者有其他拒绝、阻碍调查行为的，由反垄断执法机构责令改正，对单位处上一年度销售额百分之一以下的罚款，上一年度没有销售额或者销售额难以计算的，处五百万元以下的罚款；对个人处五十万元以下的罚款。

**关联参见**

《行政处罚法》第 67 条、第 73 条；《经营者反垄断合规指南》第 19—20 条；《企业境外反垄断合规指引》第 13—14 条

**第六十三条** 【对特别严重违法行为的处罚】违反本法规定，情节特别严重、影响特别恶劣、造成特别严重后果的，国务院反垄断执法机构可以在本法第五十六条、第五十七条、第五十八条、第六十二条规定的罚款数额的二倍以上五倍以下确定具体罚款数额。

**条文解读**

本条是 2022 年《反垄断法》修正时专门新增的特别威慑条款，对于垄断协议、滥用市场支配地位、违法实施经营者集中和阻碍调查"情节特别严重、影响特别恶劣、造成特别严重后果的"，国务院反垄断执法机构可以在原有罚则规定的罚款数额的 2 倍以上 5 倍以下确定具体罚

款数额,理论上最高可罚上一年度销售额 50% 的罚款。威慑力度之大,实属罕见,也充分强化了《反垄断法》的震慑功能。

**第六十四条 【信用惩戒】** 经营者因违反本法规定受到行政处罚的,按照国家有关规定记入信用记录,并向社会公示。

### 条文解读

信用记录是政府部门对个人、组织的信用信息进行采集、保存、加工而形成的信用资料,体现了个人、组织在经济社会活动中的可信度、公信力,是判断个人、组织信用状况的重要依据。本条是 2022 年《反垄断法》修正的制度创新之一,将失信约束机制引入了《反垄断法》中,这又将对预防垄断行为构成一道防火墙,有效提高对违法垄断行为的威慑。

### 关联参见

《反不正当竞争法》第 26 条;《电子商务法》第 86 条;《旅游法》第 108 条;《广告法》第 66 条;《优化营商环境条例》第 53 条

**第六十五条 【对行政处罚决定不服的救济途径】** 对反垄断执法机构依据本法第三十四条、第三十五条作出的决定不服的,可以先依法申请行政复议;对行政复议决定不服的,可以依法提起行政诉讼。

对反垄断执法机构作出的前款规定以外的决定不服的,可以依法申请行政复议或者提起行政诉讼。

### 条文解读

本条区分两种情形分别规定了行政复议前置以及行政复议和行政诉讼并行的法律救济途径。行政复议前置是行政程序法的特殊规定,一般用于专业性比较强的领域。与垄断协议和滥用市场支配地位相比，经营者集中的专业性比较强，涉及的因素更为复杂。因此，根据本条第1款的规定，行政相对人对国务院反垄断执法机构依据《反垄断法》第34条、第35条规定作出的机关决定不服的，应当先依法申请行政复议，对行政复议决定不服的，可以再依法提起行政诉讼。除此之外，按照本条第2款规定，对于反垄断执法机构对经营者达成或者实施垄断协议、滥用市场支配地位等行为作出的处理、处罚决定不服的，经营者既可以先依法申请行政复议，对行政复议决定不服的再提起行政诉讼，也可以直接提起行政诉讼。

## 关联参见

《行政复议法》第2条；《行政诉讼法》第2条；《行政处罚法》第73条

**第六十六条** **【执法机构工作人员违法行为的法律责任】** 反垄断执法机构工作人员滥用职权、玩忽职守、徇私舞弊或者泄露执法过程中知悉的商业秘密、个人隐私和个人信息的，依法给予处分。

## 条文解读

反垄断执法机构工作人员应当依法办事，不得滥用职权、玩忽职守、徇私舞弊。这里所规定的"滥用职权"，是指反垄断执法机构工作人员超越职权，违法决定、处理其无权决定、处理的事项，或者违反规定处理公务，致使公共财产、国家和个人利益遭受损失的行为。"玩忽职守"，是指反垄断执法机构工作人员怠于履行法定职责，或者不认真履行法定职责，致使公共财产、国家和个人利益遭受损失的行为。"徇私舞弊"，是指反垄断执法机构工作人员在执法过程中，为私情、私利等，故意违背事实和违反法律，该为不为，或者不该为而为之，或者枉法作出处理，致使公共财产、国家或者个人利益遭受损失的行为。

商业秘密，是指不为公众所熟悉，具有商业价值，并经权利人采取相应保密措施的技术信息和经营信息等商业信息。技术信息和经营信息包括设计、程序、产品配方、制作工艺、制作方法、管理诀窍、客户名单、货源情报、产销策略、招投标中的标底以及标书内容等信息。商业秘密是经营者的一项重要无形财产，具有特定的价值和使用价值，受法律的保护，任何单位和个人不得侵犯经营者的商业秘密。反垄断执法机构工作人员在执法过程中因为工作需要可能知悉经营者的商业秘密，但是，不得泄露经营者的商业秘密。

个人信息是以电子或者其他方式记录的与已识别或者可识别的自然人有关的各种信息，包括自然人的姓名、出生日期、身份证件号码、生物识别信息、住址、电话号码、电子邮箱、健康信息、行踪信息等，不包括匿名化处理后的信息。

### 关联参见

《个人信息保护法》第 4 条；《刑法》第 219 条、第 397 条；《公务员法》第 61 条、第 62 条、第 64 条

**第六十七条** 【刑事责任】违反本法规定，构成犯罪的，依法追究刑事责任。

### 条文解读

我国《刑法》中没有专门规制垄断行为的罪名，但是如果符合《刑法》规定的构成要件，可按《刑法》予以刑事处罚。例如，串通投标是较为典型的垄断协议行为，构成犯罪的，应当依照《刑法》第 223 条追究刑事责任。

**关联参见**

《刑法》第223条、第226条、第253条之一、第397条、第398条

## 第八章 附 则

**第六十八条 【不得滥用知识产权排除、限制竞争】** 经营者依照有关知识产权的法律、行政法规规定行使知识产权的行为，不适用本法；但是，经营者滥用知识产权，排除、限制竞争的行为，适用本法。

**条文解读**

滥用知识产权排除、限制竞争行为，是指经营者违反《反垄断法》的规定行使知识产权，达成垄断协议，滥用市场支配地位，实施具有或者可能具有排除、限制竞争效果的经营者集中等垄断行为。相关市场，包括相关商品市场和相关地域市场，根据《反垄断法》和《国务院反垄断委员会关于相关市场界定的指南》进行界定，并考虑知识产权、创新等因素的影响。在涉及知识产权许可等反垄断执法工作中，相关商品市场可以是技术市场，也可以是含有特定知识产权的产品市场。相关技术市场是指由行使知识产权所涉及的技术和可以相互替代的同类技术之间相互竞争所构成的市场。

**案例指引**

**23.** 如何判断涉及专利权许可的协议是否构成垄断协议？[①]

2015年A公司起诉B公司侵害其"一种带屏蔽装置的无励磁开关"

---

[①] 参见《人民法院反垄断典型案例》（2022年11月17日发布），"无励磁开关专利侵权和解协议"横向垄断协议纠纷案【最高人民法院（2021）最高法知民终1298号】——滥用知识产权行为的反垄断审查，载最高人民法院网 https://www.court.gov.cn/zixun/xiangqing/379701.html，最后访问日期：2024年11月18日。

发明专利权,双方于2016年1月签订"调解协议"(未经法院确认,实为和解协议),约定:B公司仅能生产特定种类的无励磁分接开关,对其他种类的无励磁分接开关只能通过A公司供货转售给下游客户,且销售价格要根据A公司供货价格确定;在海外市场,B公司为A公司持股的A联合公司作市场代理,不得自行生产或代理其他企业的同类产品,且销售价格与A公司的供货价格一致。2019年B公司向法院提起诉讼,主张涉案和解协议属于垄断协议,违反《反垄断法》,应认定无效。一审法院认为,涉案和解协议不属于垄断协议,判决驳回B公司全部诉讼请求。B公司不服,提起上诉。最高人民法院二审认为,如果专利权人逾越其享有的专有权,滥用知识产权排除、限制竞争的,则涉嫌违反《反垄断法》。涉案和解协议与涉案专利权的保护范围缺乏实质关联性,其核心并不在于保护专利权,而是以行使专利权为掩护,实际上追求排除、限制竞争的效果,属于滥用专利权;涉案和解协议构成分割销售市场、限制商品生产和销售数量、固定商品价格的横向垄断协议,违反《反垄断法》强制性规定。最高人民法院终审判决,撤销一审判决,确认涉案和解协议全部无效。

专利权是一种合法垄断权,经营者合法行使专利权的行为不受《反垄断法》限制,但是经营者滥用专利权排除、限制竞争的行为则受到《反垄断法》规制。该案明确了涉及专利权许可的横向垄断协议的分析判断标准,就审查专利侵权案件当事人达成的调解或和解协议是否违反《反垄断法》作出了指引,对于规范专利权人合法行使权利、提高全社会的反垄断法治意识具有积极意义。

**关联参见**

《禁止滥用知识产权排除、限制竞争行为规定》

**第六十九条** 【农业生产经营活动不适用本法】农业生产者及农村经济组织在农产品生产、加工、销售、运输、储存等经营活动中实施的联合或者协同行为，不适用本法。

#### 条文解读

本条是关于农业反垄断适用除外的规定。

本条的适用应当从主体和行为两个视角进行分析。本条的适用主体是"农业生产者及农村经济组织"，其中，农业生产者指的是直接从事农业初级产品生产活动的自然人，农村经济组织指的是农村集体经济组织。对于主体范围的理解应当结合本条文的立法目的，其旨在保护农业生产者的弱势地位以及促进我国农业的发展，因此其保护的对象应当是处于上游的农业小生产者。一些处于农产品流通阶段的加工商、仓储商、运输商等，他们并不具备如上游农业生产者那样的弱势地位，反而更容易成为引发垄断行为的主体。因此，他们并不属于本条的保护对象。相对应地，本条中农村经济组织的范围也应当限定在以农业生产者为主导成员和服务对象的组织。

在适用行为方面，本条指向的行为对象是"联合或者协同行为"，因此即使满足了主体要件方面的要求，也并非所有类型的农业垄断行为都能得到豁免，而应当限定于垄断协议行为，即《反垄断法》第16条所规定的"排除、限制竞争的协议、决定或者其他协同行为"。[①]

#### 关联参见

《农业法》第3条；《农民专业合作社法》第56条；《农产品质量安全法》第2条

**第七十条** 【施行时间】本法自2008年8月1日起施行。

---

[①] 参见刘继峰等著：《中华人民共和国反垄断法理解与适用》，中国法制出版社2022年版，第346页。

法律法规
新解读丛书

# 中华人民共和国反不正当竞争法

竞争法
解读与应用

# 中华人民共和国反不正当竞争法

- 1993 年 9 月 2 日第八届全国人民代表大会常务委员会第三次会议通过
- 2017 年 11 月 4 日第十二届全国人民代表大会常务委员会第三十次会议修订
- 根据 2019 年 4 月 23 日第十三届全国人民代表大会常务委员会第十次会议《关于修改〈中华人民共和国建筑法〉等八部法律的决定》修正

## 第一章 总　则

**第一条　【立法目的】**为了促进社会主义市场经济健康发展，鼓励和保护公平竞争，制止不正当竞争行为，保护经营者和消费者的合法权益，制定本法。

**条文解读**

《反不正当竞争法》的立法目的 [1]

一、促进社会主义市场经济健康发展

竞争是市场经济最基本的运行机制，是市场经济活力的源泉。经营者实施不正当竞争行为，不当地夺取交易机会或者破坏其他经营者的竞争优势，往往会阻碍甚至扭曲市场配置资源作用的发挥，影响市场经济的健康发展。《反不正当竞争法》立法的首要目的，就是通过对不正当竞争行为的规制，来保障市场机制正常有效运行，促进社会主义市场经济长期健康发展。

---

[1] 参见王瑞贺主编：《中华人民共和国反不正当竞争法解读》，中国法制出版社 2017 年版，第 2—4 页。

二、鼓励和保护公平竞争，制止不正当竞争行为

市场竞争主要表现为对交易机会的争夺，竞争就会出现优胜劣汰，这是市场经济的必然法则。经营者为使自己不在市场竞争中被淘汰，往往会采取各种手段参与竞争，甚至不择手段。《反不正当竞争法》支持、鼓励和保护经营者通过正当合理公平公正的手段进行竞争，反对、制止和惩处经营者以违反公平诚信原则和商业道德的手段进行不正当竞争。《反不正当竞争法》通过为经营者提供公平竞争的基本规则，维护公平竞争的市场秩序，使经营者能够在公平的环境和条件下开展竞争，从而使竞争机制的功能得到有效、充分的发挥。

三、保护经营者和消费者的合法权益

《反不正当竞争法》主要调整竞争关系，为经营者依据相同的规则开展竞争提供制度供给。《反不正当竞争法》对经营者的保护是直接的，既体现在依照本法处理竞争纠纷时维护涉案经营者的合法权益，也体现在通过本法维护公平竞争的市场秩序，使经营者在公平竞争的市场环境中取得经营收益。同时，《反不正当竞争法》也保护消费者的合法权益。主要体现在通过维护公平竞争的市场秩序，降低经营者的生产经营成本和消费者购买商品时的选择成本，提高消费者福利，维护消费者权益。需要注意的是，《反不正当竞争法》主要通过规范和调整竞争关系，维护竞争秩序，来实现对消费者权益的保护。据此，对于经营者实施的损害消费者的合法权益但不涉及竞争关系、竞争秩序的行为，不属于本法的调整范围。

**关联参见**

《反垄断法》第1条、第3条；《消费者权益保护法》第1条；《产品质量法》第1条

第二条 【经营原则】经营者在生产经营活动中，应当遵循自愿、平等、公平、诚信的原则，遵守法律和商业道德。

本法所称的不正当竞争行为，是指经营者在生产经营活动中，违反本法规定，扰乱市场竞争秩序，损害其他经营者或者消费者的合法权益的行为。

本法所称的经营者，是指从事商品生产、经营或者提供服务(以下所称商品包括服务)的自然人、法人和非法人组织。

### 条文解读

#### 经营原则的内容

1. 自愿原则。自愿原则是指经营者在所从事的市场交易活动中，能够根据自己的内心意愿，设立、变更和终止商事法律关系。具体表现为：(1)经营者有权自主决定是否参加某一市场交易活动，他人无权干涉；(2)经营者有权自主决定交易的对象、交易的内容和交易的方式；(3)经营者之间的交易关系是以双方真实意思表示一致为基础。

2. 平等原则。平等原则是指任何参加市场交易活动的经营者的法律地位平等，都享有平等的权利能力。其具体含义包括：(1)市场交易关系当事人不存在行政上的隶属关系，各自独立；(2)市场交易关系当事人依照法律规定享有平等的民事权利；(3)市场交易关系当事人之间权利义务的设定都是双方自愿协商，意思表示一致的结果。

3. 公平原则。公平原则是社会公平竞争观念在法律上的体现，其具体要求是：(1)凡是参与市场竞争的经营者都应依照同一规则行事。反对任何采取非法的或不道德的手段获取竞争优势的行为。(2)在市场交易关系中，民事主体在享有权利和承担义务上不能显失公平，更不能一方只享受权利，另一方只承担义务。

4. 诚信原则。诚信原则即诚实信用，是指经营者在市场交易活动中应保持善意、诚实、恪守信用，反对任何欺诈性的交易行为。

5. 遵守法律和商业道德。法律即指经营者在开展经营活动中必须遵守的相关法律法规、规章及规范性文件。商业道德，是指在长期的市场交易活动中形成的，为社会所普遍承认和遵守的商事行为准则，是以公平、诚实信用为基础所形成的各种具体的商业惯例。

**不正当竞争行为** ➡ 不正当竞争行为，是指经营者违反《反不正当竞争法》规定的行为。

《反不正当竞争法》中所具体规定的种类：（1）引人误认为是他人商品或者与他人存在特定联系的混淆行为；（2）商业贿赂行为；（3）虚假宣传行为；（4）侵犯商业秘密；（5）违法有奖销售行为；（6）损害商誉行为；（7）利用互联网技术实施不正当竞争行为。

构成要件。（1）主体要件。不正当竞争的行为主体为经营者。本条所规定的经营者，是指从事商品生产、经营或者提供服务（以下所称商品包括服务）的自然人、法人和非法人组织。非经营者不参与竞争，当然就不会触犯《反不正当竞争法》。（2）客观要件。即行为人实施了不正当竞争行为。除了《反不正当竞争法》所列举规定的不正当竞争行为外，实践中，除法定不正当竞争行为之外的其他违背诚信经营和商业道德的行为一般也被认为属于不正当竞争行为。（3）客体要件。不正当竞争行为扰乱了市场竞争秩序，损害了其他经营者或者消费者的合法权益。（4）主观要件。即行为人主观上有过错。此外，不正当竞争行为还必须以排挤竞争对手为目的。

**经营者** ➡ （1）包括从事商品生产、经营或提供服务三个方面的经营者。（2）"经营者"不再要求以"营利"为目的，以与《反垄断法》的规定一致。（3）自然人，主要是指依法能够从事商品经营或服务的人。（4）这里的法人包括营利法人，如公司和其他营利法人等，也包括非营利法人，主要是实行企业化经营，依法具有从事经营活动资格的事业单位，以及社会团体等。（5）其他经济组织，是指不具备法人资格，但依法可以从事营利性活动的社会组织。（6）与经营者在生产经营活动中存在可能的争夺交易机会、损害竞争优势等关系的市场主体，属于"其他经营者"。

**商业道德** ➡ 特定商业领域普遍遵循和认可的行为规范，人民法院可以认定为本条规定的"商业道德"。

人民法院应当结合案件具体情况，综合考虑行业规则或者商业惯例、经营者的主观状态、交易相对人的选择意愿、对消费者权益、市场竞争秩序、社会公共利益的影响等因素，依法判断经营者是否违反商业道德。

人民法院认定经营者是否违反商业道德时，可以参考行业主管部门、行业协会或者自律组织制定的从业规范、技术规范、自律公约等。

**法律适用** ➡ 经营者扰乱市场竞争秩序，损害其他经营者或者消费者合法权益，且属于违反《反不正当竞争法》第二章及《专利法》《商标法》《著作权法》等规定之外情形的，人民法院可以适用本条予以认定。

**实务应用**

**10. 未经许可擅自使用他人控制的单一原始数据，何种情况下不构成不正当竞争？**①

网络运营者所控制的数据分为原始数据与衍生数据。对于单一原始数据个体，数据控制主体只能依其与用户的约定享有有限使用权；对于单一原始数据聚合而成的数据资源整体，数据控制主体享有竞争性利益。

未经许可擅自使用他人控制的单一原始数据，只要不违反"合法、必要、用户同意"的原则，一般不应被认定为不正当竞争，数据控制主体亦无赔偿请求权。未经许可在他人既有数据资源基础上开展创新竞争，应当符合"合法、适度、用户同意、效率"的原则，规模化、破坏性地使用他人所控制的数据资源且竞争效能上对于市场而言弊大于利的，应当认定为不正当竞争。

---

① 参见《杭州互联网法院 2020 年度知识产权司法保护十大案例》（2021 年 4 月 26 日发布），深圳市 T 公司等诉浙江 S 公司等不正当竞争纠纷案——数据权益的权属判断与分类保护，载微信公众号"杭州互联网法院"https://mp.weixin.qq.com/s/xAjVykTmZJ46awEps1L7HQ，最后访问日期：2024 年 11 月 21 日。

## 11. 以相对优势地位拒绝交易是否构成不正当竞争？[①]

市场经济鼓励自由竞争，亦保护合同自由，保障经营主体享有的经营自主权，当事人依法享有自愿订立合同的权利，任何单位和个人不得非法干预。因此，经营者可以根据交易自愿原则进行交易或拒绝交易，拒绝交易行为本身并不具备不正当性。但该拒绝交易并非不受限制，规制拒绝交易须以经营者具有市场支配地位为前提，《反垄断法》对此已经作了明确规定。利用相对优势地位不同于市场垄断地位，对于不具有市场支配地位的经营者，应允许其自主设置交易条件，这属于正常的市场交易活动，不宜予以干预。

以《反不正当竞争法》第2条对该行为进行主张，应根据该条综合评判行为是否伴随或产生其他违反诚实信用和商业道德，扰乱竞争秩序，损害消费者利益的情形，严格把握竞争自由与不正当竞争的界限。

## 12. "刷机"行为是否构成反不正当竞争？[②]

"刷机"即手机系统重装，是指通过Recovery、Fastboot等软件或其他方法，更改或替换手机中原有操作系统的行为。而手机操作系统是凝聚手机厂商劳动力和智力的成果。刷机对手机操作系统进行重装，已非原来简单地对手机操作界面、铃声、字体等基础配备进行更新，更深层次的是对其内置应用通道加密技术的ROM包及系统文件的替换、修改和更新。这种刷机行为是否正当，属于技术发展、商业模式变更引起的

---

[①] 参见《网络不正当竞争十大典型案例》（2022年8月23日发布），以相对优势地位拒绝交易行为的正当性认定标准——杭州某商贸公司与广西某机器专卖发展公司不正当竞争案，载微信公众号"杭州中院"https：//mp.weixin.qq.com/s/SgUWg3tEK_hlaauX_kWOZA，最后访问日期：2024年11月21日。

[②] 参见《网络不正当竞争十大典型案例》（2022年8月23日发布），"刷机"行为的性质认定及法律规制——广东某通信公司、东莞某科技公司与杭州某科技公司、深圳某科技公司不正当竞争案，载微信公众号"杭州中院"https：//mp.weixin.qq.com/s/SgU-Wg3tEK_hlaauX_kWOZA，最后访问日期：2024年11月21日。

法律定性问题。①

手机厂商作为互联网流量入口，通过持续性的成本支出和维护获得用户优势和流量优势，并将其通过应用分发服务商业模式"变现"获取的商业机会和竞争优势，本身并不违反《反不正当竞争法》的原则精神和禁止性规定，应当受《反不正当竞争法》的保护。通过技术手段破坏他人正常的经营活动的方式推进，以不正当手段对手机厂商的操作系统破坏或干扰的非法刷机行为，以实质性替代了手机原应用分发商业模式并获取利益，超出了技术中立的范畴，且违反了公认的商业道德和诚信原则，构成不正当竞争。

**案例指引**

### 24. 数据使用者不正当竞争行为如何认定？②

深圳市长某顺企业管理咨询有限公司（以下简称长某顺公司）指控北京金某科技有限公司（以下简称金某公司）、北京天某查科技有限公司（以下简称天某查公司）以下行为构成不正当竞争：1. 在"天某查"网站发布的数据中未包含其在深圳联合产权交易所登记的股权信息；2. 在"天某查"网站发布的长某顺公司与深圳奥某德集团股份有限公司（以下简称奥某德公司）之间的持股关系与实际情况不符；3. 在收到长某顺公司的律师函及附件后，未对"天某查"网站中的数据进行修正。长某顺公司据此请求判决二被告将其列入奥某德公司股东列表、消除影响并赔偿其维权开支。

---

① 参见王江桥、卢忆纯：《"刷机"行为的性质认定及法律规制》（2020年12月11日发布），载微信公众号"中国审判" https://mp.weixin.qq.com/s/VLae115Y-fay2LXWYmGWyQ，最后访问日期：2024年11月21日。

② 参见《最高人民法院发布反垄断和反不正当竞争典型案例》（2024年9月11日发布），企业征信数据平台不正当竞争纠纷案【广东省深圳市中级人民法院（2023）粤03民终4897号】——数据使用者不正当竞争行为的认定，载中国法院网 https://www.chinacourt.org/article/detail/2024/09/id/8109726.shtml，最后访问日期：2024年12月3日。

深圳市中级人民法院经审理认为，本案所涉原始数据为长某顺公司的对外持股信息，企业对外投资、历史变更情况等直接关系其市场竞争地位。长某顺公司作为金某公司、天某查公司运营的征信数据系统中的数据原始主体，对于该征信数据系统公布的长某顺公司的对外持股信息，具有竞争法意义上的竞争权益。金某公司、天某查公司作为数据使用主体，对于数据原始主体负有数据质量保证义务。如果金某公司、天某查公司在发布企业数据时出现质量问题，会造成数据原始主体竞争权益的增加或减损，同时也会损害数据消费者基于其合理信赖所产生的利益。本案中，"天某查"网站的经营者在收到长某顺公司关于数据准确性问题的投诉及相关证明材料后，有义务对相关数据进行核查并更新，但其既未审查投诉证明材料的真实性，也未采取合理措施纠正征信数据系统中的数据偏差，导致长某顺公司对外持股信息长期未能在"天某查"网站得以显示。错误的持股信息必然带来数据消费主体对长某顺公司经营状况的错误判断，进而对长某顺公司的市场竞争权益产生损害，并损害数据消费者的知情权与互联网征信行业正常的市场竞争秩序。综上，金某公司、天某查公司的行为构成不正当竞争，应当承担停止侵害、消除影响等民事责任，遂判令金某公司、天某查公司在其经营的"天某查"网站将长某顺公司的持股信息列入奥某德公司的股东信息页面，刊登声明消除影响，并赔偿长某顺公司合理维权开支30880元。

本案为数据使用者不正当竞争行为认定的典型案例。人民法院充分考虑大数据业态发展阶段、商业模式、技术现状，以及数字经济发展现状与规律，积极探索适用《反不正当竞争法》的原则性条款，合理确定原始数据主体竞争权益的范围以及数据使用者应当承担的数据质量保证义务等，对于促进数据产业健康发展，助力营造开放、健康、安全的数字生态具有积极意义。

**关联参见**

《反垄断法》第15条；《最高人民法院关于适用〈中华人民共和国

反不正当竞争法〉若干问题的解释》第1—3条

**第三条 【政府管理】** 各级人民政府应当采取措施，制止不正当竞争行为，为公平竞争创造良好的环境和条件。

国务院建立反不正当竞争工作协调机制，研究决定反不正当竞争重大政策，协调处理维护市场竞争秩序的重大问题。

### 条文解读

本条第2款规定，国务院建立反不正当竞争工作协调机制。其主要职责有两项：一是研究决定反不正当竞争重大政策。建立工作协调机制，有利于对反不正当竞争工作进行统筹规划。通过工作协调机制，可实现从宏观角度出发，综合分析我国市场竞争的总体情况，研究拟定符合我国国情的反不正当竞争方面的重大政策，切实维护公平有序的市场竞争环境。二是协调处理维护市场竞争秩序的重大问题。本法第4条规定："县级以上人民政府履行工商行政管理职责的部门对不正当竞争行为进行查处；法律、行政法规规定由其他部门查处的，依照其规定。"由于有多个部门承担反不正当竞争执法职责，既可能出现重复执法，也可能出现执法空白地带，还可能出现不同部门对不正当竞争的认定存在不同认识、在处罚标准和力度方面尺度不一等情况。为保证反不正当竞争执法的统一性、有效性，需要由国务院建立工作协调机制，协调相关部门的执法工作，督促各相关部门按照统一标准、程序做好反不正当竞争执法工作。同时，在对重大反不正当竞争案件的处理上，如果相关部门的意见发生分歧，可以由工作协调机制进行协调，以保证反不正当竞争执法工作的顺利进行。①

---

① 参见王瑞贺主编：《中华人民共和国反不正当竞争法解读》，中国法制出版社2017年版，第9页。

**第四条** 【查处部门】 县级以上人民政府履行工商行政管理职责的部门对不正当竞争行为进行查处；法律、行政法规规定由其他部门查处的，依照其规定。

▎条文解读

市场监督管理机关分中央和地方两个层次。中央是国家市场监督管理总局，为国务院直属职能机构；地方是省、自治区、直辖市市场监督管理局，省辖市（地）市场监督管理局和区、县（含县级市）市场监督管理局。对不正当竞争行为享有执法权的，法律原则上规定限于县级以上市场监督管理机关。

网络交易平台经营者和通过自建网站、其他网络服务销售商品或者提供服务的网络交易经营者的违法行为由其住所地县级以上市场监督管理部门管辖。平台内经营者的违法行为由其实际经营地县级以上市场监督管理部门管辖。网络交易平台经营者住所地县级以上市场监督管理部门先行发现违法线索或者收到投诉、举报的，也可以进行管辖。

对利用广播、电影、电视、报纸、期刊、互联网等大众传播媒介发布违法广告的行为实施行政处罚，由广告发布者所在地市场监督管理部门管辖。广告发布者所在地市场监督管理部门管辖异地广告主、广告经营者有困难的，可以将广告主、广告经营者的违法情况移送广告主、广告经营者所在地市场监督管理部门处理。对于互联网广告违法行为，广告主所在地、广告经营者所在地市场监督管理部门先行发现违法线索或者收到投诉、举报的，也可以进行管辖。对广告主自行发布违法互联网广告的行为实施行政处罚，由广告主所在地市场监督管理部门管辖。

▎关联参见

《商业银行法》第74条；《保险法》第161条；《证券法》第29条、第184条；《政府采购法》第77条；《市场监督管理行政处罚程序规定》

**第五条 【社会监督】** 国家鼓励、支持和保护一切组织和个人对不正当竞争行为进行社会监督。

国家机关及其工作人员不得支持、包庇不正当竞争行为。

行业组织应当加强行业自律,引导、规范会员依法竞争,维护市场竞争秩序。

### 条文解读

**社会监督** ➡ 本条所指的社会监督是指广义上的社会监督,包括立法监督、行政监督、司法监督以及群众监督等。国家机关中对不正当竞争行为有查处权、审判权的机关,其实施监督的行为就是履行其法定义务的行为,其行为产生相应的法律后果,可以对不正当竞争行为实施一定的行政、司法措施。如责令行为人停止违法行为、处以一定金额的罚款等。而其他机关、社会组织和个人,所实施的揭发、检举行为,主要是作为监督检查部门查处不正当竞争行为的线索,本身不能对不正当竞争行为采取任何强制措施。

**行业组织** ➡ 行业组织是指由作为行政相对人的公民、法人或其他组织在自愿基础上,基于共同的利益要求所组成的一种民间性、非营利性的社会团体。

《反垄断法》第 14 条规定了"行业协会应当加强行业自律,引导本行业的经营者依法竞争,合规经营,维护市场竞争秩序",并在第 56 条规定了针对行业协会的惩罚机制,2017 年修订的《反不正当竞争法》于本条增加一款规定行业组织,强调行业组织应在市场竞争秩序的维护中发挥积极作用,但并未规定类似的处罚机制。

### 关联参见

《反不正当竞争法》第 16 条

## 第二章　不正当竞争行为

**第六条　【混淆行为】** 经营者不得实施下列混淆行为，引人误认为是他人商品或者与他人存在特定联系：

（一）擅自使用与他人有一定影响的商品名称、包装、装潢等相同或者近似的标识；

（二）擅自使用他人有一定影响的企业名称（包括简称、字号等）、社会组织名称（包括简称等）、姓名（包括笔名、艺名、译名等）；

（三）擅自使用他人有一定影响的域名主体部分、网站名称、网页等；

（四）其他足以引人误认为是他人商品或者与他人存在特定联系的混淆行为。

### 条文解读

#### 混淆行为的类型

1. 擅自使用与他人有一定影响的商品名称、包装、装潢等相同或者近似的标识的行为

主要指行为人擅自使用与他人有一定影响的商品相同或近似的名称、包装、装潢，造成和他人的有一定影响的商品相混淆，使购买者误认为是该有一定影响的商品。

"有一定影响"是一个相对的概念，是指为相关公众所知悉，有一定市场知名度和美誉度。具体要结合商业标识最早使用时间和持续使用情况、产品的广告宣传和实际销售、行业排名、获奖情况等因素进行个案判断。

具有一定的市场知名度并具有区别商品来源的显著特征的标识，人民法院可以认定为本条规定的"有一定影响的"标识。

人民法院认定本条规定的标识是否具有一定的市场知名度，应当

综合考虑中国境内相关公众的知悉程度,商品销售的时间、区域、数额和对象,宣传的持续时间、程度和地域范围,标识受保护的情况等因素。

本条所称的装潢,包括由经营者营业场所的装饰、营业用具的式样、营业人员的服饰等构成的具有独特风格的整体营业形象。

对使用与有一定影响的商品近似的名称、包装、装潢,可以根据主要部分和整体印象相近,一般购买者施以普通注意力会发生误认等综合分析认定。在相同商品上使用相同或者视觉上基本无差别的商品名称、包装、装潢,应当视为足以造成和他人有一定影响的商品相混淆。认定与有一定影响的商品特有名称、包装、装潢相同或者近似,可以参照商标相同或者近似的判断原则和方法。

因客观描述、说明商品而正当使用下列标识,当事人主张属于本条规定的情形的,人民法院不予支持:(1)含有本商品的通用名称、图形、型号;(2)直接表示商品的质量、主要原料、功能、用途、重量、数量以及其他特点;(3)含有地名。

2. 擅自使用他人有一定影响的企业名称(包括简称、字号等)、社会组织名称(包括简称等)、姓名(包括笔名、艺名、译名等)的行为

在具体认定时需注意:(1)市场主体登记管理部门依法登记的企业名称,以及在中国境内进行商业使用的境外企业名称,可以认定为本项规定的"企业名称"。有一定影响的个体工商户、农民专业合作社(联合社)以及法律、行政法规规定的其他市场主体的名称(包括简称、字号等),可以认定为本项规定的"企业名称"。(2)依法登记注册的社会组织的名称,在市场上有一定的影响力和知名度,可以认定为本条规定的"社会组织名称"。(3)在商品经营中使用的自然人的姓名,应当认定为本条规定的"姓名"。具有一定的市场知名度、为相关公众所知悉的自然人的笔名、艺名、译名等,可以认定为本条规定的"姓名"。此外,在中国境内将有一定影响的标识用于商品、商品包装或者容器以及商品交易文书上,或者广告宣传、展览以及其他商业活动中,用于识

别商品来源的行为,可以认定为本条规定的"使用"。

3. 擅自使用他人有一定影响的域名主体部分、网站名称、网页等的行为

《反不正当竞争法》于本条将"擅自使用他人有一定影响的域名主体部分、网站名称、网页等"的行为也认定为是经营者的混淆行为。从而,山寨他人有一定影响的域名、网站、网页也将受到《反不正当竞争法》的规制,这对于规范网络环境,保护互联网企业有着重要作用。

4. 其他足以引人误认为是他人商品或者与他人存在特定联系的混淆行为

此为本条规定的兜底认定条款,以满足应对未来可能出现的相关不正当竞争行为的需要。经营者实施下列混淆行为之一,足以引人误认为是他人商品或者与他人存在特定联系的,人民法院可以依照本条第4项予以认定:(1)擅自使用本条第1项、第2项、第3项规定以外"有一定影响的"标识;(2)将他人注册商标、未注册的驰名商标作为企业名称中的字号使用,误导公众。

### 法律责任

1. 民事责任。根据《民法典》的规定,承担民事责任的方式通常包括停止侵害,排除妨碍,消除危险,返还财产,恢复原状,修理、重作、更换,继续履行,赔偿损失,支付违约金,消除影响、恢复名誉以及赔礼道歉等。民事责任的具体承担结合《反不正当竞争法》第17条的规定。

经营者销售带有违反本条规定的标识的商品,引人误认为是他人商品或者与他人存在特定联系,构成混淆行为。销售不知道是侵权商品,能证明该商品是自己合法取得并说明提供者,经营者不承担赔偿责任。

故意为他人实施混淆行为提供仓储、运输、邮寄、印制、隐匿、经营场所等便利条件,依据《民法典》第1169条第1款认定侵权责任。

2. 行政责任。对于不正当竞争的违法行为,视情况依法分别给予

责令停止违法行为、消除影响、没收违法所得、罚款以及吊销营业执照等处罚。

3. 刑事责任。不正当竞争行为情节严重的，可能触犯的刑法罪名主要有：《刑法》第163条非国家工作人员受贿罪；第164条对非国家工作人员行贿罪，对外国公职人员、国际公共组织官员行贿罪；第213条假冒注册商标罪；第214条销售假冒注册商标的商品罪；第215条非法制造、销售非法制造的注册商标标识罪；第216条假冒专利罪；第219条侵犯商业秘密罪；第221条损害商业信誉、商品声誉罪；第385条受贿罪；第387条单位受贿罪；第389条行贿罪；第391条对单位行贿罪；第392条介绍贿赂罪；第393条单位行贿罪；等等。构成犯罪的，依法承担相应的刑事责任。

**实务应用**

### 13. 判断具有地域性特点的商品通用名称，需要考虑哪些方面？[①]

判断具有地域性特点的商品通用名称，应当注意从以下方面综合分析：(1) 该名称在某一地区或领域约定俗成，长期普遍使用并为相关公众认可；(2) 该名称所指代的商品生产工艺经某一地区或领域群众长期共同劳动实践而形成；(3) 该名称所指代的商品生产原料在某一地区或领域普遍生产。

### 14. 商标权和企业名称权能否互为权利基础？[②]

注册商标与企业名称都属商业标志，但各有其界，受不同的法律调整，二者获取途径不同、权利客体不同，故商标权和企业名称权均不能互为权利基础。在适用"保护在先权利"原则的同时也应考察权利取

---

① 最高人民法院指导案例46号。
② 参见《四川法院不正当竞争典型案例（2019-2021）》（2022年3月18日发布），A电缆有限公司与四川B电缆绕组线有限责任公司、C线缆经营部侵害商标权及不正当竞争纠纷案，载四川省高级人民法院网 http://scfy.scssfw.gov.cn/article/detail/2022/03/id/6611465.shtml，最后访问日期：2024年11月21日。

得时市场的客观状态，已客观形成的不同合法权益之间应彼此尊重，在各自的权利范围内规范行使。例如，先成立的公司正当取得其企业名称且已经获得了一定的影响力的，后成立的公司的名称如果包含了先成立公司企业字号中的字样，客观上导致了其与先成立公司因名称近似而主体混淆的结果，构成不正当竞争，因此，后成立公司应当容忍并积极规避已客观形成的相同字样不同商业标志间的权利边界。同时应当注意，依据《反不正当竞争法》第6条的规定，当事人主张判令被告停止使用或者变更其企业名称的诉讼请求依法应予支持的，人民法院应当判令停止使用该企业名称。

### 15. 企业对于其曾用名是否享有企业名称权？[①]

企业对于其曾用名是否享有企业名称权，现行《反不正当竞争法》并无明确规定。但根据《企业名称登记管理规定》的规定，受法律保护的企业名称应该是企业依法核准登记注册的名称，企业对其曾用名不享有名称权。将他人曾用企业名注册为企业名称并使用的行为，亦不构成《反不正当竞争法》第6条第2项规定的不正当竞争行为。但在他人的原办公地址，使用与他人曾用名近似的名称，经营与他人相同的业务，容易使相关公众误认为其是此前一直在此经营的经营者，属于《反不正当竞争法》第6条第4项规定的"其他足以引人误认为是他人商品或者与他人存在特定联系的混淆行为"，构成不正当竞争。

---

① 参见《四川法院不正当竞争典型案例（2019-2021）》（2022年3月18日发布），A眼科医院有限公司与B耳鼻喉医院有限公司不正当竞争纠纷案，载四川省高级人民法院网 http://scfy.scssfw.gov.cn/article/detail/2022/03/id/6611465.shtml，最后访问日期：2024年11月21日。

## 案例指引

**25.** 对知名商品特有的包装、装潢进行全面模仿，构成何种行为？[①]

### 意大利费列罗公司诉蒙特莎（张家港）食品有限公司、天津经济技术开发区正元行销有限公司不正当竞争纠纷案

（最高人民法院审判委员会讨论通过 2015年4月15日发布）

**关键词**

民事 不正当竞争 知名商品 特有包装、装潢

**裁判要点**

1.《反不正当竞争法》所称的知名商品，是指在中国境内具有一定的市场知名度，为相关公众所知悉的商品。在国际上已知名的商品，我国对其特有的名称、包装、装潢的保护，仍应以其在中国境内为相关公众所知悉为必要。故认定该知名商品，应当结合该商品在中国境内的销售时间、销售区域、销售额和销售对象，进行宣传的持续时间、程度和地域范围，作为知名商品受保护的情况等因素，并适当考虑该商品在国外已知名的情况，进行综合判断。

2.《反不正当竞争法》所保护的知名商品特有的包装、装潢，是指能够区别商品来源的盛装或者保护商品的容器等包装，以及在商品或者其包装上附加的文字、图案、色彩及其排列组合所构成的装潢。

3. 对他人能够区别商品来源的知名商品特有的包装、装潢，进行足以引起市场混淆、误认的全面模仿，属于不正当竞争行为。

**相关法条**

《中华人民共和国反不正当竞争法》第5条[②]第2项

---

[①] 最高人民法院指导案例47号。
[②] 现为第6条，下同。

**基本案情**

原告意大利费列罗公司（以下简称费列罗公司）诉称：被告蒙特莎（张家港）食品有限公司（以下简称蒙特莎公司）仿冒原告产品，擅自使用与原告知名商品特有的包装、装潢相同或近似的包装、装潢，使消费者产生混淆。被告蒙特莎公司的上述行为及被告天津经济技术开发区正元行销有限公司（以下简称正元公司）销售仿冒产品的行为已给原告造成重大经济损失。请求判令蒙特莎公司不得生产、销售，正元公司不得销售符合前述费列罗公司巧克力产品特有的任意一项或者几项组合的包装、装潢的产品或者任何与费列罗公司的上述包装、装潢相似的足以引起消费者误认的巧克力产品，并赔礼道歉、消除影响、承担诉讼费用，蒙特莎公司赔偿损失300万元。

被告蒙特莎公司辩称：原告涉案产品在中国境内市场并没有被相关公众所知悉，而蒙特莎公司生产的金莎巧克力产品在中国境内消费者中享有很高的知名度，属于知名商品。原告诉请中要求保护的包装、装潢是国内外同类巧克力产品的通用包装、装潢，不具有独创性和特异性。蒙特莎公司生产的金莎巧克力使用的包装、装潢是其和专业设计人员合作开发的，并非仿冒他人已有的包装、装潢。普通消费者只需施加一般的注意，就不会混淆原、被告各自生产的巧克力产品。原告认为自己产品的包装涵盖了商标、外观设计、著作权等多项知识产权，但未明确指出被控侵权产品的包装、装潢具体侵犯了其何种权利，其起诉要求保护的客体模糊不清。故原告起诉无事实和法律依据，请求驳回原告的诉讼请求。

法院经审理查明：费列罗公司于1946年在意大利成立，1982年其生产的费列罗巧克力投放市场，曾在亚洲多个国家和地区的电视、报刊、杂志发布广告。在我国台湾和香港地区，费列罗巧克力取名"金莎"巧克力，并分别于1990年6月和1993年在我国台湾和香港地区注册"金莎"商标。1984年2月，费列罗巧克力通过中国粮油食品进出口总公司采取寄售方式进入了国内市场，主要在免税店和机场商店等当时政策所允许的场所销售,并延续到 1993 年前。1986 年 10 月,费列罗公司在中国注册了"FERRERO ROCHER"和图形(椭圆花边图案)以及其组合的系列商标,并在中国境内销售的巧克力商品上使用。费列罗巧克力使用的包装、装潢的主要特征是:1. 每一粒球状巧克力用金色纸质包装;2. 在金色球状包装上配以印有"FERRERO ROCHER"商标的椭圆形金边标签作为装潢;3. 每一粒金球状巧克力均有咖啡色纸质底托作为装潢;4. 若干形状的塑料透明包装,以呈现金球状内包装;5. 塑料透明包装上使用椭圆形金边图案作为装潢,椭圆形内配有产品图案和商标,并由商标处延伸出红金颜色的绶带状图案。费列罗巧克力产品的 8 粒装、16 粒装、24 粒装以及 30 粒装立体包装于 1984 年在世界知识产权组织申请为立体商标。费列罗公司自 1993 年开始,以广东、上海、北京地区为核心逐步加大费列罗巧克力在国内的报纸、期刊和室外广告的宣传力度,相继在一些大中城市设立专柜进行销售,并通过赞助一些商业和体育活动,提高其产品的知名度。2000 年 6 月,其"FERRERO ROCHER"商标被国家工商行政管理部门列入全国重点商标保护名录。我国广东、河北等地工商行政管理部门曾多次查处仿冒费列罗巧克力包装、装潢的行为。

蒙特莎公司是 1991 年 12 月张家港市乳品一厂与比利时费塔代尔有限公司合资成立的生产、销售各种花色巧克力的中外合资企业。张家港市乳品一厂自 1990 年开始生产金莎巧克力,并于 1990 年 4 月 23 日申请注册"金莎"文字商标,1991 年 4 月经国家工商行政管理局商标局核准注册。2002 年,张家港市乳品一厂向蒙特莎公司转让"金莎"商标,于 2002 年 11 月 25 日提出申请,并于 2004 年 4 月 21 日经国家工商管理总局商标局核准转让。由此蒙特莎公司开始生产、销售金莎巧克力。蒙特莎公司生产、销售金莎巧克力产品,其除将"金莎"更换为"金莎 TRESOR DORE"组合商标外,仍延续使用张家港市乳品一厂金莎巧克力产品使用的包装、装潢。被控侵权的金莎 TRESOR DORE 巧克力包装、装潢为:每粒金莎 TRESOR DORE 巧克力呈球状并均由金色锡纸包装；在每粒金球状包装顶部均配以印有"金莎 TRESOR DORE"商标的椭圆形金边标签；每粒金球状巧克力均配有底面平滑无褶皱、侧面带波浪褶皱的呈碗状的咖啡色纸质底托；外包装为透明塑料纸或塑料盒；外包装正中处使用椭圆金边图案，内配产品图案及金莎 TRESOR DORE 商标，并由此延伸出红金色绶带。以上特征与费列罗公司起诉中请求保护的包装、装潢在整体印象和主要部分上相近似。正元公司为蒙特莎公司生产的金莎 TRESOR DORE 巧克力在天津市的经销商。2003 年 1 月，费列罗公司经天津市公证处公证，在天津市河东区正元公司处购买了被控侵权产品。

**裁判结果**

天津市第二中级人民法院于 2005 年 2 月 7 日作出（2003）二中民三初字第 63 号民事判决：判令驳回费列罗公司对蒙特莎公司、正元公司的诉讼请求。费列罗公司提起上诉，天津市高级人民法院于 2006 年 1 月 9 日作出（2005）津高民三终字第 36 号判决：1. 撤销一审判决；2. 蒙特莎公司立即停止使用金莎 TRESOR DORE 系列巧克力侵权包装、装潢；3. 蒙特莎公司赔偿费列罗公司人民币 700000 元，于本判决生效后十五日内给付；4. 责令正元公司立即停止销售使用侵权包装、装潢的金莎 TRESOR DORE 系列巧克力；5. 驳回费列罗公司其他诉讼请求。蒙特莎公司不服二审判决，向最高人民法院提出再审申请。最高人民法院于 2008 年 3 月 24 日作出（2006）民三提字第 3 号民事判决：1. 维持天津市高级人民法院（2005）津高民三终字第 36 号民事判决第一项、第五项；2. 变更天津市高级人民法院（2005）津高民三终字第 36 号民事判决第二项为：蒙特莎公司立即停止在本案金莎 TRESOR DORE 系列巧克力商品上使用与费列罗系列巧克力商品特有的包装、装潢相近似的包装、装潢的不正当竞争行为；3. 变更天津市高级人民法院（2005）津高民三终字第 36 号民事判决第三项为：蒙特莎公司自本判决送达后十五日内，赔偿费列罗公司人民币 500000 元；4. 变更天津市高级人民法院（2005）津高民三终字第 36 号民事判决第四项为：责令正元公司立即停止销售上述金莎 TREDOR DORE 系列巧克力商品。

**裁判理由**

最高人民法院认为：本案主要涉及费列罗巧克力是否为在先知名商品，费列罗巧克力使用的包装、装潢是否为特有的包装、装潢，以及蒙特莎公司生产的金莎 TRESOR DORE 巧克力使用包装、装潢是否构成不正当竞争行为等争议焦点问题。

一、关于费列罗巧克力是否为在先知名商品

根据中国粮油食品进出口总公司与费列罗公司签订的寄售合同、寄售合同确认书等证据，二审法院认定费列罗巧克力自 1984 年开始在中国境内销售无误。《反不正当竞争法》所指的知名商品，是在中国境内具有一定的市场知名度，为相关公众所知悉的商品。在国际已知名的商品，我国法律对其特有名称、包装、装潢的保护，仍应以在中国境内为相关公众所知悉为必要。其所主张的商品或者服务具有知名度，通常系由在中国境内生产、销售或者从事其他经营活动而产生。认定知名商品，应当考虑该商品的销售时间、销售区域、销售额和销售对象，进行宣传的持续时间、程度和地域范围，作为知名商品受保护的情况等因素，进行综合判断；也不排除适当考虑国外已知名的因素。本案二审判决中关于"对商品知名状况的评价应根据其在国内外特定市场的知名度综合判定，不能理解为仅指在中国境内知名的商品"的表述欠当，但根据费列罗巧克力进入中国市场的时间、销售情况以及费列罗公司进行的多种宣传活动，认定其属于在中国境内的相关市场中具有较高知名度的知名商品正确。蒙特莎公司关于费列罗巧克力在中国境内市场知名的时间晚于金莎 TRESOR DORE 巧克力的主张不能成立。此外，费列罗公司费列罗巧克力的包装、装潢使用在先，蒙特莎公司主张其使用的涉案包装、装潢为自主开发设计缺乏充分证据支持，二审判决认定蒙特莎公司擅自使用费列罗巧克力特有包装、装潢正确。

二、关于费列罗巧克力使用的包装、装潢是否具有特有性

盛装或者保护商品的容器等包装，以及在商品或者其包装上附加的

文字、图案、色彩及其排列组合所构成的装潢，在其能够区别商品来源时，即属于《反不正当竞争法》保护的特有包装、装潢。费列罗公司请求保护的费列罗巧克力使用的包装、装潢系由一系列要素构成。如果仅仅以锡箔纸包裹球状巧克力，采用透明塑料外包装，呈现巧克力内包装等方式进行简单的组合，所形成的包装、装潢因无区别商品来源的显著特征而不具有特有性；而且这种组合中的各个要素也属于食品包装行业中通用的包装、装潢元素，不能被独占使用。但是，锡纸、纸托、塑料盒等包装材质与形状、颜色的排列组合有很大的选择空间；将商标标签附加在包装上，该标签的尺寸、图案、构图方法等亦有很大的设计自由度。在可以自由设计的范围内，将包装、装潢各要素独特排列组合，使其具有区别商品来源的显著特征，可以构成商品特有的包装、装潢。费列罗巧克力所使用的包装、装潢因其构成要素在文字、图形、色彩、形状、大小等方面的排列组合具有独特性，形成了显著的整体形象，且与商品的功能性无关，经过长时间使用和大量宣传，已足以使相关公众将上述包装、装潢的整体形象与费列罗公司的费列罗巧克力商品联系起来，具有识别其商品来源的作用，应当属于《反不正当竞争法》第5条第2项所保护的特有的包装、装潢。蒙特莎公司关于判定涉案包装、装潢为特有，会使巧克力行业的通用包装、装潢被费列罗公司排他性独占使用，垄断国内球形巧克力市场等理由，不能成立。

三、关于相关公众是否容易对费列罗巧克力与金莎TRESOR DORE巧克力引起混淆、误认

对商品包装、装潢的设计，不同经营者之间可以相互学习、借鉴，并在此基础上进行创新设计，形成有明显区别各自商品的包装、装潢。这种做法是市场经营和竞争的必然要求。就本案而言，蒙特莎公司可以充分利用巧克力包装、装潢设计中的通用要素，自由设计与他人在先使用的特有包装、装潢具有明显区别的包装、装潢。但是，对他人具有识别商品来源意义的特有包装、装潢，则不能作足以引起市场混淆、误认的全面模仿，否则就会构成不正当的市场竞争。我国《反不正当竞争

法》中规定的混淆、误认，是指足以使相关公众对商品的来源产生误认，包括误认为与知名商品的经营者具有许可使用、关联企业关系等特定联系。本案中，由于费列罗巧克力使用的包装、装潢的整体形象具有区别商品来源的显著特征，蒙特莎公司在其巧克力商品上使用的包装、装潢与费列罗巧克力特有包装、装潢，又达到在视觉上非常近似的程度。即使双方商品存在价格、质量、口味、消费层次等方面的差异和厂商名称、商标不同等因素，也未免使相关公众易于误认金莎 TRESOR DORE 巧克力与费列罗巧克力存在某种经济上的联系。据此，再审申请人关于本案相似包装、装潢不会构成消费者混淆、误认的理由不能成立。

综上，蒙特莎公司在其生产的金莎 TRESOR DORE 巧克力商品上，擅自使用与费列罗公司的费列罗巧克力特有的包装、装潢相近似的包装、装潢，足以引起相关公众对商品来源的混淆、误认，构成不正当竞争。

## 26. 使用有一定影响的作品名称推广自身作品，构成何种行为？[①]

星辉公司是电影《喜剧之王》的出品公司及版权持有人，该片导演为周星驰、李某。《喜剧之王》于 1999 年 2 月至 3 月期间在香港上映，票房位列 1999 年最卖座香港影片榜首。2018 年 3—4 月，李某、K 公司分别在新浪微博账号"李某导演""K 影视"发布多条宣传被诉侵权电视剧《喜剧之王 2018》及演员海选试镜会的微博。李某还发表微博称"香港导演李某自 1999 年拍摄电影《喜剧之王》后，意犹未尽……周星驰御用导演李某喊你来试镜啦！"星辉公司以 K 公司和李某实施的上述行为构成仿冒混淆及虚假宣传等不正当竞争行为为由，提起本案诉讼。法院一审认为，电影《喜剧之王》及其名称在我国内地具有较高知名度，构成有一定影响的商品名称。K 公司、李某未经许

---

[①] 参见《人民法院反不正当竞争典型案例》（2022 年 11 月 17 日发布），"喜剧之王"不正当竞争纠纷案【广州知识产权法院（2020）粤 73 民终 2289 号】——作品名称权益的保护，载最高人民法院网 https://www.court.gov.cn/zixun/xiangqing/379711.html，最后访问日期：2024 年 11 月 21 日。

可使用"喜剧之王",构成擅自使用有一定影响的商品名称及虚假宣传的不正当竞争行为,应当承担停止侵害并赔偿经济损失的民事责任。K公司与李某不服一审判决,提起上诉。法院二审判决驳回上诉,维持原判。

本案是制止仿冒混淆及虚假宣传行为的典型案例。人民法院在审查判断涉案电影作品名称知名度的过程中,不仅全面审查了其在香港影院上映期间的票房收入、宣传力度的相关证据,还充分考虑了涉案电影从院线下架后的线上播放量、光盘销售量,相关媒体对于电影持续报道、推介程度等因素,有力制止了电影市场竞争中的"搭便车"行为。本案是人民法院为深入推进粤港澳大湾区建设提供有力司法服务和保障的生动实践。

**关联参见**

《反不正当竞争法》第17条;《商标法》第3条、第10条、第11条、第57条;《产品质量法》第5条、第14条、第27条、第53条;《消费者权益保护法》第8条、第56条;《反垄断法》第68条;《商标法实施条例》第76条;《最高人民法院关于适用〈中华人民共和国反不正当竞争法〉若干问题的解释》

**第七条** 【商业贿赂与正当回扣】经营者不得采用财物或者其他手段贿赂下列单位或者个人,以谋取交易机会或者竞争优势:

(一)交易相对方的工作人员;

(二)受交易相对方委托办理相关事务的单位或者个人;

(三)利用职权或者影响力影响交易的单位或者个人。

经营者在交易活动中,可以以明示方式向交易相对方支付折扣,或者向中间人支付佣金。经营者向交易相对方支付折扣、向中间人支付佣金的,应当如实入账。接受折扣、佣金的经营者也应当如实入账。

经营者的工作人员进行贿赂的，应当认定为经营者的行为；但是，经营者有证据证明该工作人员的行为与为经营者谋取交易机会或者竞争优势无关的除外。

### 条文解读

**商业贿赂** ➡ 商业贿赂，是指经营者为销售或者购买商品而采用财物或者其他手段贿赂对方单位或者个人的行为。商业贿赂以争取交易机会和竞争优势为目的。

特征：(1) 主体是从事商品交易的经营者，既可以是卖方，也可以是买方。(2) 商业贿赂是经营者主观上出于故意和自愿而进行的行为。(3) 从客观上的行为表现来看，商业贿赂是通过秘密的方式进行的，具有很大的隐蔽性。(4) 商业贿赂的对象是对其交易项目的成交具有决定性影响的单位或者个人。包括交易相对方的工作人员以及受交易相对方委托的单位和个人，还有利用职权和影响力影响交易的单位和个人。另外，本条还规定了一个经营者如果他的工作人员向别人行贿，都应当视为经营者行贿的行为，除非单位能够证明工作人员的行贿行为与为经营者谋取交易机会或者竞争优势无关。(5) 向有关人员支付的款项或者提供的优惠违反了国家有关财务、会计及廉政等方面的法律、法规的规定，超出了一般性商业惯例中提供的优惠。(6) 商业贿赂的形式多样。回扣是商业贿赂的典型形式。除了金钱回扣，还有提供免费度假、国内外旅游、房屋装修、高档宴席、色情服务、赠送昂贵物品，以及解决子女或亲属入学、就业等许多方式。

无论是营利性医疗机构，还是非营利性医疗机构，只要在购买药品或者其他医疗用品中收受回扣的，都应当按照《反不正当竞争法》的规定依法查处。

**折扣** ➡ 折扣即价格折扣，也称让利。它是指在商品购销活动中卖方在所成交的价款上给买方以一定比例的减让而返还给对方的一种交易上的优惠。折扣是卖方以明示方式对买方进行的让利，是"明扣"而不是"暗扣"。折扣与回扣相比较：（1）是公开明示的，还是秘密给付的；（2）是否只能由卖方支付；（3）是否写进合同、记入账内；（4）是否损害了被代理人的利益。

**佣金** ➡ 佣金是商业活动中的一种劳务报酬，是具有独立地位的中间商、掮客、经纪人、代理商等在商业活动中为他人提供服务、介绍、撮合交易或代买、代卖商品所得到的报酬。它可以是买方给的，也可以是卖方给的，也可以是买卖双方给的。佣金通常是事先通过协议按照成交额的百分比计算，也有事先无协议，按照商业惯例办理的。

### 案例指引

**27. 认定商业贿赂如何取证？**[①]

苏州工业园区市场监管局在调查某公司涉嫌侵犯苏州某科技有限公司商业秘密案的过程中，在苏州某科技有限公司工程部工程师高某的电脑内发现其涉嫌受贿线索，遂开展进一步调查。因行贿方苏州某机电有限公司的行为涉嫌违反《刑法》的相关规定，办案机关在完成初步调查后将案件移送公安机关，后检察院对其负责人汪某作出不起诉决定，书面建议由市场监管部门对其予以行政处罚。

经查，2017年底，在苏州某科技有限公司采购非标类货架产品过程中，当事人为谋取交易机会，向苏州某科技有限公司负责项目采购的工程部工程师高某行贿16万元，相关款项于2018年1月通过公司账户汇入高某指定的农业银行"朱某"名下银行卡中。当事人在该笔交易中共收取货款109.529526万元，其中成本77.643万元，违法所得共计31.886526万元。

当事人为获得交易机会，向交易相对方工作人员行贿，其行为违反

---

[①] 参见《江苏省反垄断反不正当竞争执法十大典型案例（2019-2022）》（2022年11月29日发布），贿赂交易相对方工作人员以谋取交易机会被处罚——苏州某机电有限公司商业贿赂案，载江苏法院网 http://www.jsfy.gov.cn/article/94696.html，最后访问日期：2024年11月21日。

了《反不正当竞争法》第 7 条第 1 款第 1 项规定，依据《反不正当竞争法》第 19 条规定，执法机关对其作出没收违法所得 31.886526 万元，并罚款 10 万元的行政处罚。

商业贿赂行为有着较强的隐蔽性，发现和掌握案件线索是查办案件的前提和关键环节。本案是在查办一起商业秘密案件时，通过对海量数据资料反复梳理，发现了行贿行为的违法线索，从而进一步锁定相关违法事实。加大对商业贿赂行为的查处力度，市场监管部门要进一步强化与相关司法部门的沟通对接，拓宽线索发现渠道，建立双向移送机制。在该案办理过程中，市场监管部门充分发挥与公安等部门的通力协作，实现了案件的成功查办。

**关联参见**

《反不正当竞争法》第 19 条；《关于禁止商业贿赂行为的暂行规定》；《国家工商行政管理总局关于非营利性医疗机构是否属于〈反不正当竞争法〉规范主体问题的答复》；《国家工商行政管理局关于〈反不正当竞争法〉第二十三条滥收费用行为的构成及违法所得起算问题的答复》三

**第八条** 【禁止虚假或误解宣传】经营者不得对其商品的性能、功能、质量、销售状况、用户评价、曾获荣誉等作虚假或者引人误解的商业宣传，欺骗、误导消费者。

经营者不得通过组织虚假交易等方式，帮助其他经营者进行虚假或者引人误解的商业宣传。

**条文解读**

**引人误解的商业宣传** ➡ 引人误解的商业宣传，是指经营者所宣传的内容会使宣传对象对商品或服务产生错误的认识，并进一步影响其购买决策的商品宣传。经营者具有下列行为之一，足以造成相关公众误解的，可以认定为本条规定的引人误解的商业宣传行为：（1）对商品作片面的宣传或者对比的；（2）将科学上未定论的观点、现象等当作定论的事实用于商品宣传的；（3）以歧义性语言或者其他引人误解的方式进行商品宣传的。

以明显的夸张方式宣传商品，不足以造成相关公众误解的，不属于引人误解的虚假宣传行为。

引人误解的判断标准：（1）日常生活经验；（2）相关公众一般注意力；（3）发生误解的事实；（4）被宣传对象的实际情况。

经营者向消费者提供有关商品或者服务的信息应当真实、全面、准确，不得有下列虚假或者引人误解的宣传行为：（1）不以真实名称和标记提供商品或者服务；（2）以虚假或者引人误解的商品说明、商品标准、实物样品等方式销售商品或者服务；（3）作虚假或者引人误解的现场说明和演示；（4）采用虚构交易、虚标成交量、虚假评论或者雇佣他人等方式进行欺骗性销售诱导；（5）以虚假的"清仓价""甩卖价""最低价""优惠价"或者其他欺骗性价格表示销售商品或者服务；（6）以虚假的"有奖销售""还本销售""体验销售"等方式销售商品或者服务；（7）谎称正品销售"处理品""残次品""等外品"等商品；（8）夸大或隐瞒所提供的商品或者服务的数量、质量、性能等与消费者有重大利害关系的信息误导消费者；（9）以其他虚假或者引人误解的宣传方式误导消费者。

**组织虚假交易** ➡ 我国电子商务发展迅猛，电商之间竞争加剧，在眼花缭乱的各种商品中，看销售量下单成为很多人的购物习惯，也因此催生了大量的"刷单""炒信"行为，甚至形成了专业的黑色产业链。本条规定使得帮助他人刷单炒信、删除差评、虚构交易、开展虚假荣誉评比等行为，将受到查处。

网络交易经营者不得违反《反不正当竞争法》等规定，实施扰乱市场竞争秩序，损害其他经营者或者消费者合法权益的不正当竞争行为。网络交易经营者不得以下列方式，作虚假或者引人误解的商业宣传、欺骗、误导消费者：（1）虚构交易、编造用户评价；（2）采用误导性展示等方式，将好评前置、差评后置，或者不显著区分不同商品或者服务的评价等；（3）采用谎称现货、虚构预订、虚假抢购等方式进行虚假营销；（4）虚构点击量、关注度等流量数据，以及虚构点赞、打赏等交易互动数据。网络交易经营者不得实施混淆行为，引人误认为是他人商品、服务或者与他人存在特定联系。网络交易经营者不得编造、传播虚假信息或者误导性信息，损害竞争对手的商业信誉、商品声誉。

**实务应用**

### 16. 将"老字号"注册为商标，何种情形下构成虚假宣传？[①]

与"老字号"无历史渊源的个人或企业将"老字号"或与其近似的字号注册为商标后，以"老字号"的历史进行宣传的，应认定为虚假宣传，构成不正当竞争。

与"老字号"具有历史渊源的个人或企业在未违反诚实信用原则的前提下，将"老字号"注册为个体工商户字号或企业名称，未引人误认且未突出使用该字号的，不构成不正当竞争或侵犯注册商标专用权。

### 17. 商品产地标注错误，是否构成虚假宣传？[②]

虚假宣传是《反不正当竞争法》规制的重要行为之一。市场经营活动中，经营者应对自己提供的商品或服务进行客观、准确的宣传，不得超越商品或服务本身作出虚假或引人误解的宣传，误导消费者。判断虚假宣传行为是否足以达到欺骗、误导消费者的程度，是确定是否构成虚假宣传不正当竞争行为的关键。例如，某进口商品在商品标签中将实际产地为中国南京的服装标示产地"中国上海"，并不会增加其竞争优

---

① 最高人民法院指导案例 58 号。
② 参见《四川法院不正当竞争典型案例（2019-2021）》（2022 年 3 月 18 日发布），某区市场监督管理局与 S 国际有限公司行政处罚案，载四川省高级人民法院网 http://scfy.scssfw.gov.cn/article/detail/2022/03/id/6611465.shtml，最后访问日期：2024 年 11 月 21 日。

势或交易几率，也不会导致消费者将该商品与其他商品产生混淆。因此，此行为不构成虚假宣传。

### 案例指引

#### 28. 如何认定广告语是否构成虚假宣传？[①]

**广州王老吉大健康产业有限公司诉加多宝（中国）饮料有限公司虚假宣传纠纷案**

（最高人民法院审判委员会讨论通过　2021年7月23日发布）

**关键词**

民事　反不正当竞争　虚假宣传　广告语　引人误解　不正当占用商誉

**裁判要点**

人民法院认定广告是否构成《反不正当竞争法》规定的虚假宣传行为，应结合相关广告语的内容是否有歧义，是否易使相关公众产生误解以及行为人是否有虚假宣传的过错等因素判断。一方当事人基于双方曾经的商标使用许可合同关系以及自身为提升相关商标商誉所做出的贡献等因素，发布涉案广告语，告知消费者基本事实，符合客观情况，不存在易使相关公众误解的可能，也不存在不正当地占用相关商标的知名度和良好商誉的过错，不构成《反不正当竞争法》规定的虚假宣传行为。

**相关法条**

《反不正当竞争法》（2019年修正）第8条第1款（本案适用的是1993年施行的《反不正当竞争法》第9条第1款）

**基本案情**

广州医药集团有限公司（以下简称广药集团）是第626155号、3980709号、9095940号"王老吉"系列注册商标的商标权人。上述商

---

[①] 最高人民法院指导案例161号。

标核定使用的商品种类均为第32类：包括无酒精饮料、果汁、植物饮料等。1995年3月28日、9月14日，鸿道集团有限公司（以下简称鸿道集团）与广州羊城药业股份有限公司王老吉食品饮料分公司分别签订《商标使用许可合同》和《商标使用许可合同补充协议》，取得独家使用第626155号商标生产销售带有"王老吉"三个字的红色纸包装和罐装清凉茶饮料的使用权。1997年6月14日，陈鸿道被国家专利局授予《外观设计专利证书》，获得外观设计名称为"罐帖"的"王老吉"外观设计专利。2000年5月2日，广药集团（许可人）与鸿道集团（被许可人）签订《商标许可协议》，约定许可人授权被许可人使用第626155号"王老吉"注册商标生产销售红色罐装及红色瓶装王老吉凉茶。被许可人未经许可人书面同意，不得将该商标再许可其他第三者使用，但属被许可人投资（包括全资或合资）的企业使用该商标时，不在此限，但需知会许可人；许可人除自身及其下属企业已生产销售的绿色纸包装"王老吉"清凉茶外，许可人不得在第32类商品（饮料类）上使用"王老吉"商标或授权第三者使用"王老吉"商标，双方约定许可的性质为独占许可，许可期限自2000年5月2日至2010年5月2日止。1998年9月，鸿道集团投资成立东莞加多宝食品饮料有限公司，后更名为广东加多宝饮料食品有限公司。加多宝（中国）饮料有限公司（以下简称加多宝中国公司）成立于2004年3月，属于加多宝集团关联企业。

此后，通过鸿道集团及其关联公司长期多渠道的营销、公益活动和广告宣传，培育红罐"王老吉"凉茶品牌，并获得众多荣誉，如罐装"王老吉"凉茶饮料在2003年被广东省佛山市中级人民法院认定为知名商品，"王老吉"罐装凉茶的装潢被认定为知名商品包装装潢；罐装"王老吉"凉茶多次被有关行业协会等评为"最具影响力品牌"；根据中国行业企业信息发布中心的证明，罐装"王老吉"凉茶在2007—2012年度均获得市场销量或销售额的第一名，等等。加多宝中国公司成立后开始使用前述"王老吉"商标生产红色罐装凉茶（罐身对称两面从上至下印有"王老吉"商标)。

2012年5月9日,中国国际经济贸易仲裁委员会对广药集团与鸿道集团之间的商标许可合同纠纷作出终局裁决:(一)《"王老吉"商标许可补充协议》和《关于"王老吉"商标使用许可合同的补充协议》无效;(二)鸿道集团停止使用"王老吉"商标。

2012年5月25日,广药集团与广州王老吉大健康产业有限公司(以下简称大健康公司)签订《商标使用许可合同》,许可大健康公司使用第3980709号"王老吉"商标。大健康公司在2012年6月份左右,开始生产"王老吉"红色罐装凉茶。

2013年3月,大健康公司在重庆市几处超市分别购买到外包装印有"全国销量领先的红罐凉茶改名加多宝"字样广告语的"加多宝"红罐凉茶产品及标有"全国销量领先的红罐凉茶改名加多宝"字样广告语的手提袋。根据重庆市公证处(2013)渝证字第17516号公证书载明,在"www.womai.com"中粮我买网网站上,有"加多宝"红罐凉茶产品销售,在销售页面上,有"全国销量领先的红罐凉茶改名加多宝"字样的广告宣传。根据(2013)渝证字第20363号公证书载明,在央视网广告频道VIP品牌俱乐部中,亦印有"全国销量领先的红罐凉茶改名加多宝"字样的"加多宝"红罐凉茶产品的广告宣传。2012年5月16日,人民网食品频道以"红罐王老吉改名'加多宝'配方工艺均不变"为题做了报道。2012年5月18日,搜狐新闻以"红罐王老吉改名加多宝"为题做了报道。2012年5月23日,中国食品报电子版以"加多宝就是以前的王老吉"为题做了报道;同日,网易新闻也以"红罐'王老吉'正式更名'加多宝'"为题做了报道,并标注信息来源于《北京晚报》。2012年6月1日,《中国青年报》以"加多宝凉茶全国上市红罐王老吉正式改名"为题做了报道。

大健康公司认为,上述广告内容与客观事实不符,使消费者形成错误认识,请求确认加多宝中国公司发布的包含涉案广告词的广告构成《反不正当竞争法》规定的不正当竞争,系虚假宣传,并判令立即停止发布包含涉案广告语或与之相似的广告词的电视、网络、报纸和杂志等媒体广告等。

**裁判结果**

重庆市第五中级人民法院于2014年6月26日作出（2013）渝五中法民初字第00345号民事判决：一、确认被告加多宝中国公司发布的包含"全国销量领先的红罐凉茶改名加多宝"广告词的宣传行为构成不正当竞争的虚假宣传行为；二、被告加多宝中国公司立即停止使用并销毁、删除和撤换包含"全国销量领先的红罐凉茶改名加多宝"广告词的产品包装和电视、网络、视频及平面媒体广告；三、被告加多宝中国公司在本判决生效后十日内在《重庆日报》上公开发表声明以消除影响（声明内容须经本院审核）；四、被告加多宝中国公司在本判决生效后十日内赔偿原告大健康公司经济损失及合理开支40万元；五、驳回原告大健康公司的其他诉讼请求。宣判后，加多宝中国公司和大健康公司提出上诉。重庆市高级人民法院于2015年12月15日作出（2014）渝高法民终字第00318号民事判决，驳回上诉，维持原判。加多宝中国公司不服，向最高人民法院申请再审。最高人民法院于2019年5月28日作出（2017）最高法民再151号民事判决：一、撤销重庆市高级人民法院（2014）渝高法民终字第00318号民事判决；二、撤销重庆市第五中级人民法院（2013）渝五中法民初字第00345号民事判决；三、驳回大健康公司的诉讼请求。

**裁判理由**

最高人民法院认为，加多宝中国公司使用"全国销量领先的红罐凉茶改名加多宝"广告语的行为是否构成虚假宣传，需要结合具体案情，根据日常生活经验，以相关公众的一般注意力，判断涉案广告语是否片面、是否有歧义、是否易使相关公众产生误解。

首先，从涉案广告语的含义看，加多宝中国公司对涉案广告语"全国销量领先的红罐凉茶改名加多宝"的描述和宣传是真实和符合客观事实的。根据查明的事实，鸿道集团自1995年取得"王老吉"商标的许可使用权后独家生产销售"王老吉"红罐凉茶,直到 2012 年 5 月 9 日中国国际经济贸易仲裁委员会对广药集团与鸿道集团之间的商标许可合同作出仲裁裁决,鸿道集团停止使用"王老吉"商标,在长达十七年的时间内加多宝中国公司及其关联公司作为"王老吉"商标的被许可使用人,通过多年的广告宣传和使用,已经使"王老吉"红罐凉茶在凉茶市场具有很高知名度和美誉度。根据中国行业企业信息发布中心的证明,罐装"王老吉"凉茶在 2007—2012 年度,均获得市场销量或销售额的第一名。而在"王老吉"商标许可使用期间,广药集团并不生产和销售"王老吉"红罐凉茶。因此,涉案广告语前半部分"全国销量领先的红罐凉茶"的描述与统计结论相吻合,不存在虚假情形,且其指向性也非常明确,指向的是加多宝中国公司及其关联公司生产和销售的"王老吉"红罐凉茶。2012 年 5 月 9 日,"王老吉"商标许可协议被中国国际经济贸易仲裁委员会裁决无效,加多宝中国公司及其关联公司开始生产"加多宝"红罐凉茶,因此在涉案广告语后半部分宣称"改名加多宝"也是客观事实的描述。

其次,从《反不正当竞争法》规制虚假宣传的目的看,《反不正当竞争法》是通过制止对商品或者服务的虚假宣传行为,维护公平的市场竞争秩序。一方面,从不正当竞争行为人的角度分析,侵权人通过对产品或服务的虚假宣传,如对产地、性能、用途、生产期限、生产者等不真实或片面的宣传,获取市场竞争优势和市场机会,损害权利人的利益;另一方面,从消费者角度分析,正是由于侵权人对商品或服务的虚假宣传,使消费者发生误认误购,损害权利人的利益。因此,《反不正当竞争法》上的虚假宣传立足点在于引人误解的虚假宣传,如果对商品或服务的宣传并不会使相关公众产生误解,则不是《反不正当竞争法》上规制的虚假宣传行为。本案中,在商标使用许可期间,加多宝中国公司及其关联公司通过多年持续、大规模的宣传使用行为,不仅显著提升了王老吉红罐凉茶的知名度,而且向消费者传递王老吉红罐凉茶的实际经营主体为加多宝中国公司及其关联公司。由于加多宝中国公司及其关联公司在商标许可使用期间生产"王老吉"红罐凉茶已经具有很高知名度,相关公众普遍认知的是加多宝中国公司生产的"王老吉"红罐凉茶,而不是大健康公司于2012年6月份左右生产和销售的"王老吉"红罐凉茶。在加多宝中国公司及其关联公司不再生产"王老吉"红罐凉茶后,加多宝中国公司使用涉案广告语实际上是向相关公众行使告知义务,告知相关公众以前的"王老吉"红罐凉茶现在商标已经为加多宝,否则相关公众反而会误认为大健康公司生产的"王老吉"红罐凉茶为原来加多宝中国公司生产的"王老吉"红罐凉茶。因此,加多宝中国公司使用涉案广告语不存在易使相关公众误认误购的可能性,反而没有涉案广告语的使用,相关公众会发生误认误购的可能性。

再次,涉案广告语"全国销量领先的红罐凉茶改名加多宝"是否不正当地完全占用了"王老吉"红罐凉茶的知名度和良好商誉,使"王老吉"红罐凉茶无形中失去了原来拥有的知名度和商誉,并使相关公众误认为"王老吉"商标已经停止使用或不再使用。其一,虽然"王老吉"商标知名度和良好声誉是广药集团作为商标所有人和加多宝中国公司及其关联公司共同宣传使用的结果,但是"王老吉"商标知名度的提升和巨大商誉却主要源于加多宝中国公司及其关联公司在商标许可使用期间大量的宣传使用。加多宝中国公司使用涉案广告语即便占用了"王老吉"商标的一部分商誉,但由于"王老吉"商标商誉主要源于加多宝中国公司及其关联公司的贡献,因此这种占用具有一定合理性。其二,广药集团收回"王老吉"商标后,开始授权许可大健康公司生产"王老吉"红罐凉茶,这种使用行为本身即已获得了王老吉商标商誉和美誉度。其三,2012年6月大健康公司开始生产"王老吉"红罐凉茶,因此消费者看到涉案广告语客观上并不会误认为"王老吉"商标已经停止使用或不再使用,凝结在"王老吉"红罐凉茶上的商誉在大健康公司生产"王老吉"红罐凉茶后,自然为大健康公司所享有。其四,大健康公司是在商标许可合同仲裁裁决无效后才开始生产"王老吉"红罐凉茶,此前其并不生产红罐凉茶,因此涉案广告语并不能使其生产的"王老吉"红罐凉茶无形中失去了原来拥有的知名度和商誉。

本案中,涉案广告语虽然没有完整反映商标许可使用期间以及商标许可合同终止后,加多宝中国公司为何使用、终止使用并变更商标的相关事实,确有不妥,但是加多宝中国公司在商标许可合同终止后,为保有在商标许可期间其对"王老吉"红罐凉茶商誉提升所做出的贡献而享有的权益,将"王老吉"红罐凉茶改名"加多宝"的基本事实向消费者告知,其主观上并无明显不当;在客观上,基于广告语的简短扼要特点,以及"王老吉"商标许可使用情况、加多宝中国公司及其关联公司对提升"王老吉"商标商誉所做出的巨大贡献,消费者对王老吉红罐凉茶实际经营主体的认知,结合消费者的一般注意力、发生误解的事实和被宣传对象的实际情况,加多宝中国公司使用涉案广告语并不产生引人误解的效果,并未损坏公平竞争的市场秩序和消费者的合法权益,不构成虚假宣传行为。即便部分消费者在看到涉案广告语后有可能会产生"王老吉"商标改为"加多宝"商标,原来的"王老吉"商标已经停止使用或不再使用的认知,也属于商标许可使用关系中商标控制人与实际使用人相分离后,尤其是商标许可关系终止后,相关市场可能产生混淆的后果,但该混淆的后果并不必然产生《反不正当竞争法》上的"引人误解"的效果。

## 29. "刷单炒信"行为是否构成不正当竞争?[①]

A公司运营的"大A"软件的运作方式为:在软件内展示合作商户的店铺地址、电话、商品及服务等信息,消费者在店铺进行消费后可在该软件上对相应店铺进行打分与文字点评,打分与文字点评均显示在该店铺主页内并对所有软件用户可见。B公司运营的"某客"软件的运作方式为:消费者可提前在"某客"软件预约与B公司合作商户对应的

---

① 参见《四川法院不正当竞争典型案例(2019-2021)》(2022年3月18日发布),上海A公司与四川B公司不正当竞争纠纷案,载四川省高级人民法院网 http://scfy.scssfw.gov.cn/article/detail/2022/03/id/6611465.shtml,最后访问日期:2024年11月21日。

"红包",消费者在对应商户进行消费并在点评类网站上对该商户进行点评后,经审核可以兑换并提现之前预约的"红包"。A 公司认为,B 公司诱导消费者增加 A 公司平台门店好评量或进行虚假好评,违背了诚实信用原则,损害了 A 公司商誉及其他商家权益,构成不正当竞争,遂诉至法院,要求 B 公司停止不正当竞争行为、消除影响,并赔偿 A 公司经济损失 100 万元及合理开支 51500 元。

法院经审理认为,A 公司所运营的"大 A"软件吸引消费者及商户下载并使用的核心竞争力在于,通过提供真实有效的店铺数据帮助消费者选择交易对象,同时为平台内各商户提供正常有序的竞争环境。B 公司以营利为目的,通过"红包"的方式诱导消费者对其合作商户在"大 A"平台进行特定分数的好评、评论、收藏等行为,造成了平台内所展示的商户数据失真,影响该平台的信用体系,同时也扰乱了平台内商户的竞争体系,构成不正当竞争,故判决 B 公司停止不正当竞争行为,登报消除影响并赔偿 A 公司经济损失 50 万元及合理开支 25750 元。一审宣判后,当事人均未提出上诉,一审判决已发生法律效力。

本案是四川省第一例因"刷单炒信"构成不正当竞争的案例。近年来,流量"变现"带来巨大的经济效益,不仅带动了网络经济的蓬勃发展,也导致通过"作弊"方式刷流量、刷评价的"刷单炒信"行为不断翻新花样。"刷单炒信"不仅损害公平竞争的市场秩序,而且误导、欺骗消费者,损害广大消费者的合法权益。本案中,"大 A"是有一定影响力的评价体系,B 公司采用"组织刷单炒信"方式进行交易,帮助其他经营者进行虚假商业宣传,造成了"大 A"平台内所展示的商户数据失真,影响该平台的信用体系,对 A 公司商业模式的正常发展产生不利影响,构成不正当竞争。本案对于规范公平竞争的网络经济秩序,引导网络生态健康发展具有积极意义。

**30.** 以全额返款的形式诱导博主对所购买的商品作出"种草笔记",是否合法?①

2021年11月29日,高邮市市场监管局接举报线索,反映扬州市某商贸有限公司在小红书APP上,通过"种草"等形式对其销售的服装作虚假、引人误解的商业宣传,涉嫌违反《反不正当竞争法》的相关规定。经查,当事人为推广其销售的品牌服装,专门制定了营销方案,从2021年9月到11月,安排员工在小红书APP上筛选并联系点赞数较高或拍照好看的服饰穿搭文案博主,只要博主同意在小红书APP上使用高热度词语编辑文案,发布其在当事人淘宝店铺下单购买服装的"种草笔记",即可返还订单全款。

当事人以全额返款的形式诱导博主对所购买的商品作出虚假"种草笔记"的行为,违反了《反不正当竞争法》第8条第1款规定,构成虚假宣传行为。执法机关依据《反不正当竞争法》第20条第1款、《行政处罚法》第32条第1项规定,综合考虑相关情形,对当事人作出罚款28000元的行政处罚。

借着互联网东风,"种草"经济逐渐走红。然而,一些博主、网红披着真诚分享的马甲"种草",实际上与不法经销商合作实施虚假宣传,诱导甚至误导人们的购物决策,侵害了消费者的合法权益。透过现象看本质,无论如何伪装,通过虚构"种草笔记"方式伪造"口碑",实施虚假营销活动,市场监管部门必将严厉打击。广大消费者在浏览各类消费类网站、APP时也应提高警惕,注意甄别,理性消费,避免被网红"种草"欺诈。

---

① 参见《江苏省反垄断反不正当竞争执法十大典型案例(2019-2022)》(2022年11月29日发布),发布虚假"种草笔记"构成虚假宣传被处罚——扬州市某商贸有限公司虚假宣传案,载江苏法院网 http://www.jsfy.gov.cn/article/94696.html,最后访问日期:2024年11月21日。

**关联参见**

《反不正当竞争法》第20条;《刑法》第222条;《消费者权益保护法》第45条;《产品质量法》第59条;《广告法》第28条、第55条、第56条;《侵害消费者权益行为处罚办法》第6条;《网络交易监督管理办法》第14条;《最高人民法院关于适用〈中华人民共和国反不正当竞争法〉若干问题的解释》第17条

**第九条** 【侵犯商业秘密】经营者不得实施下列侵犯商业秘密的行为:

(一)以盗窃、贿赂、欺诈、胁迫、电子侵入或者其他不正当手段获取权利人的商业秘密;

(二)披露、使用或者允许他人使用以前项手段获取的权利人的商业秘密;

(三)违反保密义务或者违反权利人有关保守商业秘密的要求,披露、使用或者允许他人使用其所掌握的商业秘密;

(四)教唆、引诱、帮助他人违反保密义务或者违反权利人有关保守商业秘密的要求,获取、披露、使用或者允许他人使用权利人的商业秘密。

经营者以外的其他自然人、法人和非法人组织实施前款所列违法行为的,视为侵犯商业秘密。

第三人明知或者应知商业秘密权利人的员工、前员工或者其他单位、个人实施本条第一款所列违法行为,仍获取、披露、使用或者允许他人使用该商业秘密的,视为侵犯商业秘密。

本法所称的商业秘密,是指不为公众所知悉、具有商业价值并经权利人采取相应保密措施的技术信息、经营信息等商业信息。

### 条文解读

**商业秘密** ➡ 商业秘密，是指不为公众所知悉、具有商业价值并经权利人采取相应保密措施的技术信息、经营信息等商业信息。

商业秘密应具备的法律要件：

1. 不为公众所知悉。这是指该信息不能从公开渠道直接获取。有关信息不为其所属领域的相关人员普遍知悉和容易获得，应当认定为"不为公众所知悉"。具有下列情形之一的，可以认定有关信息不构成不为公众所知悉：（1）该信息为其所属技术或者经济领域的人的一般常识或者行业惯例；（2）该信息仅涉及产品的尺寸、结构、材料、部件的简单组合等内容，进入市场后相关公众通过观察产品即可直接获得；（3）该信息已经在公开出版物或者其他媒体上公开披露；（4）该信息已通过公开的报告会、展览等方式公开；（5）该信息从其他公开渠道可以获得；（6）该信息无须付出一定的代价而容易获得。

2. 2017年修订后的《反不正当竞争法》完善了商业秘密的概念，删除了"营利性"要求，使得失败的实验数据成为商业秘密保护的客体，扩大了对知识产权的保护范围；对不正当获取商业秘密的手段增加了"欺诈"的内容；加强商业秘密保护，加大了对侵犯商业秘密行为的行政处罚力度。

3. 权利人采取保密措施。所谓保密措施，是指权利人为防止信息泄露所采取的与其商业价值等具体情况相适应的合理保护措施。人民法院应当根据所涉信息载体的特性、权利人保密的意愿、保密措施的可识别程度、他人通过正当方式获得的难易程度等因素，认定权利人是否采取了保密措施。具有下列情形之一，在正常情况下足以防止涉密信息泄露的，应当认定权利人采取了保密措施：（1）限定涉密信息的知悉范围，只对必须知悉的相关人员告知其内容；（2）对于涉密信息载体采取加锁等防范措施；（3）在涉密信息的载体上标有保密标志；（4）对于涉密信息采用密码或者代码等；（5）签订保密协议；（6）对于涉密的机器、厂房、车间等场所限制来访者或者提出保密要求；（7）确保信息秘密的其他合理措施。

**侵犯商业秘密的行为** ➡ （1）以盗窃、贿赂、欺诈、胁迫、电子侵入或者其他不正当手段获取权利人的商业秘密；（2）披露、使用或者允许他人使用以前项手段获取的权利人的商业秘密；（3）与权利人有业务关系的单位和个人违反合同约定或者违反权利人保守商业秘密的要求，披露、使用或者允许他人使用其所掌握的权利人的商业秘密；（4）教唆、引诱、帮助他人违反保密义务或者违反权利人有关保守商业秘密的要求，获取、披露、使用或者允许他人使用权利人的商业秘密；（5）权利人的职工违反合同约定或者违反权利人保守商业秘密的要求，披露、使用或者允许他人使用其所掌握的权利人的商业秘密；（6）第三人明知或者应当知道商业秘密是另外一个企业的员工或前员工以及其他单位或者个人通过不正当方式获取的，其再来使用的话，也属于侵犯商业秘密的行为。

**侵犯商业秘密的例外** ➡ 如果其他经营者通过独立研制或者反向工程等方式获得的商业秘密，则不属于侵犯商业秘密行为。所谓"反向工程"，是指通过技术手段对从公开渠道取得的产品进行拆卸、测绘、分析等而获得该产品的有关技术信息。但是，当事人以不正当手段知悉了他人的商业秘密之后，又以反向工程为由主张获取行为合法的，不予支持。

**实务应用**

**18.** 作为商业秘密予以保护的客户信息与一般客户信息，区分的界限是什么？[①]

在生产经营活动中，员工违背职业道德和商业伦理带走客户资源，企图用低成本获得竞争优势，成为困扰许多经营者的难题。客户名单的

---

[①] 参见《四川法院不正当竞争典型案例（2019-2021）》（2022年3月18日发布），四川某阀门制造有限公司与某油气工程技术有限公司、康某、童某某侵害商业秘密纠纷案，载四川省高级人民法院网 http://scfy.scssfw.gov.cn/article/detail/2022/03/id/6611465.shtml，最后访问日期：2024年11月21日。

价值在于其作为一种商业信息能够给经营者带来竞争优势，客户信息的稳定性越强，其商业价值越突出，受保护的可能性越大。认定是否构成客户名单不在于客户数量多少，而在于质量高低，即是否包含客户需求、交易习惯、经营规律、价格承受能力、采购意向等深度的客户信息。作为商业秘密予以保护的经营信息是一种综合信息，其中部分信息特别是浅层信息的公开并不意味着整个信息综合体的公开，故即使特定客户的企业名称、联系方式乃至于经营范围能在公开渠道查询到，也不能据此推定包含历史交易数据以及特定报价的客户信息已经公开。如果客户信息需要经过长期积累才能形成，非交易参与者未经努力将无从知晓，也很难在公开领域直接获得，且能够为经营者带来经济利益，则应作为商业秘密予以保护。

**案例指引**

### 31. 技术秘密许可合同约定的保密期间届满后，被许可人是否仍需承担保密义务？[①]

A公司的主营业务为饲料添加剂研发、生产、销售，其拥有盐酸胍-氯乙酸法的发明专利权，并将甘氨酸-单氰胺法作为技术秘密予以保护。2010年6月，A公司与B公司分别签订开发胍基乙酸项目的战略合作协议和委托加工协议，约定B公司为A公司加工饲料级胍基乙酸产品，并提供生产设备、场地等支持。协议同时明确，B公司应严格控制胍基乙酸生产技术外泄，也不得向第三方出售，否则应赔偿A公司的经济损失，合同及保密期限为三年。2012年6月，A公司将生产工艺提供给B公司。后双方于2014年6月终止合作关系。2016年下半年开始，A公司发现，C公司在宣传、销售其饲料级胍基乙酸产品时，宣称生产工艺

---

[①] 参见《人民法院反不正当竞争典型案例》（2022年11月17日发布），"胍基乙酸"侵害技术秘密纠纷案【最高人民法院（2020）最高法知民终621号】——被许可人保密义务的认定，载最高人民法院网 https://www.court.gov.cn/zixun/xiangqing/379711.html，最后访问日期：2024年11月21日。

来自 A 公司、B 公司或与两公司有关。同时，C 公司出具的产品分析报告显示，该公司销售的胍肌乙酸（饲料级）产品质量与战略合作协议相符。C 公司为 B 公司的关联企业。A 公司遂提起本案诉讼，主张 B 公司、C 公司共同侵害了 A 公司胍基乙酸产品的技术秘密，请求判令两公司停止侵权行为并连带赔偿经济损失及合理费用。一审法院认为，B 公司、C 公司的行为均构成对 A 公司涉案技术秘密的使用和披露，判决 B 公司、C 公司停止侵害并共同赔偿 A 公司经济损失。B 公司、C 公司不服，提起上诉。最高人民法院二审认为，结合本案具体证据和事实，可以认定在战略合作协议、委托加工协议约定的保密期限届满后，虽然 B 公司的约定保密义务终止，但其仍需承担侵权责任法意义上不得侵害他人合法权益的消极不作为义务，以及基于诚实信用原则产生的合同约定的保密期限届满后的附随保密义务；技术许可合同约定的保密期限届满后，B 公司仅可以自己使用相关技术秘密，不得许可他人使用、披露相关技术秘密。最高人民法院终审判决，撤销一审判决相关判项，改判 B 公司停止允许他人使用涉案技术秘密，C 公司停止使用涉案技术秘密，并共同赔偿 A 公司经济损失。

本案是制止侵害技术秘密行为的典型案例。二审判决明确，技术秘密许可合同约定的保密期间届满后，被许可人的约定保密义务终止，但其仍需承担不得侵害他人合法权益的个作为义务和基于诚实信用原则的附随保密义务。本案对于倡导诚实信用原则、加大商业秘密保护力度具有典型意义。

### 32. 明知是商业秘密权利人员工、前员工仍然使用其泄露的工艺配方和客户信息，行为如何认定？[①]

2019 年 11 月 12 日，连云港市市场监管局接日本独资企业连云港某

---

[①] 参见《江苏省反垄断反不正当竞争执法十大典型案例（2019-2022）》（2022 年 11 月 29 日发布），明知是商业秘密权利人员工、前员工仍然使用其泄露的工艺配方和客户信息被处罚——江苏某食品有限公司侵犯商业秘密案，载江苏法院网 http://www.jsfy.gov.cn/article/94696.html，最后访问日期：2024 年 11 月 21 日。

冷冻食品有限公司书面举报，称该公司南瓜蛋挞产品的商业秘密被该公司原技术开发科副科长张某和该公司销售部长马某某窃取并泄露给江苏某食品有限公司使用，请求市场监管部门依法查处。

经查，2019年2月至11月，举报人的销售部长马某某和前技术开发科副科长张某将该公司的客户信息和南瓜蛋挞工艺配方等商业秘密泄露给江苏某食品有限公司使用，生产出同类产品并销售给举报人的客户，导致举报人销售量严重下滑，造成一定的经济损失。当事人为马某某之妻联合其他四个股东成立，当事人明知道马某某、张某是举报人的在职员工和前员工，仍然使用马某某、张某提供的举报人的工艺配方、客户信息等商业秘密。当事人2019年10月开始生产涉案南瓜蛋挞，至案发时共销售974件，销售金额446092元，违法所得23190.94元。

当事人明知马某某、张某是举报人在职员工和前员工，仍使用马某某、张某提供的举报人的工艺配方、客户信息等商业秘密，违反了《反不正当竞争法》第9条第3款规定，根据《反不正当竞争法》第21条规定，执法机关决定责令当事人停止违法行为，并作出如下行政处罚：1.没收违法所得23190.94元；2.罚款50万元。（马某某和张某个人另案处理）

商业秘密是企业知识产权的重要组成部分，是企业的核心竞争力。加强商业秘密保护，有利于维护正常的市场竞争秩序，有助于树立公平、诚实、信用的市场经营理念。当前不少企业对于商业秘密保护认识不到位，对其拥有的各种不为公众所知悉的具有重大价值的技术信息、经营信息等商业信息未采取保密措施，造成了被侵权时无法正当维权。本案的举报人注重企业商业秘密保护，制定了相关保密制度，和员工签订了保密协议，对重要的文件都标注了密级等，为办案部门成功办理此案打下了基础。商业秘密保护工作任重道远，市场监管部门需要进一步加强对企业的培训力度，引导企业进一步增强商业秘密保护意识，提高主动防范、自我保护和依法维权能力。

**关联参见**

《反不正当竞争法》第17条、第21条、第32条；《刑法》第219条；《反垄断法》第49条、第66条；《关于禁止侵犯商业秘密行为的若干规定》；《最高人民法院关于审理侵犯商业秘密民事案件适用法律若干问题的规定》

第十条　【有奖销售禁止情形】经营者进行有奖销售不得存在下列情形：

（一）所设奖的种类、兑奖条件、奖金金额或者奖品等有奖销售信息不明确，影响兑奖；

（二）采用谎称有奖或者故意让内定人员中奖的欺骗方式进行有奖销售；

（三）抽奖式的有奖销售，最高奖的金额超过五万元。

**条文解读**

**有奖销售行为** ▶ 有奖销售，是指经营者以销售商品或者获取竞争优势为目的，向消费者提供奖金、物品或者其他利益的行为，包括抽奖式和附赠式等有奖销售。抽奖式有奖销售是指经营者以抽签、摇号、游戏等带有偶然性或者不确定性的方法，决定消费者是否中奖的有奖销售行为。附赠式有奖销售是指经营者向满足一定条件的消费者提供奖金、物品或者其他利益的有奖销售行为。

经营者为了推广移动客户端、招揽客户、提高知名度、获取流量、提高点击率等，附带性地提供物品、奖金或者其他利益的行为，属于有奖销售。

经营者在有奖销售前，应当明确公布奖项种类、参与条件、参与方式、开奖时间、开奖方式、奖金金额或者奖品价格、奖品品名、奖品种类、奖品数量或者中奖概率、兑奖时间、兑奖条件、兑奖方式、奖品交付方式、弃奖条件、主办方及其联系方式等信息，不得变更，不得附加条件，不得影响兑奖，但有利于消费者的除外。在现场即时开奖的有奖销售活动中，对超过500元奖项的兑奖情况，应当随时公示。

奖品为积分、礼券、兑换券、代金券等形式的，应当公布兑换规则、使用范围、有效期限以及其他限制性条件等详细内容；需要向其他经营者兑换的，应当公布其他经营者的名称、兑换地点或者兑换途径。

经营者推销商品时，有的声称免费送货或免费安装，是一种服务方式。只要其真实，符合竞争的要求，即不违反《反不正当竞争法》规定。

**不正当有奖销售行为** ▶ 经营者进行有奖销售，不得采用以下谎称有奖的方式：(1) 虚构奖项、奖品、奖金金额等；(2) 仅在活动范围中的特定区域投放奖品；(3) 在活动期间将带有中奖标志的商品、奖券不投放、未全部投放市场；(4) 将带有不同奖金金额或者奖品标志的商品、奖券按不同时间投放市场；(5) 未按照向消费者明示的信息兑奖；(6) 其他谎称有奖的方式。

经营者进行有奖销售，不得采用让内部员工、指定单位或者个人中奖等故意让内定人员中奖的欺骗方式。

抽奖式有奖销售最高奖的金额不得超过5万元。有下列情形之一的，认定为最高奖的金额超过5万元：(1) 最高奖设置多个中奖者的，其中任意一个中奖者的最高奖金额超过5万元；(2) 同一奖券或者购买一次商品具有两次或者两次以上获奖机会的，累计金额超过5万元；(3) 以物品使用权、服务等形式作为奖品的，该物品使用权、服务等的市场价格超过5万元；(4) 以游戏装备、账户等网络虚拟物品作为奖品的，该物品市场价格超过5万元；(5) 以降价、优惠、打折等方式作为奖品的，降价、优惠、打折等利益折算价格超过5万元；(6) 以彩票、抽奖券等作为奖品的，该彩票、抽奖券可能的最高奖金额超过5万元；(7) 以提供就业机会、聘为顾问等名义，并以给付薪金等方式设置奖励，最高奖金额超过5万元；(8) 以其他形式进行抽奖式有奖销售，最高奖金额超过 5 万元。

**实务应用**

**19.** 手机游戏比赛中安排机器人 ID 参加比赛并占据榜首，是否构成不正当有奖销售？[①]

21 世纪以来，游戏行业飞速发展，而手游更是在最近几年从竞争激烈的网络游戏产业中脱颖而出，成为行业中的领跑者。与此同时，手游也成了部分不良商家进行虚假宣传、虚设奖品、虚假促销等活动骗取消费者价款、违法获取并利用消费者个人信息的非法牟利工具。

例如，手机游戏比赛中安排机器人 ID 参加比赛，利用机器人算力比人脑更快、不需要休息、参赛牌局数量远远多于真实玩家等优势，让机器人 ID 霸占"免费赢奖"比赛的获奖排行榜前几位，从而避免真实玩家获得实物奖励，并引诱玩家通过充值来购买积分，此行为违反了《反不正当竞争法》第 10 条第 2 项规定。手机游戏有奖比赛通过奖品的刺激，吸引并沉淀用户资源，并通过广告植入、虚拟道具销售等渠道回收服务成本、实现盈利，以获取用户流量、交易机会，事实上构成了有奖销售行为。

**案例指引**

**33.** 抽奖的奖品实物与图片不一致且差距较大，是否违法？[②]

Y 公司在微信公众号"趣游亲子游泳俱乐部"举办抽奖活动，参与

---

[①] 参见《江苏省反垄断反不正当竞争执法十大典型案例（2019-2022）》（2022 年 11 月 29 日发布），手机游戏比赛中采用谎称有奖的欺骗方式构成不正当有奖销售行为被处罚——宜兴某文化互娱有限公司不正当有奖销售案，载江苏法网 http：//www.jsfy.gov.cn/article/94696.html，最后访问日期：2024 年 11 月 21 日。

[②] 参见《人民法院反不正当竞争典型案例》（2022 年 11 月 17 日发布），"微信抽奖"有奖销售行政处罚案【江苏省苏州市吴江区人民法院（2021）苏 0509 行初 44 号】——违法有奖销售行为的认定，载最高人民法院网 https：//www.court.gov.cn/zixun/xiangqing/379711.html，最后访问日期：2024 年 11 月 21 日。

者需要填写个人信息，如转发朋友圈邀请他人报名还可获得额外抽奖机会。王某夫妻抽中终极大奖，但领奖后发现奖品实物与公众号发布的图片不一致，且差距较大，故向江苏省苏州市吴江区市场监管局举报。该局调查后认定，Y公司兑奖宣传页面未明确奖品的价格、品牌等具体信息，导致消费者对奖品实际价格认知产生分歧，Y公司的行为违反《反不正当竞争法》第10条第1项规定，遂责令其停止违法行为并处以罚款。Y公司不服处罚决定，提起行政诉讼。人民法院判决认为，Y公司举办的微信抽奖活动虽不以消费为前提，但目的在于扩大公司知名度，宣传商品或服务，发掘潜在客户、获取更大利润，实质上是一种有奖销售活动，应当受到《反不正当竞争法》规制。市场监管部门认定Y公司举办的微信抽奖活动属于有奖销售并无不当，遂判决驳回Y公司的诉讼请求。一审宣判后，各方当事人均未上诉。

本案是规制不正当有奖销售行为的典型案例。判决立足《反不正当竞争法》的立法目的，认定以截取流量、获取竞争优势为目的的微信抽奖活动属于有奖销售，并依法支持行政机关对奖品信息不明确、实际奖品与发布的图片不一致、欺诈消费者的有奖销售行为认定为不正当竞争行为并进行行政处罚，对建立诚实信用、公平有序的互联网服务市场秩序，保护消费者利益具有积极意义。

**关联参见**

《反不正当竞争法》第22条；《规范促销行为暂行规定》；《明码标价和禁止价格欺诈规定》第19条；《国家工商行政管理局关于抽奖式有奖销售认定及国家工商行政管理局对〈反不正当竞争法〉具体应用解释权问题的答复》

**第十一条　【不得损害商誉】** 经营者不得编造、传播虚假信息或者误导性信息，损害竞争对手的商业信誉、商品声誉。

#### 条文解读

**商誉** ➡ 商誉,是指社会公众对某一生产经营者的生产经营管理水平、资信状况、商品和服务质量等的综合评价。

特征:(1)商誉是一种无形资产,包含着巨大的财产利益;(2)商誉依附于企业,不能离开企业整体而单独存在;(3)商誉是顾客(包括潜在顾客)对企业的整体客观评价;(4)商誉形成缓慢,丧失迅速。

**商业诋毁行为** ➡ 商业诋毁行为,是指经营者自己或利用他人,通过捏造、散布虚假事实等不正当手段,对竞争对手的商业信誉、商品声誉进行恶意的诋毁、贬低,以削弱其市场竞争能力,并为自己谋取不正当利益的行为。

表现形式:一是利用口头或书面的形式制造、散布诋毁、贬低他人的虚假信息;二是以片面性的、夸张性的不当说法影射他人的商业信誉或产品声誉,达到贬低他人商誉的目的。

构成要件:(1)主体是《反不正当竞争法》规定的经营者,即从事商品生产、经营或者提供服务的自然人、法人和非法人组织;(2)主观方面为故意,而不是过失;(3)客体是特定经营者即作为行为人竞争对手的经营者的商业信誉、商品声誉;(4)客观方面表现为编造、传播虚假信息或者误导性信息,对竞争对手的商业信誉、商品声誉进行诋毁、贬低,给其造成或可能造成一定的损害后果。

#### 实务应用

**20.** 电商领域如何区分合理维权与恶意投诉?[①]

区分合理维权与恶意投诉的标准主要在于维权手段是否正当和是否

---

[①] 参见《四川法院不正当竞争典型案例(2019-2021)》(2022年3月18日发布),于某某与兰某、张某某、阿某(中国)有限公司商业诋毁纠纷案,载四川省高级人民法院网 http://scfy.scssfw.gov.cn/article/detail/2022/03/id/6611465.shtml,最后访问日期:2024年11月21日。

具有主观恶意。例如，在明知以真实的商标注册证进行投诉不能达到目的情况下，将商标注册证进行伪造后向网购平台进行投诉，维权手段具有不正当性，主观恶意明显，即可认定构成《反不正当竞争法》规定的商业诋毁。网络店铺的销售模式不同于线下实体店，网店若受到平台处罚，则其在流量引入、活动参与等方面将受到较大影响，即使处罚的时间较短、处罚的商品种类单一，该处罚也将影响网店商品的整体销售，故恶意投诉与网店销量下降之间具有因果关系。

**21.** 网络评测中如何判断正当对比和商业诋毁的边界？[①]

"网络评测"属于互联网时代新型商业模式。例如，某公司通过测速网为用户提供网络速度测试服务，在其测速网上向特定范围内的宽带用户定向推送对比广告，具体内容为："经测速网分析，当前城市的A公司宽带网速超出B公司宽带网速58.95%，本地区A公司宽带网速更快、网络更稳，玩游戏更流畅、直播无延迟""您当前的运营商为B公司。经大数据分析，本市平均网速低于A公司57.94%，建议更换网络"等。该公司的行为是否构成不正当竞争呢？

事实上，上述行为属于利用网速评测方式进行商业诋毁的典型方式。网速评测结果应满足可比性原则，以此作为网络评测中正当广告对比和商业诋毁的边界。即判断上述广告中的信息内容时应当根据相关对比数值是否具有可比性，并结合上述广告中的宣传内容是否客观全面予以综合判断。具体而言，具有可比性的对比数值需满足数据来源客观、数据统计口径一致、数据计算方法科学等要求。首先，关于数据来源的客观性。影响网速的因由众多，同一用户标准下，通过有线接入进行网速测量能够最大限度降低和排除客观因素对网速测量结果的影响，如未区分测速用户宽带接入方式，则测量结果不能完全反映不同公司网速的

---

[①] 参见《网络不正当竞争十大典型案例》（2022年8月23日发布），网络评测中正当对比和商业诋毁的边界——中国某通信集团浙江公司与某科技（济南）公司不正当竞争案，载微信公众号"杭州中院"https://mp.weixin.qq.com/s/SgUWg3tEK_hlaauX_kWOZA，最后访问日期：2024年11月21日。

实际速率。其次，关于数据口径的合理性和计算方式的科学性。签约带宽的不同会对网速测量结果产生影响，如未对签约带宽进行区分而仅是依据用户实际测速结果进行算数平均计算，该种将数据样本不区分维度、进行算数平均数得出测量结果本身不符合对比分析的可对比性原则。由此可见，上述广告发布时未说明计算依据和计算方式，亦未提示该对比数值的得出未排除变素的影响。前述测速网在数据样本采集及统计分析方式上存在瑕疵，涉案广告以此对比数值为依据，进而采用以偏概全的宣传方式，误导消费者，该评述具有不正当性，属于误导性信息。

## 案例指引

### 34. 将未定论的状态作为已定论的事实进行宣传散布，是否构成商业诋毁？[①]

A 公司认为，B 公司在多个媒体平台通过主持微博话题讨论、召开新闻发布会等形式明示或暗示 A 公司生产、销售的"X 晶盾不锈钢炒锅"侵害其"蜂窝不粘锅"专利权，损害 A 公司的商业信誉，构成商业诋毁。C 公司与 B 公司在人员、业务、财务等方面交叉混同，应对被诉行为承担连带责任。A 公司遂诉至法院，请求判令 B 公司、C 公司停止侵害、消除影响、赔偿经济损失及合理费用。一审法院认为，B 公司将未定论的状态作为已定论的事实进行宣传散布，宣称 A 公司模仿其专利，超出了正当维权的范畴，构成商业诋毁。遂判令 B 公司停止侵害、消除影响并赔偿 A 公司经济损失及合理支出共 300 万元。A 公司与 B 公司均不服，提起上诉。浙江省高级人民法院二审判决维持关于判令 B 公司消除影响、赔偿损失的判项，并加判 B 公司立即停止传播、编造虚假

---

[①] 参见《人民法院反不正当竞争典型案例》（2022 年 11 月 17 日发布），"不粘锅"商业诋毁纠纷案【浙江省高级人民法院（2021）浙民终 250 号】——商业诋毁行为的认定，载最高人民法院网 https://www.court.gov.cn/zixun/xiangqing/379711.html，最后访问日期：2024 年 11 月 21 日。

信息或误导性信息的行为（立即删除相应平台发布的内容）。

本案是规制经营者实施商业诋毁行为的典型案例。涉案商业诋毁行为的传播渠道既包括传统媒体，也包括微博、直播等网络途径。本案从裁判内容到判决执行乃至采取司法处罚等各环节，充分体现了人民法院依法严厉制裁商业诋毁行为、维护公平竞争市场秩序的司法导向。

**关联参见**

《反不正当竞争法》第 23 条；《民法典》第 110 条、第 179 条、第 1024 条；《刑法》第 221 条

**第十二条** 【互联网不正当竞争行为】经营者利用网络从事生产经营活动，应当遵守本法的各项规定。

经营者不得利用技术手段，通过影响用户选择或者其他方式，实施下列妨碍、破坏其他经营者合法提供的网络产品或者服务正常运行的行为：

（一）未经其他经营者同意，在其合法提供的网络产品或者服务中，插入链接、强制进行目标跳转；

（二）误导、欺骗、强迫用户修改、关闭、卸载其他经营者合法提供的网络产品或者服务；

（三）恶意对其他经营者合法提供的网络产品或者服务实施不兼容；

（四）其他妨碍、破坏其他经营者合法提供的网络产品或者服务正常运行的行为。

**条文解读**

互联网不正当竞争行为的特点是，利用技术手段，通过影响用户选择或其他方式，妨碍、破坏其他经营者合法提供的网络产品或服务的正常运行。技术的特殊性导致互联网领域的技术竞争更容易产生权利边界

不清的问题。如何厘清合法与非法、竞争与不正当竞争，还需要在执法过程中进一步探索和分析。

在执法过程中，对于互联网领域的竞争一般采取审慎包容的态度，既要鼓励创业、创新，也要维护好市场竞争秩序，这两个方面缺一不可。此外，对互联网领域不正当竞争行为的判断，需要较高的技术支持。政府要提高自身的监管能力，也要积极广泛地运用各方面资源，形成全社会共治的监管局面。

强制进行目标跳转是指未经其他经营者和用户同意而直接发生的目标跳转。仅插入链接，目标跳转由用户触发的，人民法院应当综合考虑插入链接的具体方式、是否具有合理理由以及对用户利益和其他经营者利益的影响等因素，认定该行为是否违反本条第 2 款第 1 项的规定。

## 实务应用

### 22. 通过技术手段干扰手机 APP 的运行，是否构成不正当竞争？[①]

为争夺用户和流量，通过技术手段干扰手机 APP 的运行，对网络用户原本选定的其他经营者提供的网络产品或者服务，实施访问或浏览目标跳转，最终致使用户无法选择该经营者提供的网络产品或服务，构成网络流量劫持行为。该行为对用户的网络访问和浏览构成了强迫，剥夺了消费者的知情权和自由选择权，损害了消费者的合法利益，且不当地攫取了原本属于其他经营者的网络流量和商业机会，损害了其他经营者的合法竞争性利益，构成不正当竞争。

---

① 参见《网络不正当竞争十大典型案例》（2022 年 8 月 23 日发布），利用手机 APP 唤醒策略实施流量劫持——浙江某网络公司、某（中国）软件公司与北京某科技公司不正当竞争案，载微信公众号 "杭州中院" https://mp.weixin.qq.com/s/SgUWg3tEK_hlaauX_kWOZA，最后访问日期：2024 年 11 月 21 日。

### 23. 直播流量造假，是否构成不正当竞争？[①]

直播场控软件的开发、运营主体通过操控真实批量的短视频平台账号提供虚假刷流量、涨粉、刷弹幕等操作方式，帮助网络主播实现虚假宣传的目的，影响平台数据和直播热度的真实性，该种扰乱市场竞争秩序的行为存在我国《反不正当竞争法》第8条第2款所规制的虚假宣传行为和该法第12条第2款第4项"互联网专条"兜底条款的互联网不正当竞争行为的竞合。就同一不正当竞争行为而言，应优先适用分则条款进行审查，并择其一予以规制。通过分析上述行为特征和行为目的，宜认定为虚假宣传行为。

### 24. 通过技术手段以自动抢红包替代手动抢红包，是否构成不正当竞争？[②]

通过技术手段以自动抢红包替代手动抢红包，系对开放平台模式下的系统功能进行异化使用，该种恶意"寄生"于他人合法商业模式下的不当行为构成不正当竞争行为。适用我国《反不正当竞争法》互联网专条的兜底条款时应从以下四方面进行评价：行为人是否利用网络技术手段实施被诉行为；被诉行为是否有悖诚实信用原则和商业道德且不具有合理理由；被诉行为是否违背其他经营者意愿并导致其合法提供的网络产品或服务无法正常运行；被诉行为是否扰乱市场竞争秩序并损害消费者的合法权益。

---

① 参见《网络不正当竞争十大典型案例》（2022年8月23日发布），网络直播流量造假行为的司法规制——北京某科技公司与杭州某技术公司、程某某不正当竞争案，载微信公众号"杭州中院"https：//mp.weixin.qq.com/s/SgUWg3tEK_hlaauX_kWOZA，最后访问日期：2024年11月21日。

② 参见《网络不正当竞争十大典型案例》（2022年8月23日发布），平台算法机制下自动抢红包行为的司法规制——深圳某计算机公司、某科技（深圳）公司与杭州某科技公司、杭州某艺术公司不正当竞争案，载微信公众号"杭州中院"https：//mp.weixin.qq.com/s/SgUWg3tEK_hlaauX_kWOZA，最后访问日期：2024年11月21日。

## 案例指引

### 35. "陪伴式"直播是否构成不正当竞争?[①]

经国际奥委会和中央电视台授权,央视公司在中国境内享有通过信息网络提供中央电视台制作、播出的第31届里约奥运会电视节目实时转播、延时转播、点播服务的专有权利。里约奥运会期间,央视公司发现新某公司、盛某公司未经许可,将"正在视频直播奥运会"等作为百度推广的关键词,吸引用户访问其网站并下载"直播TV浏览器",可直接观看央视公司直播的奥运赛事。此外,两公司还在网站设置"奥运主播招募"栏目,鼓励用户充值打赏支持主播直播奥运会,吸引用户下载"直播TV浏览器",引导用户进入专门直播间后,以"嵌套"的方式呈现央视公司转播奥运会节目的内容,向用户提供主播陪伴式奥运赛事"直播",并借此牟利。央视公司以新某公司、盛某公司的上述行为构成不正当竞争为由提起诉讼,请求两公司赔偿经济损失500万元。北京市东城区人民法院一审认为,两公司作为专业的体育赛事直播平台经营者,以"搭便车"为目的,通过实施被诉侵权行为获取不当的商业利益与竞争优势,构成不正当竞争,遂判决全额支持央视公司的诉讼请求。新某公司、盛某公司不服一审判决提起上诉,北京知识产权法院二审判决驳回上诉、维持原判。

本案是规范网络直播平台不正当竞争行为的典型案例。人民法院坚持保护合法权益与激励创新并重的原则,为经营者划定行为界限,为直播行业等网络新业态、新模式的发展提供行为指引,彰显了人民法院加大奥运知识产权司法保护力度、营造法治化营商环境的鲜明态度。

---

① 参见《人民法院反不正当竞争典型案例》(2022年11月17日发布),"陪伴式"直播不正当竞争纠纷案【北京市东城区人民法院(2016)京0101民初22016号】——涉直播不正当竞争行为的认定,载最高人民法院网 https://www.court.gov.cn/zixun/xiangqing/379711.html,最后访问日期:2024年11月21日。

## 36. 经营者利用技术手段，绕过互联网商业模式的技术限制，是否构成不正当竞争？[①]

优酷公司是"优酷网"的运营者。2020年10月15日，优酷公司发现A公司在其运营的微信公众号中内嵌了B公司所有的网址，通过在其"网屋生活集结地"中设置"熊猫追剧院"栏目，提供视频搜索功能，用户可在无须登录或开通会员账号的前提下，直接播放优酷公司网站中所有视频节目，包括免费视频、会员视频、付费视频等，并去除了视频播放前及暂停中的广告。优酷公司认为A公司与B公司共同实施侵权行为，严重影响了优酷公司正版视频网站的正常运营和收入，侵害了优酷公司的合法权益，构成不正当竞争，故请求法院判决两公司停止侵权并连带赔偿优酷公司经济损失及合理费用共计100万元。

成都市中级人民法院经审理认为，优酷公司向消费者提供会员独播视频、免费视频加广告、会员免广告等服务，通过在视频片头播放一定时间的贴片广告并收取广告费，该商业模式并不违反法律禁止性规定，其所获得的合法经营利益应当受到法律的保护。A公司与B公司共同向相关公众提供优酷视频在线观看和下载服务，并绕过对会员专享视频的播放限制，且在播放中屏蔽了贴片广告、暂停广告，用户无须再接受优酷公司设置的诸如会员付费等服务前提条件并做出相应的选择。A公司与B公司的行为本质上属于利用技术手段妨碍、破坏其他经营者网络产品或者服务的正常运行，在非法损害他人正当经营的基础上为自身谋取不当利益的不正当竞争行为，故判决A公司与B公司赔偿优酷公司经济损失与合理开支共计42万元。一审宣判后，当事人均未提出上诉，一审判决已发生法律效力。

互联网领域新类型不正当竞争纠纷频发，本案为典型的互联网不正

---

[①] 参见《四川法院不正当竞争典型案例（2019-2021）》（2022年3月18日发布），优酷信息技术（北京）有限公司与成都A公司、B信息咨询（成都）有限公司不正当竞争纠纷案，载四川省高级人民法院网 http://scfy.scssfw.gov.cn/article/detail/2022/03/id/6611465.shtml，最后访问日期：2024年11月21日。

当竞争纠纷案件。对于商业模式,法律并未创设一种单独的权利,而是通过禁止的角度来保护。视频网站经营者付出成本获得影视剧相关版权,再通过会员独播视频、免费视频加广告、在视频片头播放一定时间的贴片广告等商业模式,使得视频网站经营者、互联网用户与广告主各取所需,形成有序的利益分配和循环。该商业模式不违反法律禁止性规定,且已成为当前视频网站常见的商业模式之一,通过该商业模式所获得的合法经营利益应当受到法律的保护。

若经营者利用技术手段,绕过互联网商业模式的技术限制,或者采取技术手段屏蔽广告,使用户无须再接受服务设置的前提条件而直接获得了相应服务内容,则会使得该商业模式的目的无法实现,不但损害了互联网服务商的预期利益,还将导致消费者获取服务的成本增加,并造成消费者的选择机会减少,最终损害消费者的利益,构成不正当竞争。本案就互联网领域商业模式是否属于受《反不正当竞争法》保护的法益,干扰互联网领域商业模式的行为是否构成不正当竞争进行了厘清,对营造有利于数字经济发展的法治环境有积极意义。

## 关联参见

《反不正当竞争法》第 24 条;《规范互联网信息服务市场秩序若干规定》第 5 条、第 7 条、第 8 条

## 第三章 对涉嫌不正当竞争行为的调查

**第十三条 【监督检查措施】** 监督检查部门调查涉嫌不正当竞争行为,可以采取下列措施:

(一)进入涉嫌不正当竞争行为的经营场所进行检查;

(二)询问被调查的经营者、利害关系人及其他有关单位、个人,要求其说明有关情况或者提供与被调查行为有关的其他资料;

(三)查询、复制与涉嫌不正当竞争行为有关的协议、账簿、单据、文件、记录、业务函电和其他资料;

（四）查封、扣押与涉嫌不正当竞争行为有关的财物；

（五）查询涉嫌不正当竞争行为的经营者的银行账户。

采取前款规定的措施，应当向监督检查部门主要负责人书面报告，并经批准。采取前款第四项、第五项规定的措施，应当向设区的市级以上人民政府监督检查部门主要负责人书面报告，并经批准。

监督检查部门调查涉嫌不正当竞争行为，应当遵守《中华人民共和国行政强制法》和其他有关法律、行政法规的规定，并应当将查处结果及时向社会公开。

## 条文解读

监督检查调查涉嫌不正当竞争行为的措施包括：

1. 进入经营场所检查。监督检查部门在调查不正当竞争行为时，有权进入涉嫌不正当竞争行为的经营场所进行检查。

2. 询问相关人员。监督检查部门有权询问被调查的经营者、利害关系人及其他有关单位、个人，并要求说明情况及提供证明材料或者与涉嫌不正当竞争行为有关的其他资料。

3. 查询、复制相关资料。监督检查部门有权查询、复制与不正当竞争行为有关的协议、账簿、单据、文件、记录、业务函电等，以提取书证或有关视听资料。

4. 查封、扣押相关财物。监督检查部门有权查封、扣押与涉嫌不正当竞争行为有关的财物，以提取物证及制作现场笔录。

5. 查询银行账户。监督检查部门有权查询涉嫌不正当竞争行为的经营者的银行账户及与存款有关的会计凭证、账簿、对账单等。本条第2款对采取相关调查措施规定了书面报告制度。即采取调查措施，应当向监督检查部门主要负责人书面报告，采取查封、扣押相关财物以及查询银行账户的措施，应当向设区的市级以上人民政府监督检查部门主要负责人书面报告，并经批准。这是因为，一些措施如查封、扣押财物和查询银行账户等，对企业生产经营活动影响很大，应当对其实施予以慎重。

本条第 3 款规定了监督检查部门采取调查措施时，应当遵守相关法律、行政法规的规定，如《行政强制法》，并应当将查处结果及时向社会公开，满足公众的知情权。

### 关联参见

《反垄断法》第 47 条

第十四条　【被调查者义务】监督检查部门调查涉嫌不正当竞争行为，被调查的经营者、利害关系人及其他有关单位、个人应当如实提供有关资料或者情况。

### 条文解读

本条是关于被调查对象如实提供有关资料或者情况的义务的规定。

**利害关系人；其他有关单位、个人** ➡ 本条规定的如实提供有关资料或者情况的义务主体是"被调查的经营者、利害关系人及其他有关单位、个人"。这里的"利害关系人"的情况比较复杂，其具体范围无法通过立法明确规定，应当在具体案件中具体情况具体分析，例如混淆行为中被侵权的权利人、商业秘密受到侵犯的权利人、商业信誉受到诋毁的竞争对手、有奖销售中利益受损害的消费者、合法提供的网络产品或服务受到妨碍破坏的经营者等，都属于"利害关系人"。"其他有关单位、个人"主要是与涉嫌不正当竞争行为有一定关系的、为案件调查所必需的单位和个人。

**有关资料或者情况** ➡ 本条规定的需要如实提供的"有关资料或者情况"，对于被调查的经营者来说，主要是与涉嫌不正当竞争行为有关的协议、账簿、单据、文件、记录、业务函电和其他有关业务资料或者情况。对于利害关系人来说，主要是其权益受到不正当竞争行为损害的相关证据材料或者情况。对于其他有关单位、个人来说，是和涉嫌不正当竞争行为直接相关的资料或者情况。

**拒不配合的法律责任** ▶ 对不如实提供有关资料或者情况、拒不配合反不正当竞争监督检查部门调查的单位和个人，应当依法追究其法律责任。按照本法第 28 条规定，妨害监督检查部门依照本法履行职责，拒绝、阻碍调查的，由监督检查部门责令改正，对个人可以处 5000 元以下的罚款，对单位可以处 50000 元以下的罚款，并可以由公安机关依法给予治安管理处罚。

### 关联参见

《反不正当竞争法》第 28 条

**第十五条　【检查部门及人员保密义务】** 监督检查部门及其工作人员对调查过程中知悉的商业秘密负有保密义务。

### 条文解读

本条规定了监督检查部门及其工作人员在对不正当竞争行为的调查过程中知悉的商业秘密负有保密义务。

我国《公务员法》规定，公务员应当履行忠于职守、勤勉尽责，保守国家秘密和工作秘密等义务。监督检查部门及其工作人员在调查过程中知悉的当事人的商业秘密属于工作秘密的一部分，应当予以保密。在反不正当竞争调查过程中，监督检查部门及其工作人员应当严格遵守职业操守，对执行职务时知悉的商业秘密予以保密，既不能泄露给他人，也不能利用其牟取不正当利益。因此，本条规定，监督检查部门及其工作人员对调查过程中知悉的商业秘密负有保密义务。对监督检查部门的工作人员违反保密义务，泄露调查过程中知悉的商业秘密的，将依照本法第 30 条的规定依法给予处分。

我国法律法规明确规定有关行为主体对商业秘密权利人承担保密义

务的情形还主要包括：律师、会计师、技术鉴定人员等社会中介服务人员对当事人应承担保密义务；市场监管、税务、公安、生态环境等国家机关工作人员对依法执行职务而知悉的商业秘密承担保密义务；企业管理人员或其他员工对在工作中知悉的用人单位的商业秘密承担保密义务；法官、检察官、仲裁员对在司法或仲裁过程中知悉的商业秘密承担保密义务；当事人在订立合同过程中知悉对方的商业秘密不论合同关系是否成立均应承担保守对方商业秘密的义务。

### 关联参见

《反不正当竞争法》第 9 条、第 30 条；《公务员法》第 14 条

第十六条 【举报制度】对涉嫌不正当竞争行为，任何单位和个人有权向监督检查部门举报，监督检查部门接到举报后应当依法及时处理。

监督检查部门应当向社会公开受理举报的电话、信箱或者电子邮件地址，并为举报人保密。对实名举报并提供相关事实和证据的，监督检查部门应当将处理结果告知举报人。

### 条文解读

本条是关于不正当竞争行为举报制度的规定。

对于涉嫌不正当竞争的行为，本条规定了任何单位或者个人都有权向监督检查部门举报。

按照本条第 2 款的规定，监督检查部门在举报工作中应当做到以下几点：

1. 公开举报的联系方式。为了方便社会公众举报不正当竞争行为，监督检查部门应当向社会公开受理举报的电话、信箱或者电子邮件地址。监督检查部门要充分利用影响面较广的电视、广播、报刊、互联网、宣传牌和宣传单等各种途径公开举报的联系方式，对不正当竞争举

报联系方式进行宣传，让公众尽可能地知悉。

2. 为举报人保密。举报人举报不正当竞争行为，是承担了很大风险的，如果让被举报的一方知晓，可能会遭到打击报复。因此，为了保护举报人的安全和积极性，反不正当竞争监督检查部门应当对举报人的信息和有关情况予以保密，不能泄露。

3. 落实实名、有据举报。举报能否得到调查核实，能否得到落实反馈，是举报人十分关心的问题。特别是实名并提供相关事实和证据的举报，一般可信程度较高，实施了不正当竞争行为的可能性较大。如果得不到落实和反馈，必将极大地损害举报人的积极性，使公众丧失对举报工作的信心，最终会瓦解社会监督的作用。因此，对实名举报并提供相关事实和证据的，监督检查部门无论作出何种处理决定，均应当将处理结果告知举报人。

**关联参见**

《反不正当竞争法》第5条

## 第四章 法律责任

**第十七条** 【民事赔偿及范围】经营者违反本法规定，给他人造成损害的，应当依法承担民事责任。

经营者的合法权益受到不正当竞争行为损害的，可以向人民法院提起诉讼。

因不正当竞争行为受到损害的经营者的赔偿数额，按照其因被侵权所受到的实际损失确定；实际损失难以计算的，按照侵权人因侵权所获得的利益确定。经营者恶意实施侵犯商业秘密行为，情节严重的，可以在按照上述方法确定数额的一倍以上五倍以下确定赔偿数额。赔偿数额还应当包括经营者为制止侵权行为所支付的合理开支。

经营者违反本法第六条、第九条规定，权利人因被侵权所受到的实际损失、侵权人因侵权所获得的利益难以确定的，由人民法院根据侵权行为的情节判决给予权利人五百万元以下的赔偿。

## 条文解读

赔偿额的计算标准主要有两种：（1）被侵权人在被侵权期间因被侵权所受到的实际损失。（2）实际损失难以计算的，按照侵权人因侵权所获得的利益确定。赔偿数额应当包括经营者为制止侵权行为所支付的合理开支。

需要注意以下几点：（1）人民法院对于侵犯商业秘密行为判决停止侵害的民事责任时，停止侵害的时间一般持续到该项商业秘密已为公众知悉时为止。依据规定判决停止侵害的时间如果明显不合理的，可以在依法保护权利人该项商业秘密竞争优势的情况下，判决侵权人在一定期限或者范围内停止使用该项商业秘密。（2）确定《反不正当竞争法》第9条规定的侵犯商业秘密行为的损害赔偿额，可以参照确定侵犯专利权的损害赔偿额的方法进行；确定《反不正当竞争法》第6条、第8条、第11条规定的不正当竞争行为的损害赔偿额，可以参照确定侵犯注册商标专用权的损害赔偿额的方法进行。因侵权行为导致商业秘密已为公众所知悉的，应当根据该项商业秘密的商业价值确定损害赔偿额。商业秘密的商业价值，根据其研究开发成本、实施该项商业秘密的收益、可得利益、可保持竞争优势的时间等因素确定。（3）确定《反不正当竞争法》第6条、第9条规定的不正当竞争行为的损害赔偿额，若权利人因被侵权所受到的实际损失、侵权人因侵权所获得的利益难以确定的，由人民法院根据侵权行为的情节判决给予权利人500万元以下的赔偿。这里所说的"侵权行为的情节"，主要是指侵权行为人的主观过错程度、采用的侵权手段和方式、侵权行为持续的时间、给权利人造成损害的程度等。

**关联参见**

《民法典》第 176 条、第 179 条

第十八条 【混淆行为的责任】经营者违反本法第六条规定实施混淆行为的,由监督检查部门责令停止违法行为,没收违法商品。违法经营额五万元以上的,可以并处违法经营额五倍以下的罚款;没有违法经营额或者违法经营额不足五万元的,可以并处二十五万元以下的罚款。情节严重的,吊销营业执照。

经营者登记的企业名称违反本法第六条规定的,应当及时办理名称变更登记;名称变更前,由原企业登记机关以统一社会信用代码代替其名称。

**条文解读**

按照本条第 1 款的规定,经营者违反本法第 6 条的规定实施混淆行为的,由监督检查部门给予下列行政处罚:

1. 责令停止违法行为。即责令违法的经营者立即停止混淆行为,以防止损害后果的扩大。

2. 没收违法商品。即没收经营者因实施混淆行为所生产或者经营的引人误认为是他人商品或者与他人存在特定联系的侵权商品。

3. 罚款。即对违法经营额 5 万元以上的,可以并处违法经营额 5 倍以下的罚款。对没有违法经营额或者违法经营额不足 5 万元的,可以并处 25 万元以下的罚款,是否并处罚款以及罚款的具体数额,由监督检查部门根据违法行为的事实、性质、情节等因素来决定。这里的"违法经营额"是指行为人在实施混淆行为过程中,所制造、存储、运输、销售的侵权产品的价值。

4. 吊销营业执照。即对违法情节严重的经营者,除上述行政处罚外,并处吊销营业执照。任何经营者从事商品生产、经营或者提供服务

都需要取得营业执照，吊销营业执照对于公民个人来说，意味着他不能再从事营业执照所列的经营范围内的业务。对于法人来说，意味着其法人资格的丧失，即丧失了法人的权利能力和行为能力。

按照本条第2款的规定，经营者登记的企业名称违反本法第6条规定的，应当及时办理名称变更登记；名称变更前，由原企业登记机关以统一社会信用代码代替其名称。企业名称是区别不同市场主体的标志，我国对企业名称实行登记注册制度，以保护企业名称，经营者必须使用经核准登记注册的企业名称从事生产经营活动。因此，经营者登记的企业名称违反本法第6条规定擅自使用他人具有一定影响的企业名称的，应当及时向企业登记机关办理名称变更登记。鉴于我国以统一社会信用代码和相关基本信息作为法人和其他组织的"数字身份证"，作为企业身份识别的一种手段，在企业名称变更前，为了便于识别身份，由原企业登记机关以统一社会信用代码代替该企业名称。

### 案例指引

**37.** 销售与他人产品构成混淆的商品，如何承担法律责任？[①]

张百年公司系"张百年"及"虎镖"注册商标的专用权人以及"张百年牌虎镖痛可贴"系列产品商品名称及包装权益的享有者。根据在先刑事判决的认定，徐某在其经营的某批发部和某公司销售了被诉侵权商品。被诉侵权商品与张百年公司生产销售的"张百年牌虎镖痛可贴"商品类别和名称相同、外包装近似，且使用了张百年公司的企业名称。张百年公司以徐某等实施了侵害商标权及不正当竞争行为为由，提起诉讼。一审、二审法院认定被诉侵权行为构成侵害注册商标专用权，但驳回了张百年公司与不正当竞争有关的诉讼请求。张百年公司向最高

---

[①] 参见《人民法院反不正当竞争典型案例》（2022年11月17日发布），"张百年"仿冒混淆纠纷案【最高人民法院（2022）最高法民再4号】——仿冒混淆行为的认定，载最高人民法院网 https://www.court.gov.cn/zixun/xiangqing/379711.html，最后访问日期：2024年11月21日。

人民法院申请再审。最高人民法院提审认为，被诉侵权商品与张百年公司有一定影响的商品名称及包装高度近似，且标注了张百年公司的企业名称，容易导致相关公众误认为该商品来源于张百年公司或者与张百年公司存在特定联系，徐某在其经营的某批发部、某公司销售被诉侵权商品的行为违反《反不正当竞争法》第6条的规定，遂改判徐某等停止不正当竞争行为并共同赔偿张百年公司经济损失及合理开支30万元。

本案是严惩仿冒混淆行为、净化市场环境的典型案例。再审判决依法认定被诉侵权行为构成仿冒混淆的不正当竞争行为，明确销售被诉侵权产品应当承担的法律责任，并根据侵权具体情节对赔偿数额作了相应调整，对统一类案裁判标准具有积极意义。

**第十九条 【商业贿赂的责任】** 经营者违反本法第七条规定贿赂他人的，由监督检查部门没收违法所得，处十万元以上三百万元以下的罚款。情节严重的，吊销营业执照。

### 条文解读

本条是关于商业贿赂谋取交易机会或者竞争优势行为的行政责任的规定。

经营者违反规定采用财物或者其他手段贿赂他人的，由监督检查部门给予下列行政处罚：

1. 没收违法所得。行贿的目的是获得不正当利益，经营者因采用财物或者其他手段贿赂本法第7条规定的单位和个人而获得的交易机会或者竞争优势所带来的不正当利益即违法所得，应当予以没收。

2. 罚款。即根据情节轻重，处10万元以上300万元以下的罚款。

3. 吊销营业执照。即对违法情节严重的经营者，除上述行政处罚外，并处吊销营业执照，这里的"情节严重"主要是指行贿多次多人或行贿数额较大等情节。

第二十条 【虚假或误解宣传的责任】经营者违反本法第八条规定对其商品作虚假或者引人误解的商业宣传，或者通过组织虚假交易等方式帮助其他经营者进行虚假或者引人误解的商业宣传的，由监督检查部门责令停止违法行为，处二十万元以上一百万元以下的罚款；情节严重的，处一百万元以上二百万元以下的罚款，可以吊销营业执照。

经营者违反本法第八条规定，属于发布虚假广告的，依照《中华人民共和国广告法》的规定处罚。

## 条文解读

本条是关于虚假或者引人误解的商业宣传的行政责任的规定。

经营者违反规定的，由监督检查部门给予下列行政处罚：

1. 责令停止违法行为。即责令经营者立即停止对其商品作虚假或者引人误解的商业宣传，或者通过组织虚假交易等方式帮助其他经营者进行虚假或者引人误解的商业宣传，以防止损害后果的扩大。

2. 罚款。即根据违法情节轻重，处 20 万元以上 100 万元以下的罚款；情节严重的，处 100 万元以上 200 万元以下的罚款。

3. 可以并处吊销营业执照，即对违法情节严重的经营者，除上述责令停止违法行为、罚款外，可以并处吊销营业执照，是含吊销营业执照，由监督检查部门根据违法情节的严重程度决定。

同时，为与《广告法》相衔接，本条第 2 款作出规定，经营者违反本法第 8 条规定，属于发布虚假广告的，依照《广告法》的规定处罚。关于发布虚假广告，根据《广告法》第 28 条的规定："广告以虚假或者引人误解的内容欺骗、误导消费者的，构成虚假广告。广告有下列情形之一的，为虚假广告：（一）商品或者服务不存在的；（二）商品的性能、功能、产地、用途、质量、规格、成分、价格、生产者、有效期限、销售状况、曾获荣誉等信息，或者服务的内容、提供者、形式、质量、价格、销售状况、曾获荣誉等信息，以及与商品或者服务有关的允诺等信息与实际情况不符，对购买行为有实质性影响的；（三）使用虚构、伪造或者无法验证的科研成果、统计资料、调查结果、文摘、引用语等信息作证明材料的；（四）虚构使用商品或者接受服务的效果的；（五）以虚假或者引人误解的内容欺骗、误导消费者的其他情形。"关于发布虚假广告行为的行政责任，《广告法》第55条规定："违反本法规定，发布虚假广告的，由市场监督管理部门责令停止发布广告，责令广告主在相应范围内消除影响，处广告费用三倍以上五倍以下的罚款，广告费用无法计算或者明显偏低的，处二十万元以上一百万元以下的罚款；两年内有三次以上违法行为或者有其他严重情节的，处广告费用五倍以上十倍以下的罚款，广告费用无法计算或者明显偏低的，处一百万元以上二百万元以下的罚款，可以吊销营业执照，并由广告审查机关撤销广告审查批准文件、一年内不受理其广告审查申请。医疗机构有前款规定违法行为，情节严重的，除由市场监督管理部门依照本法处罚外，卫生行政部门可以吊销诊疗科目或者吊销医疗机构执业许可证。广告经营者、广告发布者明知或者应知广告虚假仍设计、制作、代理、发布的，由市场监督管理部门没收广告费用，并处广告费用三倍以上五倍以下的罚款，广告费用无法计算或者明显偏低的，处二十万元以上一百万元以下的罚款；两年内有三次以上违法行为或者有其他严重情节的，处广告费用五倍以上十倍以下的罚款，广告费用无法计算或者明显偏低的，处一百万元以上二百万元以下的罚款，并可以由有关部门暂停广告发布业务、吊销营业执照。广告主、广告经营者、广告发布者有本条第一款、第三款规定行为，构成犯罪的，依法追究刑事责任。"

**关联参见**

《广告法》第28条、第55条

**第二十一条　【侵犯商业秘密的责任】** 经营者以及其他自然人、法人和非法人组织违反本法第九条规定侵犯商业秘密的，由监督检查部门责令停止违法行为，没收违法所得，处十万元以上一百万元以下的罚款；情节严重的，处五十万元以上五百万元以下的罚款。

**条文解读**

本条是关于侵犯他人商业秘密的行政责任的规定。

经营者违反上述规定实施了侵犯商业秘密的行为的，由监督检查部门给予下列行政处罚：

1. 责令停止违法行为。即责令经营者立即停止实施侵犯商业秘密的行为，以防止损害后果的扩大。

2. 罚款。即根据违法行为的情节，处10万元以上100万元以下的罚款；情节严重的，处50万元以上500万元以下的罚款。这里的"情节严重"主要是指行为人侵犯他人商业秘密所采用的手段较为恶劣、对权利人造成的损失较大、对市场竞争秩序的危害较大等。监督检查部门在作出罚款的处罚决定时一般要酌情考虑以下情况：侵权人的动机、目的、手段、损害结果的大小等。例如，侵权人目的非常明确，就是希望通过侵犯他人商业秘密的行为，从而达到挤垮竞争对手的结果。在客观方面实施了以下行为：以盗窃、贿赂、欺诈、胁迫或者其他不正当手段获取权利人的商业秘密、披露、使用或者允许他人使用该商业秘密；违反约定或者违反权利人有关保守商业秘密的要求，披露、使用或者允许他人使用其所掌握的商业秘密。

**第二十二条 【违法有奖销售的责任】** 经营者违反本法第十条规定进行有奖销售的，由监督检查部门责令停止违法行为，处五万元以上五十万元以下的罚款。

**条文解读**

本条是关于违法进行有奖销售的行政责任的规定。

经营者进行有奖销售存在上述禁止情形的，由监督检查部门给予下列行政处罚：

1. 责令停止违法行为。即责令经营者立即停止违法的有奖销售行为，以防止损害后果的扩大。

2. 罚款。即根据有奖销售行为的违法事实、性质和情节轻重，在最低限额 5 万元和最高限额 50 万元之间确定罚款数额。

**第二十三条　【损害商誉的责任】**经营者违反本法第十一条规定损害竞争对手商业信誉、商品声誉的，由监督检查部门责令停止违法行为、消除影响，处十万元以上五十万元以下的罚款；情节严重的，处五十万元以上三百万元以下的罚款。

**条文解读**

本条是关于损害竞争对手商业信誉、商品声誉的不正当竞争行为的行政责任的规定。经营者违反上述规定，编造、传播虚假信息或者误导性信息，损害竞争对手商业信誉、商品声誉的，由监督检查部门给予下列行政处罚：

1. 责令停止违法行为。即责令违法的经营者立即停止编造、传播虚假信息或者误导性信息的行为，以防止受害人损害后果的继续扩大。

2. 消除影响。即责令违法的经营者在一定范围内采取适当方式消除对受害人商业信誉、商品声誉的不利影响。这一处罚措施的处理原则是，侵权行为人应当根据造成不良影响的范围大小，采取程度不同的措施给受害人消除不良影响，例如在报刊或者网络上发布虚假信息或者误导性信息，损害他人商业信誉、商品声誉的，就应当在该报刊或者网站上发表书面声明，对虚假信息或者误导性信息进行更正。

3. 罚款。根据违法行为的情节，处 10 万元以上 50 万元以下的罚款；情节严重的，处 50 万元以上 300 万元以下的罚款，这里的"情节严重"主要根据侵权者编造、传播虚假信息或者误导性信息的行为恶劣程度，对他人商业信誉、商品声誉的损害范围、程度来判断。

第二十四条 【互联网不正当竞争行为的责任】经营者违反本法第十二条规定妨碍、破坏其他经营者合法提供的网络产品或者服务正常运行的，由监督检查部门责令停止违法行为，处十万元以上五十万元以下的罚款；情节严重的，处五十万元以上三百万元以下的罚款。

#### 条文解读

本条是关于妨碍、破坏其他经营者合法提供的网络产品或者服务正常运行的行政责任的规定。

经营者违反上述规定，利用技术手段，通过影响用户选择或者其他方式，妨碍、破坏其他经营者合法提供的网络产品或者服务正常运行的，由监督检查部门给予下列行政处罚：

1. 责令停止违法行为。即责令违法的经营者立即停止妨碍、破坏其他经营者合法提供的网络产品或者服务正常运行的行为，以防止损害后果的继续扩大。

2. 罚款。根据违法行为的情节，处 10 万元以上 50 万元以下的罚款；情节严重的，处 50 万元以上 300 万元以下的罚款。这里的"情节严重"主要根据违法的经营者对其他经营者合法提供的网络产品或者服务正常运行的妨碍、破坏程度，以及被侵害经营者的损失大小来判断。

第二十五条 【从轻、减轻或免除处罚】经营者违反本法规定从事不正当竞争，有主动消除或者减轻违法行为危害后果等法定情形的，依法从轻或者减轻行政处罚；违法行为轻微并及时纠正，没有造成危害后果的，不予行政处罚。

#### 条文解读

本条是关于经营者违反本法规定从事不正当竞争，依法从轻、减轻或者不予行政处罚的规定。

对于经营者具有主动消除或者减轻违法行为危害后果等法定情形，或者经营者的违法行为轻微并及时纠正、没有造成危害后果的，在本法中明确规定依法从轻、减轻或者不予行政处罚，更有利于保护经营者和消费者的合法权益。同时，本条规定也赋予了监督检查部门在法定范围内一定程度的自由裁量权，便于监督检查部门根据不同案件的实际情况，较为灵活地运用自己的权力。监督检查部门在具体运用这一权力时，必须遵循公正原则以及行政处罚与违法行为相适应的原则。

具体到本条规定，从轻处罚是指在法定处罚范围内对当事人适用较轻的处罚或者较少的罚款。减轻处罚是指在法定处罚范围内对当事人适用较轻处罚种类。不予处罚是指对当事人作有违法行为的宣告，但免除其行政处罚。"经营者违反本法规定从事不正当竞争，有主动消除或者减轻违法行为危害后果等法定情形的，依法从轻或者减轻行政处罚"中的"法定情形"，是指根据《行政处罚法》第32条规定："当事人有下列情形之一，应当从轻或者减轻行政处罚：（一）主动消除或者减轻违法行为危害后果的；（二）受他人胁迫或者诱骗实施违法行为的；（三）主动供述行政机关尚未掌握的违法行为的；（四）配合行政机关查处违法行为有立功表现的；（五）法律、法规、规章规定其他应当从轻或者减轻行政处罚的。"其中，"主动消除或者减轻违法行为危害后果的"关键是"主动"，是经营者对实施不正当竞争行为的补救，是从主观积极的角度去消除或者减轻不正当竞争行为的危害后果。"受他人胁迫或者诱骗实施违法行为的"是指有些经营者实施不正当竞争行为是由于某种原因受到一定程度的威胁、强制或者诱骗，经营者从主观上看是不完全愿意实施不正当竞争行为的，客观上在违法过程中所起的作用也比较小。"配合行政机关查处违法行为有立功表现的"，是经营者以实际行动对不正当竞争行为予以补救的最积极的体现，包括但不限于揭发检举其他不正当竞争行为、向监督检查部门主动提供材料和案件线索等，使监督检查部门的查处工作进展顺利、效果明显。对于不予行政处罚的情形，其条件是"违法行为轻微并及时纠正，没有造成危害后果"，这里的违法行为轻微并及时纠正与没有造成危害后果是统一的，不可分割的。

**关联参见**

《行政处罚法》第 32 条

第二十六条 【信用记录及公示】经营者违反本法规定从事不正当竞争，受到行政处罚的，由监督检查部门记入信用记录，并依照有关法律、行政法规的规定予以公示。

**条文解读**

鉴于信用在市场竞争中的特殊重要作用，《反不正当竞争法》修订时增加了对违法行为人的信用惩戒，规定经营者从事不正当竞争，受到行政处罚的，由监督检查部门记入信用记录，并依照有关法律、行政法规的规定予以公示。

信用记录由监督检查部门依法采集、客观记录，内容主要包括经营者的基本情况、违法事实以及给予的行政处罚等，是证明经营者是否诚实守信、有无违法违约等行为的重要依据。对于经营者从事不正当竞争行为的公示，应当依照有关法律、行政法规的规定进行。如根据《企业信息公示暂行条例》（国务院令第 777 号）的规定，对于经营者违反本法规定从事不正当竞争，受到行政处罚的，监督检查部门应当将其作出的行政处罚决定等相关信息通过国家企业信用信息公示系统向社会公示。

将反不正当竞争纳入征信范畴，有利于强化信用约束的威慑力，鞭策企业加强自律，促进行业健康发展和市场稳健成长，有助于推动市场主体运用法治思维、法律手段，清除制约创新的各种不正当竞争行为，维护公平竞争的市场秩序，营造激励大众创业、万众创新的市场竞争环境。

**关联参见**

《企业信息公示暂行条例》

**第二十七条　【民事责任优先】** 经营者违反本法规定，应当承担民事责任、行政责任和刑事责任，其财产不足以支付的，优先用于承担民事责任。

**条文解读**

本条规定了民事赔偿责任优先，与行政处罚、刑事处罚并行的法律责任体系。

不正当竞争行为首先损害了其他经营者的合法权益，需要民事赔偿优先，调动其他经营者制止不正当竞争行为的积极性。民事责任优先原则的适用是有条件的：一是经营者所承担的民事责任须合法有效，其产生的依据或是基于约定或是基于法律规定；二是经营者的财产不足以同时满足民事责任、行政责任和刑事责任，即只有在财产不足以同时满足时，才可适用民事责任优先的原则。同时，不正当竞争行为也损害竞争秩序，需要予以行政处罚，涉嫌犯罪的，还应追究刑事责任。

**关联参见**

《民法典》第 187 条

**第二十八条　【妨害监督检查的责任】** 妨害监督检查部门依照本法履行职责，拒绝、阻碍调查的，由监督检查部门责令改正，对个人可以处五千元以下的罚款，对单位可以处五万元以下的罚款，并可以由公安机关依法给予治安管理处罚。

**条文解读**

《反不正当竞争法》第 13 条对监督检查部门调查涉嫌不正当竞争行

为可以采取的措施作了规定。《反不正当竞争法》第 14 条规定，监督检查部门调查涉嫌不正当竞争行为，被调查的经营者、利害关系人及其他有关单位、个人应当如实提供有关资料或者情况。同时，《治安管理处罚法》第 50 条对阻碍国家机关工作人员依法执行职务的行为，规定由公安机关处警告或者 200 元以下罚款；情节严重的，处 5 日以上 10 日以下拘留，可以并处 500 元以下罚款。根据《行政处罚法》第 29 条规定："对当事人的同一个违法行为，不得给予两次以上罚款的行政处罚。同一个违法行为违反多个法律规范应当给予罚款处罚的，按照罚款数额高的规定处罚。"因此，对于妨害监督检查部门依照本法履行职责，拒绝、阻碍调查的，由监督检查部门责令改正，对个人可以处 5000 元以下的罚款，对单位可以处 50000 元以下的罚款，并可以由公安机关依法给予除罚款以外的治安管理处罚。

### 关联参见

《反不正当竞争法》第 13 条、第 14 条；《行政处罚法》第 29 条；《治安管理处罚法》第 50 条

**第二十九条 【被处罚者的法律救济】** 当事人对监督检查部门作出的决定不服的，可以依法申请行政复议或者提起行政诉讼。

### 条文解读

#### 被处罚者的救济途径

1. 复议。复议需注意：（1）申请复议时间：自收到处罚决定之日起 60 日内。（2）向谁申请：作出处罚决定的上一级主管机关。（3）对复议结果不服的：自收到复议决定书之日起 15 日内向人民法院提起诉讼。

2. 诉讼。当事人既可以先选择复议，对复议决定不服再提起诉讼，也可以直接向人民法院提起诉讼。

**关联参见**

《行政处罚法》第73条;《行政复议法》第11条、第13条、第20条;《行政诉讼法》第13条、第73条

**第三十条 【检查人员违法的责任】** 监督检查部门的工作人员滥用职权、玩忽职守、徇私舞弊或者泄露调查过程中知悉的商业秘密的,依法给予处分。

**条文解读**

玩忽职守,是指不履行或者不完全履行法律规定的职责。滥用职权,是指履行职务时违反法律规定或者超越法律规定的职责权限行使职权。徇私舞弊,是指为了私情或者私利,故意违反法律,不尊重事实,作出枉法处理或者枉法决定,徇私舞弊行为具体表现为搜集、制造假的证据材料,篡改、销毁足以证明事实真相的证据材料,曲解或者滥用法律条文,违反办案程序等。

违法行为侵害了国家机关的正常活动,从而构成滥用职权罪或者玩忽职守罪的,由司法机关依照《刑法》有关规定追究刑事责任。违法行为情节比较轻微,尚不够刑事处罚的情况,由任免该工作人员的机关或者行政监察机关依法给予行政处分,行政处分的方式为警告、记过、记大过、降级、撤职、开除。

**关联参见**

《反不正当竞争法》第15条;《反垄断法》第66条;《刑法》第397条、第402条;《公务员法》第九章;《行政机关公务员处分条例》第6条

第三十一条 【刑事责任】违反本法规定，构成犯罪的，依法追究刑事责任。

### 案例指引

**38.** 组织刷单构成犯罪的，如何承担法律责任？①

2017年6月20日，全国首例刷单炒信入刑案在浙江省杭州市余杭区人民法院一审宣判，被告人李某犯非法经营罪、侵犯公民个人信息罪，被判处有期徒刑五年零九个月，并处罚金人民币92万元。据悉，该案系全国首例个人通过创建平台、组织会员刷单炒信并从中牟利而获罪的案件。

法院经审理查明，被告人李某通过创建"A联盟"、B网站和利用语音聊天工具建立刷单炒信平台，吸纳某宝网卖家注册账户成为会员，收取300元至500元不等的保证金和40元至50元的平台管理维护费及体验费，并通过制定刷单炒信规则与流程，组织会员通过该平台发布或接受刷单炒信任务。

会员在承接任务后，通过与发布任务的会员在某宝网上进行虚假交易并给予虚假好评的方式赚取任务点，使自己能够采用悬赏任务点的方式吸引其他会员为自己刷单炒信，进而提升自己某宝店铺的销量和信誉，欺骗某宝买家。其间，李某还通过向会员销售任务点的方式牟利。

2013年2月至2014年6月期间，李某共收取平台管理维护费、体验费及任务点销售收入至少30万元，另收取保证金共计50余万元。该平台参与炒信的人数达到了上千人。

另查明，B网站不具备获得增值电信业务经营许可的条件。李某因涉嫌侵犯公民个人信息于2016年9月10日被江西省宜春市公安局刑事拘留，同年9月30日被逮捕。2017年5月16日，宜春市袁州区人民法

---

① 参见《组织刷单入刑第一案一审宣判》（2017年6月23日发布），载中国法院网 https://www.chinacourt.org/article/detail/2017/06/id/2901431.shtml，最后访问日期2024年11月21日。

院以被告人李某犯侵犯公民个人信息罪，判处其有期徒刑九个月，并处罚金人民币 2 万元。

法院认为，被告人李某违反国家规定，以营利为目的，通过网络有偿提供发布虚假信息，扰乱市场秩序，且属情节特别严重，遂依据相关法律规定，以非法经营罪判处被告人李某有期徒刑五年零六个月，并处罚金人民币 90 万元，连同原判决予以并罚，决定执行有期徒刑五年零九个月，并处罚金人民币 92 万元。

第三十二条　【侵犯商业秘密案件的证据规则】在侵犯商业秘密的民事审判程序中，商业秘密权利人提供初步证据，证明其已经对所主张的商业秘密采取保密措施，且合理表明商业秘密被侵犯，涉嫌侵权人应当证明权利人所主张的商业秘密不属于本法规定的商业秘密。

商业秘密权利人提供初步证据合理表明商业秘密被侵犯，且提供以下证据之一的，涉嫌侵权人应当证明其不存在侵犯商业秘密的行为：

（一）有证据表明涉嫌侵权人有渠道或者机会获取商业秘密，且其使用的信息与该商业秘密实质上相同；

（二）有证据表明商业秘密已经被涉嫌侵权人披露、使用或者有被披露、使用的风险；

（三）有其他证据表明商业秘密被涉嫌侵权人侵犯。

**条文解读**

本条规定了举证责任倒置的情形。由于商业秘密的非公开性，当商业秘密权利人提供了初步证据予以证明涉嫌侵权人有渠道或者机会获取商业秘密，且该商业秘密已经被涉嫌侵权人披露、使用或者有被披露、使用的风险时，涉嫌侵权人应当证明权利人所主张的商业秘密不属于法律规定的商业秘密，否则将由涉嫌侵权人承担不利的后果。

司法解释规定，权利人已经提供侵权人因侵权所获得的利益的初步证据，但与侵犯商业秘密行为相关的账簿、资料由侵权人掌握的，人民法院可以根据权利人的申请，责令侵权人提供该账簿、资料。侵权人无正当理由拒不提供或者不如实提供的，人民法院可以根据权利人的主张和提供的证据认定侵权人因侵权所获得的利益。

**实务应用**

## 25. 商业秘密权利人是否需要举证证明其主张保护的商业秘密"不为公众所知悉"？[①]

根据《反不正当竞争法》第9条第4款的规定，包括技术秘密在内的商业秘密，是指不为公众所知悉、具有商业价值并经权利人采取相应保密措施的技术信息、经营信息等商业信息。因此，"相应保密措施"与"不为公众所知悉"以及"具有商业价值"共同构成商业秘密成立的法律要件。

从举证责任来看，一般情况下，权利人在民事侵权案件中应当对其主张保护的权利真实存在、合法有效承担举证责任。但是，由于商业秘密具有保护客体不为公众所知悉的秘密属性，其天然地不具备"可对抗不特定第三人的绝对权应予公示"的法律属性，加之"不为公众所知悉"这一事实为消极事实，商业秘密权利人难以证明，因此，为了适当减轻商业秘密权利人的举证责任，《反不正当竞争法》修改了上述举证责任分配的一般原则，其第32条第1款作出特别规定："在侵犯商业秘密的民事审判程序中，商业秘密权利人提供初步证据，证明其已经对所主张的商业秘密采取保密措施，且合理表明商业秘密被侵犯，涉嫌侵权人应当证明权利人所主张的商业秘密不属于本法规定的商业秘密。"根据这一规定，在侵害商业秘密民事案件中，商业秘密权利人应当首先提

---

[①] 参见《济南S测试技术有限公司、济南L机电技术有限公司二审民事判决书》，案号：(2020)最高法知民终538号，载中国裁判文书网，最后访问日期：2024年11月21日。

供初步证据证明其对主张保护的商业秘密采取了"相应保密措施",以及被诉侵权人存在"侵犯行为",在此基础上,商业秘密权利人无须举证证明其主张保护的商业秘密"不为公众所知悉",而转由被诉侵权人举证证明权利人主张保护的商业秘密不具备"不为公众所知悉"这一要件,进而不属于《反不正当竞争法》规定的商业秘密。

### 案例指引

**39.** 侵害技术秘密案件中,如何适用行为保全措施?①

彭某曾为 A 公司员工,并担任高级系统设计工程师,双方签订了《员工保密协议》。在 A 公司工作期间,彭某参与了"芯片量产测试系统"等涉案技术信息的研发工作,后离职进入 B 公司工作。A 公司以彭某、B 公司侵害其技术秘密为由,提起诉讼。一审法院认为,A 公司提供的证据不足以证明彭某、B 公司披露、使用了涉案技术信息,遂判决驳回 A 公司的全部诉讼请求。A 公司不服一审判决,向最高人民法院提起上诉,并提出责令彭某、B 公司不得披露、使用、允许他人使用涉案技术信息的行为保全申请。最高人民法院二审认为,基于本案现有证据,可以认定涉案技术信息确有被非法持有、披露、使用的可能,故一审法院应对彭某、B 公司是否存在侵害商业秘密的行为重新予以审查。最高人民法院在将本案发回重审的同时,裁定彭某、B 公司在生效判决作出前不得披露、使用、允许他人使用涉案技术信息。彭某、B 公司不服该行为保全裁定,申请复议。最高人民法院经审查驳回其复议请求。

本案系人民法院首次在案件发回重审的同时裁定采取行为保全措施的典型案例,体现了人民法院加强知识产权司法保护的积极探索。案件发回重审时采取临时行为保全措施,有效降低了涉案技术信息再次被非

---

① 参见《人民法院反不正当竞争典型案例》(2022 年 11 月 17 日发布),"芯片量产测试系统"侵害技术秘密行为保全措施案【最高人民法院(2020)最高法知民终 1646 号】——侵害技术秘密案件中行为保全措施的适用,载最高人民法院网 https://www.court.gov.cn/zixun/xiangqing/379711.html,最后访问日期:2024 年 11 月 21 日。

法披露、使用的风险,为商业秘密权利人提供了强有力的保护。人民法院结合案件情况,及时采取行为保全措施,对于提高商业秘密保护的及时性和有效性具有示范意义。

### 关联参见

《商标法》第 63 条;《专利法》第 71 条;《著作权法》第 54 条;《最高人民法院关于审理侵犯商业秘密民事案件适用法律若干问题的规定》第 24 条

## 第五章　附　　则

**第三十三条**　【实施日期】本法自 2018 年 1 月 1 日起施行。

法律法规新解读丛书

关联法规

竞争法
解读与应用

# 禁止滥用知识产权排除、限制竞争行为规定

- 2023 年 6 月 25 日国家市场监督管理总局令第 79 号公布
- 自 2023 年 8 月 1 日起施行

第一条 为了预防和制止滥用知识产权排除、限制竞争行为,根据《中华人民共和国反垄断法》(以下简称反垄断法),制定本规定。

第二条 反垄断与保护知识产权具有共同的目标,即促进竞争和创新,提高经济运行效率,维护消费者利益和社会公共利益。

经营者依照有关知识产权的法律、行政法规规定行使知识产权,但不得滥用知识产权,排除、限制竞争。

第三条 本规定所称滥用知识产权排除、限制竞争行为,是指经营者违反反垄断法的规定行使知识产权,达成垄断协议,滥用市场支配地位,实施具有或者可能具有排除、限制竞争效果的经营者集中等垄断行为。

第四条 国家市场监督管理总局(以下简称市场监管总局)根据反垄断法第十三条第一款规定,负责滥用知识产权排除、限制竞争行为的反垄断统一执法工作。

市场监管总局根据反垄断法第十三条第二款规定,授权各省、自治区、直辖市市场监督管理部门(以下称省级市场监管部门)负责本行政区域内垄断协议、滥用市场支配地位等滥用知识产权排除、限制竞争行为的反垄断执法工作。

本规定所称反垄断执法机构包括市场监管总局和省级市场监管部门。

第五条 本规定所称相关市场,包括相关商品市场和相关地域市场,根据反垄断法和《国务院反垄断委员会关于相关市场界定的指南》进行界定,并考虑知识产权、创新等因素的影响。在涉及知识产权许可等反垄断执法工作中,相关商品市场可以是技术市场,也可以是含有特定知识产权的产品市场。相关技术市场是指由行使知识产权所涉及的技术和可以相互替代的同类技术之间相互竞争所构成的市场。

**第六条** 经营者之间不得利用行使知识产权的方式，达成反垄断法第十七条、第十八条第一款所禁止的垄断协议。

经营者不得利用行使知识产权的方式，组织其他经营者达成垄断协议或者为其他经营者达成垄断协议提供实质性帮助。

经营者能够证明所达成的协议属于反垄断法第二十条规定情形的，不适用第一款和第二款的规定。

**第七条** 经营者利用行使知识产权的方式，与交易相对人达成反垄断法第十八条第一款第一项、第二项规定的协议，经营者能够证明其不具有排除、限制竞争效果的，不予禁止。

经营者利用行使知识产权的方式，与交易相对人达成协议，经营者能够证明参与协议的经营者在相关市场的市场份额低于市场监管总局规定的标准，并符合市场监管总局规定的其他条件的，不予禁止。具体标准可以参照《国务院反垄断委员会关于知识产权领域的反垄断指南》相关规定。

**第八条** 具有市场支配地位的经营者不得在行使知识产权的过程中滥用市场支配地位，排除、限制竞争。

市场支配地位根据反垄断法和《禁止滥用市场支配地位行为规定》的规定进行认定和推定。经营者拥有知识产权可以构成认定其具有市场支配地位的因素之一，但不能仅根据经营者拥有知识产权推定其在相关市场具有市场支配地位。

认定拥有知识产权的经营者在相关市场是否具有支配地位，还可以考虑在相关市场交易相对人转向具有替代关系的技术或者产品的可能性及转移成本、下游市场对利用知识产权所提供商品的依赖程度、交易相对人对经营者的制衡能力等因素。

**第九条** 具有市场支配地位的经营者不得在行使知识产权的过程中，以不公平的高价许可知识产权或者销售包含知识产权的产品，排除、限制竞争。

认定前款行为可以考虑以下因素：

（一）该项知识产权的研发成本和回收周期；

（二）该项知识产权的许可费计算方法和许可条件；

（三）该项知识产权可以比照的历史许可费或者许可费标准；

（四）经营者就该项知识产权许可所作的承诺；

（五）需要考虑的其他相关因素。

第十条　具有市场支配地位的经营者没有正当理由，不得在行使知识产权的过程中，拒绝许可其他经营者以合理条件使用该知识产权，排除、限制竞争。

认定前款行为应当同时考虑以下因素：

（一）该项知识产权在相关市场不能被合理替代，为其他经营者参与相关市场的竞争所必需；

（二）拒绝许可该知识产权将会导致相关市场的竞争或者创新受到不利影响，损害消费者利益或者社会公共利益；

（三）许可该知识产权对该经营者不会造成不合理的损害。

第十一条　具有市场支配地位的经营者没有正当理由，不得在行使知识产权的过程中，从事下列限定交易行为，排除、限制竞争：

（一）限定交易相对人只能与其进行交易；

（二）限定交易相对人只能与其指定的经营者进行交易；

（三）限定交易相对人不得与特定经营者进行交易。

第十二条　具有市场支配地位的经营者没有正当理由，不得在行使知识产权的过程中，违背所在行业或者领域交易惯例、消费习惯或者无视商品的功能，从事下列搭售行为，排除、限制竞争：

（一）在许可知识产权时强制或者变相强制被许可人购买其他不必要的产品；

（二）在许可知识产权时强制或者变相强制被许可人接受一揽子许可。

第十三条　具有市场支配地位的经营者没有正当理由，不得在行使知识产权的过程中，附加下列不合理的交易条件，排除、限制竞争：

（一）要求交易相对人将其改进的技术进行排他性或者独占性回授，或者在不提供合理对价时要求交易相对人进行相同技术领域的交叉许可；

（二）禁止交易相对人对其知识产权的有效性提出质疑；

（三）限制交易相对人在许可协议期限届满后，在不侵犯知识产权的情况下利用竞争性的技术或者产品；

（四）对交易相对人附加其他不合理的交易条件。

第十四条　具有市场支配地位的经营者没有正当理由，不得在行使知识产权的过程中，对条件相同的交易相对人实行差别待遇，排除、限制竞争。

第十五条　涉及知识产权的经营者集中达到国务院规定的申报标准的，经营者应当事先向市场监管总局申报，未申报或者申报后获得批准前不得实施集中。

第十六条  涉及知识产权的经营者集中审查应当考虑反垄断法第三十三条规定的因素和知识产权的特点。

根据涉及知识产权的经营者集中交易具体情况，附加的限制性条件可以包括以下情形：

（一）剥离知识产权或者知识产权所涉业务；

（二）保持知识产权相关业务的独立运营；

（三）以合理条件许可知识产权；

（四）其他限制性条件。

第十七条  经营者不得在行使知识产权的过程中，利用专利联营从事排除、限制竞争的行为。

专利联营的成员不得交换价格、产量、市场划分等有关竞争的敏感信息，达成反垄断法第十七条、第十八条第一款所禁止的垄断协议。但是，经营者能够证明所达成的协议符合反垄断法第十八条第二款、第三款和第二十条规定的除外。

具有市场支配地位的专利联营实体或者专利联营的成员不得利用专利联营从事下列滥用市场支配地位的行为：

（一）以不公平的高价许可联营专利；

（二）没有正当理由，限制联营成员或者被许可人的专利使用范围；

（三）没有正当理由，限制联营成员在联营之外作为独立许可人许可专利；

（四）没有正当理由，限制联营成员或者被许可人独立或者与第三方联合研发与联营专利相竞争的技术；

（五）没有正当理由，强制要求被许可人将其改进或者研发的技术排他性或者独占性地回授给专利联营实体或者专利联营的成员；

（六）没有正当理由，禁止被许可人质疑联营专利的有效性；

（七）没有正当理由，将竞争性专利强制组合许可，或者将非必要专利、已终止的专利与其他专利强制组合许可；

（八）没有正当理由，对条件相同的联营成员或者同一相关市场的被许可人在交易条件上实行差别待遇；

（九）市场监管总局认定的其他滥用市场支配地位的行为。

本规定所称专利联营，是指两个或者两个以上经营者将各自的专利共同许可给联营成员或者第三方。专利联营各方通常委托联营成员或者独立第三方对联营进行管理。联营具体方式包括达成协议、设立公司或者其他实体等。

第十八条　经营者没有正当理由，不得在行使知识产权的过程中，利用标准的制定和实施达成下列垄断协议：

（一）与具有竞争关系的经营者联合排斥特定经营者参与标准制定，或者排斥特定经营者的相关标准技术方案；

（二）与具有竞争关系的经营者联合排斥其他特定经营者实施相关标准；

（三）与具有竞争关系的经营者约定不实施其他竞争性标准；

（四）市场监管总局认定的其他垄断协议。

第十九条　具有市场支配地位的经营者不得在标准的制定和实施过程中从事下列行为，排除、限制竞争：

（一）在参与标准制定过程中，未按照标准制定组织规定及时充分披露其权利信息，或者明确放弃其权利，但是在标准涉及该专利后却向标准实施者主张该专利权；

（二）在其专利成为标准必要专利后，违反公平、合理、无歧视原则，以不公平的高价许可，没有正当理由拒绝许可、搭售商品或者附加其他不合理的交易条件、实行差别待遇等；

（三）在标准必要专利许可过程中，违反公平、合理、无歧视原则，未经善意谈判，请求法院或者其他相关部门作出禁止使用相关知识产权的判决、裁定或者决定等，迫使被许可方接受不公平的高价或者其他不合理的交易条件；

（四）市场监管总局认定的其他滥用市场支配地位的行为。

本规定所称标准必要专利，是指实施该项标准所必不可少的专利。

第二十条　认定本规定第十条至第十四条、第十七条至第十九条所称的"正当理由"，可以考虑以下因素：

（一）有利于鼓励创新和促进市场公平竞争；

（二）为行使或者保护知识产权所必需；

（三）为满足产品安全、技术效果、产品性能等所必需；

（四）为交易相对人实际需求且符合正当的行业惯例和交易习惯；

（五）其他能够证明行为具有正当性的因素。

第二十一条　经营者在行使著作权以及与著作权有关的权利时，不得从事反垄断法和本规定禁止的垄断行为。

第二十二条　分析认定经营者涉嫌滥用知识产权排除、限制竞争行为，可以采取以下步骤：

（一）确定经营者行使知识产权行为的性质和表现形式；

（二）确定行使知识产权的经营者之间相互关系的性质；

（三）界定行使知识产权所涉及的相关市场；

（四）认定行使知识产权的经营者的市场地位；

（五）分析经营者行使知识产权的行为对相关市场竞争的影响。

确定经营者之间相互关系的性质需要考虑行使知识产权行为本身的特点。在涉及知识产权许可的情况下，原本具有竞争关系的经营者之间在许可协议中是交易关系，而在许可人和被许可人都利用该知识产权生产产品的市场上则又是竞争关系。但是，如果经营者之间在订立许可协议时不存在竞争关系，在协议订立之后才产生竞争关系的，则仍然不视为竞争者之间的协议，除非原协议发生实质性的变更。

第二十三条　分析认定经营者行使知识产权的行为对相关市场竞争的影响，应当考虑下列因素：

（一）经营者与交易相对人的市场地位；

（二）相关市场的市场集中度；

（三）进入相关市场的难易程度；

（四）产业惯例与产业的发展阶段；

（五）在产量、区域、消费者等方面进行限制的时间和效力范围；

（六）对促进创新和技术推广的影响；

（七）经营者的创新能力和技术变化的速度；

（八）与认定行使知识产权的行为对相关市场竞争影响有关的其他因素。

第二十四条　反垄断执法机构对滥用知识产权排除、限制竞争行为进行调查、处罚时，依照反垄断法和《禁止垄断协议规定》、《禁止滥用市场支配地位行为规定》、《经营者集中审查规定》规定的程序执行。

第二十五条　经营者违反反垄断法和本规定，达成并实施垄断协议的，由反垄断执法机构责令停止违法行为，没收违法所得，并处上一年度销售额百分之一以上百分之十以下的罚款，上一年度没有销售额的，处五百万元以下的罚款；尚未实施所达成的垄断协议的，可以处三百万元以下的罚款。经营者的法定代表人、主要负责人和直接责任人员对达成垄断协议负有个人责任的，可以处一百万元以下的罚款。

经营者组织其他经营者达成垄断协议或者为其他经营者达成垄断协议提供实质性帮助的，适用前款规定。

第二十六条 经营者违反反垄断法和本规定，滥用市场支配地位的，由反垄断执法机构责令停止违法行为，没收违法所得，并处上一年度销售额百分之一以上百分之十以下的罚款。

第二十七条 经营者违法实施涉及知识产权的集中，且具有或者可能具有排除、限制竞争效果的，由市场监管总局责令停止实施集中、限期处分股份或者资产、限期转让营业以及采取其他必要措施恢复到集中前的状态，处上一年度销售额百分之十以下的罚款；不具有排除、限制竞争效果的，处五百万元以下的罚款。

第二十八条 对本规定第二十五条、第二十六条、第二十七条规定的罚款，反垄断执法机构确定具体罚款数额时，应当考虑违法行为的性质、程度、持续时间和消除违法行为后果的情况等因素。

第二十九条 违反反垄断法规定，情节特别严重、影响特别恶劣、造成特别严重后果的，市场监管总局可以在反垄断法第五十六条、第五十七条、第五十八条、第六十二条规定的罚款数额的二倍以上五倍以下确定具体罚款数额。

第三十条 反垄断执法机构工作人员滥用职权、玩忽职守、徇私舞弊或者泄露执法过程中知悉的商业秘密、个人隐私和个人信息的，依照有关规定处理。

第三十一条 反垄断执法机构在调查期间发现的公职人员涉嫌职务违法、职务犯罪问题线索，应当及时移交纪检监察机关。

第三十二条 本规定对滥用知识产权排除、限制竞争行为未作规定的，依照反垄断法和《禁止垄断协议规定》、《禁止滥用市场支配地位行为规定》、《经营者集中审查规定》处理。

第三十三条 本规定自 2023 年 8 月 1 日起施行。2015 年 4 月 7 日原国家工商行政管理总局令第 74 号公布的《关于禁止滥用知识产权排除、限制竞争行为的规定》同时废止。

# 最高人民法院关于审理垄断民事纠纷案件适用法律若干问题的解释

- 2024 年 2 月 4 日最高人民法院审判委员会第 1915 次会议通过
- 2024 年 6 月 24 日最高人民法院公告公布
- 自 2024 年 7 月 1 日起施行
- 法释〔2024〕6 号

为维护市场公平竞争秩序，依法公正高效审理垄断民事纠纷案件，根据《中华人民共和国民法典》、《中华人民共和国反垄断法》、《中华人民共和国民事诉讼法》等有关法律规定，制定本解释。

## 一、程序规定

**第一条** 本解释所称垄断民事纠纷案件，是指自然人、法人或者非法人组织因垄断行为受到损失以及因合同内容或者经营者团体的章程、决议、决定等违反反垄断法而发生争议，依据反垄断法向人民法院提起民事诉讼的案件。

本解释所称经营者团体，包括行业协会等由两个以上经营者为了实现共同目的而组成的结合体或者联合体。

**第二条** 原告依据反垄断法直接向人民法院提起民事诉讼，或者在反垄断执法机构认定构成垄断行为的处理决定作出后向人民法院提起民事诉讼，且符合法律规定的受理条件的，人民法院应予受理。

原告起诉仅请求人民法院确认被告的特定行为构成垄断，而不请求被告承担民事责任的，人民法院不予受理。

**第三条** 一方当事人向人民法院提起垄断民事诉讼，另一方当事人以双方之间存在合同关系且有仲裁协议为由，主张人民法院不应受理的，人民法院不予支持。

**第四条** 第一审垄断民事纠纷案件，由知识产权法院和最高人民法院指定的中级人民法院管辖。

第五条  垄断民事纠纷案件的地域管辖，根据案件具体情况，依照民事诉讼法及相关司法解释有关侵权纠纷、合同纠纷等的管辖规定确定。

第六条  原告依据反垄断法对在中华人民共和国境内没有住所的被告提起民事诉讼，主张被告在中华人民共和国境外的垄断行为对境内市场竞争产生排除、限制影响的，根据民事诉讼法第二百七十六条的规定确定管辖法院。

第七条  案件立案时的案由并非垄断民事纠纷，人民法院受理后经审查发现属于垄断民事纠纷，但受诉人民法院并无垄断民事纠纷案件管辖权的，应当将案件移送有管辖权的人民法院。

第八条  两个以上原告因同一垄断行为向有管辖权的同一人民法院分别提起诉讼的，人民法院可以合并审理。

两个以上原告因同一垄断行为向有管辖权的不同人民法院分别提起诉讼的，后立案的人民法院发现其他有管辖权的人民法院已先立案的，应当裁定将案件移送先立案的人民法院；受移送的人民法院可以合并审理。

人民法院可以要求当事人提供与被诉垄断行为相关的行政执法、仲裁、诉讼等情况。当事人拒不如实提供的，可以作为认定其是否遵循诚信原则和构成滥用权利等的考量因素。

第九条  原告无正当理由而根据影响地域、持续时间、实施场合、损害范围等因素对被告的同一垄断行为予以拆分，分别提起数个诉讼的，由最先受理诉讼的人民法院合并审理。

第十条  反垄断执法机构认定构成垄断行为的处理决定在法定期限内未被提起行政诉讼或者已为人民法院生效裁判所确认，原告在相关垄断民事纠纷案件中据此主张该处理决定认定的基本事实为真实的，无需再行举证证明，但有相反证据足以推翻的除外。

必要时，人民法院可以要求作出处理决定的反垄断执法机构对该处理决定的有关情况予以说明。反垄断执法机构提供的信息、材料等尚未公开的，人民法院应当依职权或者依申请采取合理保护措施。

第十一条  当事人可以向人民法院申请一至二名具有案件所涉领域、经济学等专门知识的人员出庭，就案件的专门性问题进行说明。

当事人可以向人民法院申请委托专业机构或者专业人员就案件的专门性问题提出市场调查或者经济分析意见。该专业机构或者专业人员可以由双方当事人协商确定；协商不成的，由人民法院指定。人民法院可以参照民事诉讼法及相关司法解释有关鉴定意见的规定，对该专业机构或者专业人员提出的市场调查或者经济分析意见进行审查判断。

一方当事人就案件的专门性问题自行委托有关专业机构或者专业人员提出市场调查或者经济分析意见，该意见缺乏可靠的事实、数据或者其他必要基础资料佐证，或者缺乏可靠的分析方法，或者另一方当事人提出证据或者理由足以反驳的，人民法院不予采信。

第十二条 经营者实施垄断行为损害社会公共利益，设区的市级以上人民检察院依法提起民事公益诉讼的，适用与公益诉讼有关的法律和司法解释的规定，但本解释另有规定的除外。

第十三条 反垄断执法机构对被诉垄断行为已经立案调查的，人民法院可以根据案件具体情况，裁定中止诉讼。

## 二、相关市场界定

第十四条 原告主张被诉垄断行为违反反垄断法的，一般应当界定反垄断法第十五条第二款所称的相关市场并提供证据或者充分说明理由。

原告以被告在相关市场的市场份额为由主张其具有市场支配地位或者显著的市场力量的，应当界定相关市场并提供证据或者充分说明理由。

原告提供证据足以直接证明下列情形之一的，可以不再对相关市场界定进一步承担举证责任：

（一）被诉垄断协议的经营者具有显著的市场力量；

（二）被诉滥用市场支配地位的经营者具有市场支配地位；

（三）被诉垄断行为具有排除、限制竞争效果。

原告主张被诉垄断行为属于反垄断法第十七条第一项至第五项和第十八条第一款第一项、第二项规定情形的，可以不对相关市场界定提供证据。

第十五条 人民法院界定经营者在一定时期内就特定商品或者服务（以下统称商品）进行竞争的相关商品市场和相关地域市场，可以根据案件具体情况，以被诉垄断行为直接涉及的特定商品为基础，从需求者角度进行需求替代分析；供给替代对经营者行为产生的竞争约束类似于需求替代的，还可以从供给者角度进行供给替代分析。

人民法院进行需求替代或者供给替代分析时，可以采用假定垄断者测试的分析方法，一般选择使用价格上涨的假定垄断者测试方法；经营者之间的竞争主要表现为质量、多样性、创新等非价格竞争的，可以选择质量下降、成本上升等假定垄断者测试方法。

第十六条 人民法院从需求替代的角度分析界定相关商品市场时，一般根据需求者对于商品特性、功能和用途的需求、质量的认可、价格的接受以及获取的难易程度等因素，确定由需求者认为具有较为紧密替代关系的一组或者一类商品所构成的市场为相关商品市场。从供给替代的角度分析界定相关商品市场时，可以综合考虑其他经营者进入市场的意图和能力、承担的成本与风险、克服的市场障碍、需要的时间等因素。

分析界定互联网平台（以下称平台）所涉相关商品市场时，结合被诉垄断行为的特点、产生或者可能产生排除、限制竞争效果的具体情况、平台的类型等因素，一般可以根据该平台与被诉垄断行为最相关一边的商品界定相关商品市场，也可以根据被诉垄断行为所涉及的多边商品分别界定多个相关商品市场，必要时也可以根据特定平台整体界定相关商品市场。特定平台存在跨边网络效应，并给该平台经营者施加了足够的竞争约束的，可以根据该平台整体界定相关商品市场，也可以根据跨边网络效应所涉及的多边商品分别界定多个相关商品市场，并考虑各个相关商品市场之间的相互关系和影响。

第十七条 人民法院从需求替代的角度分析界定相关地域市场时，可以综合考虑需求者因商品价格或者其他竞争因素的变化而转向其他地域购买商品的情况、商品的运输成本和运输特征、多数需求者选择商品的实际区域和主要经营者的商品销售分布、地域间的市场障碍、特定区域需求者偏好等因素。从供给替代的角度分析界定相关地域市场时，可以综合考虑其他地域的经营者对商品价格等竞争因素的变化作出的反应、其他地域的经营者供应或者销售相关商品的及时性和可行性等因素。

分析界定平台所涉相关地域市场，可以重点考虑多数需求者选择商品的实际区域、需求者的语言偏好和消费习惯、相关法律法规的要求、其他地域竞争者的现状及其进入相关地域市场的及时性等因素。

## 三、垄断协议

第十八条 人民法院认定反垄断法第十六条规定的其他协同行为，应当综合考虑下列因素：

（一）经营者的市场行为是否具有一致性；

（二）经营者之间是否进行过意思联络、信息交流或者传递；

（三）相关市场的市场结构、竞争状况、市场变化等情况；

（四）经营者能否对行为一致性作出合理解释。

原告提供前款第一项和第二项的初步证据，或者第一项和第三项的初步证据，能够证明经营者存在协同行为的可能性较大的，被告应当提供证据或者进行充分说明，对其行为一致性作出合理解释；不能作出合理解释的，人民法院可以认定协同行为成立。

本条所称合理解释，包括经营者系基于市场和竞争状况变化等而独立实施相关行为。

第十九条　反垄断法第十七条规定的具有竞争关系的经营者，是指在商品生产经营过程中处于同一阶段、提供具有较为紧密替代关系的商品、独立经营决策并承担法律责任的两个以上的实际经营者或者可能进入同一相关市场进行竞争的潜在经营者。

特定经营者取得对其他经营者的控制权或者能够对其他经营者施加决定性影响，或者两个以上经营者被同一第三方控制或者施加决定性影响，应当视为一个经济实体的，不构成前款所称具有竞争关系的经营者。

第二十条　原告有证据证明仿制药申请人与被仿制药专利权利人达成、实施的协议同时具备下列条件，主张该协议构成反垄断法第十七条规定的垄断协议的，人民法院可予支持：

（一）被仿制药专利权利人给予或者承诺给予仿制药申请人明显不合理的金钱或者其他形式的利益补偿；

（二）仿制药申请人承诺不质疑被仿制药专利权的有效性或者延迟进入被仿制药相关市场。

被告有证据证明前款所称的利益补偿仅系为弥补被仿制药专利相关纠纷解决成本或者具有其他正当理由，或者该协议符合反垄断法第二十条规定，主张其不构成反垄断法第十七条规定的垄断协议的，人民法院应予支持。

第二十一条　被诉垄断行为属于反垄断法第十八条第一款第一项、第二项规定的垄断协议的，应当由被告对该协议不具有排除、限制竞争效果承担举证责任。

**第二十二条** 人民法院依照反垄断法第十八条第一款和第二款的规定审查认定被诉垄断协议是否具有排除、限制竞争效果时，可以综合考虑下列因素：

（一）被告在相关市场的市场力量和协议对相关市场类似不利竞争效果的累积作用；

（二）协议是否具有提高市场进入壁垒、阻碍更有效率的经营者或者经营模式、限制品牌间或者品牌内竞争等不利竞争效果；

（三）协议是否具有防止搭便车、促进品牌间竞争、维护品牌形象、提升售前或者售后服务水平、促进创新等有利竞争效果，且为实现该效果所必需；

（四）其他可以考虑的因素。

在案证据足以证明的有利竞争效果明显超过不利竞争效果的，人民法院应当认定协议不具有排除、限制竞争效果。

**第二十三条** 被诉垄断协议具有下列情形之一，原告依据反垄断法第十八条第一款的规定主张被告应当承担法律责任的，人民法院不予支持：

（一）协议属于经营者与相对人之间的代理协议，且代理商不承担任何实质性商业或者经营风险；

（二）被告在相关市场的市场份额低于国务院反垄断执法机构规定的标准并符合国务院反垄断执法机构规定的其他条件。

**第二十四条** 经营者利用数据、算法、技术等手段进行意思联络、信息交流或者传递，或者利用数据、算法、技术、平台规则等手段实现行为一致性，达成、实施被诉垄断协议的，人民法院可以依照反垄断法第十七条的规定审查认定。

经营者利用数据、算法、技术、平台规则等手段实现限定或者自动化设定转售商品价格等，达成、实施被诉垄断协议的，人民法院可以依照反垄断法第十八条的规定审查认定。

**第二十五条** 平台经营者与平台内经营者的协议要求平台内经营者在该平台上提供与其他交易渠道相同或者更优惠交易条件的，根据原告的诉讼请求和具体案情，人民法院可以区别下列情形作出处理：

（一）平台经营者与平台内经营者之间具有竞争关系的，依照反垄断法第十七条的规定审查认定；

（二）平台经营者与平台内经营者之间不具有竞争关系的，依照反垄断法第十八条或者第十九条的规定审查认定；

（三）原告主张平台经营者滥用市场支配地位的，依照反垄断法第二十二条、电子商务法第二十二条的规定审查认定；

（四）原告主张平台经营者违反电子商务法第三十五条的规定的，依照该条规定处理。

**第二十六条** 经营者、经营者团体等组织其他经营者达成、实施垄断协议，给原告造成损失，原告依据民法典第一千一百六十八条的规定主张实施组织行为的经营者、经营者团体等与达成、实施垄断协议的其他经营者承担连带责任的，人民法院应当予以支持。

经营者、经营者团体等为其他经营者达成、实施垄断协议提供实质性帮助，给原告造成损失，原告依据民法典第一千一百六十九条第一款的规定主张提供帮助行为的经营者、经营者团体等与达成、实施垄断协议的其他经营者承担连带责任的，人民法院应当予以支持。但是，经营者、经营者团体等能够证明其不知道且不应当知道其他经营者达成、实施有关协议的除外。

前款所称实质性帮助，是指对垄断协议达成或者实施具有直接、重要促进作用的引导产生违法意图、提供便利条件、充当信息渠道、帮助实施惩罚等行为。

**第二十七条** 被告依据反垄断法第二十条第一款第一项至第五项的规定提出抗辩的，应当提供证据证明如下事实：

（一）被诉垄断协议能够实现相关目的或者效果；

（二）被诉垄断协议为实现相关目的或者效果所必需；

（三）被诉垄断协议不会严重限制相关市场的竞争；

（四）消费者能够分享由此产生的利益。

## 四、滥用市场支配地位

**第二十八条** 原告主张被诉垄断行为属于反垄断法第二十二条第一款规定的滥用市场支配地位的，应当对被告在相关市场内具有支配地位和被告滥用市场支配地位承担举证责任。被告以其行为具有正当性为由抗辩的，应当承担举证责任。

**第二十九条** 原告有证据证明经营者具有下列情形之一的，人民法院可以根据具体案件中相关市场的结构和实际竞争状况，结合相关市场经济规律等经济学知识，初步认定经营者在相关市场具有支配地位，但有相反证据足以反驳的除外：

（一）经营者在较长时间内维持明显高于市场竞争水平的价格，或者在较长时间内商品质量明显下降却未见大量用户流失，且相关市场明显缺乏竞争、创新和新进入者；

（二）经营者在较长时间内维持明显超过其他经营者的较高市场份额，且相关市场明显缺乏竞争、创新和新进入者。

被告对外发布的信息可以作为原告证明被告具有市场支配地位的初步证据，但有相反证据足以反驳的除外。

第三十条　反垄断法第二十三条和第二十四条所称的"经营者在相关市场的市场份额"，可以根据被诉垄断行为发生时经营者一定时期内的相关商品交易金额、交易数量、生产能力或者其他指标在相关市场所占的比例确定。

人民法院认定平台经营者在相关市场的市场份额时，可以采用能够反映相关市场实际竞争状况的交易金额、活跃用户数量、企业用户数量、用户使用时长、访问量、点击量、数据资产数量或者其他指标作为计算基准。

第三十一条　原告主张公用企业或者其他依法具有独占地位的经营者滥用市场支配地位的，人民法院可以根据市场结构和竞争状况的具体情况，认定被告在相关市场具有支配地位，但有相反证据足以反驳的除外。

第三十二条　人民法院依照反垄断法第二十三条的规定认定平台经营者的市场支配地位，可以重点考虑下列因素：

（一）平台的商业模式及平台经营者实际受到的竞争约束；

（二）平台经营者在相关市场的市场份额及该市场份额的持续时间；

（三）平台经营是否存在显著的网络效应、规模效应、范围效应等；

（四）平台经营者掌握的相关数据、算法、技术等情况；

（五）平台经营者对相邻市场的影响；

（六）用户或者平台内经营者对平台经营者的依赖程度及制衡能力、锁定效应、使用习惯、同时使用多个平台的情况、转向其他平台经营者的成本等；

（七）其他经营者进入相关市场的意愿、能力及所面临的规模要求、技术要求、政策法律限制等市场进入障碍；

（八）相关市场的创新和技术变化情况；

（九）其他需要考虑的与平台经营相关的因素。

第三十三条　人民法院依照反垄断法第二十三条的规定认定被诉滥用知识产权的经营者的市场支配地位，可以重点考虑下列因素：

（一）相关市场内特定知识产权客体的可替代性、替代性客体的数量及转向替代性客体的成本；

（二）利用该特定知识产权所提供的商品的可替代性及该商品的市场份额；

（三）交易相对人对拥有该特定知识产权的经营者的制衡能力；

（四）相关市场的创新和技术变化情况；

（五）其他需要考虑的与知识产权行使相关的因素。

经营者主张不能仅根据其拥有知识产权而推定具有市场支配地位的，人民法院应予支持。

**第三十四条** 依据反垄断法第二十四条第一款第二项、第三项被推定共同具有市场支配地位的经营者，有证据证明具有下列情形之一，反驳上述推定的，人民法院应予支持：

（一）该两个以上经营者之间不具有行为一致性且存在实质性竞争；

（二）该两个以上经营者作为整体在相关市场受到来自其他经营者的有效竞争约束。

**第三十五条** 经营者同时具备下列条件的，人民法院可以认定其构成反垄断法第二十二条规定的滥用市场支配地位行为：

（一）在相关市场具有支配地位；

（二）实施了被诉垄断行为；

（三）被诉垄断行为具有排除、限制竞争效果；

（四）实施被诉垄断行为缺乏正当理由。

**第三十六条** 人民法院认定反垄断法第二十二条第一款第一项规定的经营者"以不公平的高价销售商品或者以不公平的低价购买商品"，可以综合考虑下列因素：

（一）该商品的收益率是否明显偏离竞争性市场中的合理收益率；

（二）该商品的价格是否明显偏离其成本与竞争条件下的合理利润之和；

（三）经营者向交易相对人销售或者购买商品的价格是否明显高于或者低于该经营者在上下游市场中销售或者购买相同商品或者可比商品的价格；

（四）经营者向交易相对人销售或者购买商品的价格是否明显高于或者低于其他经营者在相同或者相似条件下销售或者购买相同商品或者可比商品的价格；

（五）经营者向交易相对人销售或者购买商品的价格是否明显高于或者低于

该经营者在相同或者相似条件下在其他地域市场销售或者购买相同商品或者可比商品的价格；

（六）经营者向交易相对人销售商品的价格增长幅度是否明显高于该经营者成本增长幅度，或者购买商品的价格降低幅度明显高于交易相对人成本降低幅度；

（七）该高价或者低价的持续时间；

（八）其他可以考虑的因素。

认定前款第四项、第五项所称相同或者相似条件，可以考虑经营模式、交易渠道、供求状况、监管环境、交易环节、成本结构、交易情况、平台类型等因素。

**第三十七条** 具有市场支配地位的经营者，具有下列情形之一的，人民法院可以初步认定其构成反垄断法第二十二条第一款第二项规定的"以低于成本的价格销售商品"：

（一）经营者在较长时间内持续以低于平均可变成本或者平均可避免成本的价格销售商品；

（二）经营者在较长时间内持续以高于平均可变成本或者平均可避免成本，但低于平均总成本的价格销售商品，且有其他证据证明其具有排除、限制同等效率的其他经营者在相关市场开展有效竞争的明确意图。

依照前款规定认定平台经营者以低于成本的价格销售商品，还应当考虑该平台涉及的多边市场中各相关市场之间的成本关联情况及其合理性。

具有下列情形之一的，人民法院可以认定构成反垄断法第二十二条第一款第二项规定的正当理由：

（一）低价处理鲜活商品、季节性商品、淘汰商品、即将超过有效期限的商品或者积压商品等；

（二）因清偿债务、转产、歇业等低价销售商品；

（三）为推广新商品、发展新业务、吸引新用户在合理期限内低价促销；

（四）能够证明行为具有正当性的其他理由。

**第三十八条** 具有市场支配地位的经营者，同时具备下列条件的，人民法院可以初步认定其构成反垄断法第二十二条第一款第三项规定的"拒绝与交易相对人进行交易"：

（一）经营者直接拒绝与交易相对人交易，提出交易相对人明显难以接受的交易条件，或者不合理地拖延交易，致使未能达成交易；

（二）经营者与交易相对人进行交易在经济、技术、法律和安全上具有可行性；

（三）拒绝交易行为排除、限制上游市场或者下游市场的竞争。

具有市场支配地位的经营者没有正当理由，拒绝将其商品、平台或者软件系统等与其他经营者提供的特定商品、平台或者软件系统等相兼容，拒绝开放其技术、数据、平台接口，或者拒绝许可其知识产权的，人民法院依照反垄断法第二十二条第一款第三项的规定予以认定时，可以综合考虑下列因素：

（一）该经营者实施兼容、开放或者许可在经济、技术、法律和安全上的可行性；

（二）该商品、平台或者软件系统、技术、数据、知识产权等的可替代性及重建成本；

（三）其他经营者在上游市场或者下游市场开展有效竞争对该经营者商品、平台或者软件系统、技术、数据、知识产权等的依赖程度；

（四）拒绝兼容、开放或者许可对创新以及推出新商品的影响；

（五）实施兼容、开放或者许可对该经营者自身经营活动和合法权益的影响；

（六）拒绝兼容、开放或者许可是否实质性地排除、限制相关市场的有效竞争；

（七）其他可以考虑的因素。

具有下列情形之一的，人民法院可以认定构成反垄断法第二十二条第一款第三项规定的正当理由：

（一）因不可抗力、情势变更等客观原因无法进行交易或者导致交易条件、结果明显不公平；

（二）交易相对人具有经营状况严重恶化、转移财产或者抽逃资金以逃避债务等丧失或者可能丧失履行交易能力的情形，或者具有不良信用记录、丧失商业信誉、实施违法犯罪等情形，影响交易安全；

（三）交易相对人拒绝接受适当的交易条件，或者不遵守经营者提出的合理要求；

（四）与交易相对人交易将严重减损该经营者的正当利益；

（五）能够证明行为具有正当性的其他理由。

**第三十九条** 具有市场支配地位的经营者，同时具备下列条件的，人民法院可以初步认定其构成反垄断法第二十二条第一款第四项规定的"限定交易相对人只能与其进行交易或者只能与其指定的经营者进行交易":

（一）经营者直接限定或者以设定交易条件、提供交易指南等方式变相限定交易相对人只能与其进行交易或者只能与其指定的经营者进行交易，或者限定交易相对人不得与特定经营者进行交易；

（二）限定交易行为排除、限制相关市场的竞争。

认定限定交易行为是否具有排除、限制竞争效果，可以综合考虑下列因素：

（一）限定交易的范围、程度及持续时间；

（二）限定交易是否提高市场进入壁垒或者增加竞争对手的成本而产生市场封锁效应；

（三）被告为平台经营者的，限定交易所针对的平台内经营者的可替代性和平台用户使用多个替代性平台的情况及其转向其他平台的成本；

（四）限定交易是否实质剥夺交易相对人的自主选择权；

（五）其他需要考虑的因素。

具有下列情形之一的，人民法院可以认定构成反垄断法第二十二条第一款第四项规定的正当理由：

（一）为保护交易相对人和消费者利益所必需；

（二）为满足商品安全要求所必需；

（三）为保护知识产权或者数据安全所必需；

（四）为保护针对交易进行的特定投入所必需；

（五）为维护平台合理的商业模式所必需；

（六）为防止对平台整体具有消极影响的不当行为所必需；

（七）能够证明行为具有正当性的其他理由。

**第四十条** 具有市场支配地位的经营者，同时具备下列条件的，人民法院可以初步认定其构成反垄断法第二十二条第一款第五项规定的"搭售商品"：

（一）经营者将可以单独销售的不同商品捆绑销售；

（二）交易相对人违背意愿接受被搭售商品；

（三）搭售行为排除、限制相关市场的竞争。

反垄断法第二十二条第一款第五项规定的"附加其他不合理的交易条件"，包括下列情形：

（一）对交易达成、服务方式、付款方式、销售地域及对象、售后保障等附加不合理限制；

（二）在交易对价之外索取缺乏合理依据的费用或者利益；

（三）附加与所涉交易缺乏关联性的交易条件；

（四）强制收集非必要的用户信息或者数据；

（五）附加限制交易相对人改进技术、研究开发新产品等不竞争义务。

具有下列情形之一的，人民法院可以认定构成反垄断法第二十二条第一款第五项规定的正当理由：

（一）符合正当的交易习惯、消费习惯或者商业惯例；

（二）为保护交易相对人和消费者利益所必需；

（三）为满足商品安全要求所必需；

（四）为正常实施特定技术所必需；

（五）为维护平台正常运行所必需；

（六）能够证明行为具有正当性的其他理由。

**第四十一条** 具有市场支配地位的经营者，同时具备下列条件的，人民法院可以初步认定其构成反垄断法第二十二条第一款第六项规定的"对条件相同的交易相对人在交易价格等交易条件上实行差别待遇"：

（一）经营者就相同商品对交易相对人在交易价格等交易条件上实行差别待遇；

（二）与经营者的其他交易相对人相比，该交易相对人在交易安全、交易成本、规模和能力、信用状况、所处交易环节、交易持续时间等方面不存在影响交易的实质性差异；

（三）差别待遇行为排除、限制相关市场的竞争。

具有市场支配地位的经营者向交易相对人销售或者购买商品的价格高于或者低于该经营者在上下游市场中销售或者购买相同商品的价格，形成对交易相对人的利润挤压，足以排除、限制同等效率的交易相对人在相关市场开展有效竞争的，人民法院可以初步认定该经营者构成前款所称差别待遇。

认定差别待遇是否具有排除、限制竞争效果，可以综合考虑下列因素：

（一）是否排除、限制经营者与竞争对手之间的竞争；

（二）是否致使交易相对人处于不利竞争地位，并排除、限制其所在相关市场的竞争；

（三）是否损害消费者利益和社会公共利益；

（四）其他可以考虑的因素。

具有下列情形之一的，人民法院可以认定构成反垄断法第二十二条第一款第六项规定的正当理由：

（一）根据交易相对人的实际需求实行差别待遇且符合正当的交易习惯、消费习惯或者商业惯例；

（二）针对新用户的首次交易在合理期限内开展优惠活动；

（三）基于公平、合理、无歧视的平台规则实施的随机性交易；

（四）能够证明行为具有正当性的其他理由。

第四十二条  平台内经营者作为原告提起诉讼，主张平台经营者利用数据、算法、技术、平台规则等实施滥用市场支配地位或者其他违法行为，根据原告的诉讼请求和具体案情，人民法院可以区别下列情形作出处理：

（一）平台经营者通过惩罚性或者激励性措施等限定平台内经营者交易、对平台内经营者附加不合理的交易条件、对条件相同的平台内经营者在交易价格等交易条件上实行差别待遇等，原告主张该平台经营者滥用市场支配地位的，依照反垄断法第二十二条、电子商务法第二十二条的规定审查认定；

（二）原告主张实施前项行为的平台经营者违反电子商务法第三十五条的规定的，依照该条规定处理。

## 五、民事责任

第四十三条  被告实施垄断行为，给原告造成损失的，根据原告的诉讼请求和查明的事实，人民法院可以依法判令被告承担停止侵害、赔偿损失等民事责任。

判令被告停止被诉垄断行为尚不足以消除排除、限制竞争效果的，根据原告的诉讼请求和具体案情，人民法院可以判令被告承担作出必要行为以恢复竞争的法律责任。

第四十四条  原告因被诉垄断行为受到的损失包括直接损失和相对于该行为未发生条件下减少的可得利益。

确定原告因被诉垄断行为受到的损失，可以考虑下列因素：

（一）被诉垄断行为实施之前或者结束以后与实施期间相关市场的商品价格、

经营成本、利润、市场份额等；

（二）未受垄断行为影响的可比市场的商品价格、经营成本、利润等；

（三）未受垄断行为影响的可比经营者的商品价格、经营成本、利润、市场份额等；

（四）其他可以合理证明原告因被诉垄断行为所受损失的因素。

原告有证据证明被诉垄断行为已经给其造成损失，但难以根据前款规定确定具体损失数额的，人民法院可以根据原告的主张和案件证据，考虑被诉垄断行为的性质、程度、持续时间、获得的利益等因素，酌情确定合理的赔偿数额。

第四十五条　根据原告的诉讼请求和具体案情，人民法院可以将原告因调查、制止垄断行为所支付的合理开支，包括合理的市场调查费用、经济分析费用、律师费用等，计入损失赔偿范围。

第四十六条　多个被诉垄断行为相互关联，在同一相关市场或者多个相关市场给原告造成难以分割的整体性损失的，人民法院在确定损失时应当整体考虑。

多个被诉垄断行为各自独立，在不同的相关市场给原告造成损失的，人民法院在确定损失时可以分别考虑。

第四十七条　横向垄断协议的经营者以达成、实施该协议的其他经营者为被告，依据反垄断法第六十条的规定请求赔偿其参与该协议期间的损失的，人民法院不予支持。

第四十八条　当事人主张被诉垄断行为所涉合同或者经营者团体的章程、决议、决定等因违反反垄断法或者其他法律、行政法规的强制性规定而无效的，人民法院应当依照民法典第一百五十三条的规定审查认定。

被诉垄断行为所涉合同或者经营者团体的章程、决议、决定中的部分条款因违反反垄断法或者其他法律、行政法规的强制性规定而无效，当事人主张与该部分条款具有紧密关联、不具有独立存在意义或者便利被诉垄断行为实施的其他条款一并无效的，人民法院可予支持。

第四十九条　因垄断行为产生的损害赔偿请求权诉讼时效期间，从原告知道或者应当知道权益受到损害以及义务人之日起计算。

原告向反垄断执法机构举报被诉垄断行为的，诉讼时效从其举报之日起中断。反垄断执法机构决定不立案、撤销案件或者决定终止调查的，诉讼时效期间从原告知道或者应当知道该事由之日起重新计算。

反垄断执法机构调查后认定构成垄断行为的，诉讼时效期间从原告知道或者应当知道反垄断执法机构认定构成垄断行为的处理决定确定发生法律效力之日起重新计算。

## 六、附　　则

**第五十条**　人民法院审理垄断民事纠纷案件，适用被诉垄断行为发生时施行的反垄断法。被诉垄断行为发生在修改后的反垄断法施行之前，行为持续至或者损害后果出现在修改后的反垄断法施行之后的，适用修改后的反垄断法。

**第五十一条**　本解释自 2024 年 7 月 1 日起施行。《最高人民法院关于审理因垄断行为引发的民事纠纷案件应用法律若干问题的规定》（法释〔2012〕5 号）同时废止。

本解释施行后，人民法院正在审理的第一审、第二审案件适用本解释；本解释施行前已经作出生效裁判，当事人申请再审或者依照审判监督程序再审的案件，不适用本解释。

# 最高人民法院关于适用《中华人民共和国反不正当竞争法》若干问题的解释

- 2022 年 1 月 29 日最高人民法院审判委员会第 1862 次会议通过
- 2022 年 3 月 16 日最高人民法院公告公布
- 自 2022 年 3 月 20 日起施行
- 法释〔2022〕9 号

为正确审理因不正当竞争行为引发的民事案件，根据《中华人民共和国民法典》《中华人民共和国反不正当竞争法》《中华人民共和国民事诉讼法》等有关法律规定，结合审判实践，制定本解释。

**第一条**　经营者扰乱市场竞争秩序，损害其他经营者或者消费者合法权益，且属于违反反不正当竞争法第二章及专利法、商标法、著作权法等规定之外情形的，人民法院可以适用反不正当竞争法第二条予以认定。

**第二条** 与经营者在生产经营活动中存在可能的争夺交易机会、损害竞争优势等关系的市场主体，人民法院可以认定为反不正当竞争法第二条规定的"其他经营者"。

**第三条** 特定商业领域普遍遵循和认可的行为规范，人民法院可以认定为反不正当竞争法第二条规定的"商业道德"。

人民法院应当结合案件具体情况，综合考虑行业规则或者商业惯例、经营者的主观状态、交易相对人的选择意愿、对消费者权益、市场竞争秩序、社会公共利益的影响等因素，依法判断经营者是否违反商业道德。

人民法院认定经营者是否违反商业道德时，可以参考行业主管部门、行业协会或者自律组织制定的从业规范、技术规范、自律公约等。

**第四条** 具有一定的市场知名度并具有区别商品来源的显著特征的标识，人民法院可以认定为反不正当竞争法第六条规定的"有一定影响的"标识。

人民法院认定反不正当竞争法第六条规定的标识是否具有一定的市场知名度，应当综合考虑中国境内相关公众的知悉程度，商品销售的时间、区域、数额和对象，宣传的持续时间、程度和地域范围，标识受保护的情况等因素。

**第五条** 反不正当竞争法第六条规定的标识有下列情形之一的，人民法院应当认定其不具有区别商品来源的显著特征：

（一）商品的通用名称、图形、型号；

（二）仅直接表示商品的质量、主要原料、功能、用途、重量、数量及其他特点的标识；

（三）仅由商品自身的性质产生的形状，为获得技术效果而需有的商品形状以及使商品具有实质性价值的形状；

（四）其他缺乏显著特征的标识。

前款第一项、第二项、第四项规定的标识经过使用取得显著特征，并具有一定的市场知名度，当事人请求依据反不正当竞争法第六条规定予以保护的，人民法院应予支持。

**第六条** 因客观描述、说明商品而正当使用下列标识，当事人主张属于反不正当竞争法第六条规定的情形的，人民法院不予支持：

（一）含有本商品的通用名称、图形、型号；

（二）直接表示商品的质量、主要原料、功能、用途、重量、数量以及其他特点；

（三）含有地名。

第七条 反不正当竞争法第六条规定的标识或者其显著识别部分属于商标法第十条第一款规定的不得作为商标使用的标志，当事人请求依据反不正当竞争法第六条规定予以保护的，人民法院不予支持。

第八条 由经营者营业场所的装饰、营业用具的式样、营业人员的服饰等构成的具有独特风格的整体营业形象，人民法院可以认定为反不正当竞争法第六条第一项规定的"装潢"。

第九条 市场主体登记管理部门依法登记的企业名称，以及在中国境内进行商业使用的境外企业名称，人民法院可以认定为反不正当竞争法第六条第二项规定的"企业名称"。

有一定影响的个体工商户、农民专业合作社（联合社）以及法律、行政法规规定的其他市场主体的名称（包括简称、字号等），人民法院可以依照反不正当竞争法第六条第二项予以认定。

第十条 在中国境内将有一定影响的标识用于商品、商品包装或者容器以及商品交易文书上，或者广告宣传、展览以及其他商业活动中，用于识别商品来源的行为，人民法院可以认定为反不正当竞争法第六条规定的"使用"。

第十一条 经营者擅自使用与他人有一定影响的企业名称（包括简称、字号等）、社会组织名称（包括简称等）、姓名（包括笔名、艺名、译名等）、域名主体部分、网站名称、网页等近似的标识，引人误认为是他人商品或者与他人存在特定联系，当事人主张属于反不正当竞争法第六条第二项、第三项规定的情形的，人民法院应予支持。

第十二条 人民法院认定与反不正当竞争法第六条规定的"有一定影响的"标识相同或者近似，可以参照商标相同或者近似的判断原则和方法。

反不正当竞争法第六条规定的"引人误认为是他人商品或者与他人存在特定联系"，包括误认为与他人具有商业联合、许可使用、商业冠名、广告代言等特定联系。

在相同商品上使用相同或者视觉上基本无差别的商品名称、包装、装潢等标识，应当视为足以造成与他人有一定影响的标识相混淆。

第十三条 经营者实施下列混淆行为之一，足以引人误认为是他人商品或者与他人存在特定联系的，人民法院可以依照反不正当竞争法第六条第四项予以认定：

（一）擅自使用反不正当竞争法第六条第一项、第二项、第三项规定以外"有一定影响的"标识；

（二）将他人注册商标、未注册的驰名商标作为企业名称中的字号使用，误导公众。

第十四条　经营者销售带有违反反不正当竞争法第六条规定的标识的商品，引人误认为是他人商品或者与他人存在特定联系，当事人主张构成反不正当竞争法第六条规定的情形的，人民法院应予支持。

销售不知道是前款规定的侵权商品，能证明该商品是自己合法取得并说明提供者，经营者主张不承担赔偿责任的，人民法院应予支持。

第十五条　故意为他人实施混淆行为提供仓储、运输、邮寄、印制、隐匿、经营场所等便利条件，当事人请求依据民法典第一千一百六十九条第一款予以认定的，人民法院应予支持。

第十六条　经营者在商业宣传过程中，提供不真实的商品相关信息，欺骗、误导相关公众的，人民法院应当认定为反不正当竞争法第八条第一款规定的虚假的商业宣传。

第十七条　经营者具有下列行为之一，欺骗、误导相关公众的，人民法院可以认定为反不正当竞争法第八条第一款规定的"引人误解的商业宣传"：

（一）对商品作片面的宣传或者对比；

（二）将科学上未定论的观点、现象等当作定论的事实用于商品宣传；

（三）使用歧义性语言进行商业宣传；

（四）其他足以引人误解的商业宣传行为。

人民法院应当根据日常生活经验、相关公众一般注意力、发生误解的事实和被宣传对象的实际情况等因素，对引人误解的商业宣传行为进行认定。

第十八条　当事人主张经营者违反反不正当竞争法第八条第一款的规定并请求赔偿损失的，应当举证证明其因虚假或者引人误解的商业宣传行为受到损失。

第十九条　当事人主张经营者实施了反不正当竞争法第十一条规定的商业诋毁行为的，应当举证证明其为该商业诋毁行为的特定损害对象。

第二十条　经营者传播他人编造的虚假信息或者误导性信息，损害竞争对手的商业信誉、商品声誉的，人民法院应当依照反不正当竞争法第十一条予以认定。

第二十一条　未经其他经营者和用户同意而直接发生的目标跳转，人民法院应当认定为反不正当竞争法第十二条第二款第一项规定的"强制进行目标跳转"。

仅插入链接，目标跳转由用户触发的，人民法院应当综合考虑插入链接的具体方式、是否具有合理理由以及对用户利益和其他经营者利益的影响等因素，认定该行为是否违反反不正当竞争法第十二条第二款第一项的规定。

第二十二条　经营者事前未明确提示并经用户同意，以误导、欺骗、强迫用户修改、关闭、卸载等方式，恶意干扰或者破坏其他经营者合法提供的网络产品或者服务，人民法院应当依照反不正当竞争法第十二条第二款第二项予以认定。

第二十三条　对于反不正当竞争法第二条、第八条、第十一条、第十二条规定的不正当竞争行为，权利人因被侵权所受到的实际损失、侵权人因侵权所获得的利益难以确定，当事人主张依据反不正当竞争法第十七条第四款确定赔偿数额的，人民法院应予支持。

第二十四条　对于同一侵权人针对同一主体在同一时间和地域范围实施的侵权行为，人民法院已经认定侵害著作权、专利权或者注册商标专用权等并判令承担民事责任，当事人又以该行为构成不正当竞争为由请求同一侵权人承担民事责任的，人民法院不予支持。

第二十五条　依据反不正当竞争法第六条的规定，当事人主张判令被告停止使用或者变更其企业名称的诉讼请求依法应予支持的，人民法院应当判令停止使用该企业名称。

第二十六条　因不正当竞争行为提起的民事诉讼，由侵权行为地或者被告住所地人民法院管辖。

当事人主张仅以网络购买者可以任意选择的收货地作为侵权行为地的，人民法院不予支持。

第二十七条　被诉不正当竞争行为发生在中华人民共和国领域外，但侵权结果发生在中华人民共和国领域内，当事人主张由该侵权结果发生地人民法院管辖的，人民法院应予支持。

第二十八条　反不正当竞争法修改决定施行以后人民法院受理的不正当竞争民事案件，涉及该决定施行前发生的行为的，适用修改前的反不正当竞争法；涉及该决定施行前发生、持续到该决定施行以后的行为的，适用修改后的反不正当竞争法。

第二十九条　本解释自 2022 年 3 月 20 日起施行。《最高人民法院关于审理不正当竞争民事案件应用法律若干问题的解释》（法释〔2007〕2 号）同时废止。

本解释施行以后尚未终审的案件，适用本解释；施行以前已经终审的案件，不适用本解释再审。

# 最高人民法院关于审理侵犯商业秘密民事案件适用法律若干问题的规定

- 2020 年 8 月 24 日最高人民法院审判委员会第 1810 次会议通过
- 2020 年 9 月 10 日最高人民法院公告公布
- 自 2020 年 9 月 12 日起施行
- 法释〔2020〕7 号

为正确审理侵犯商业秘密民事案件，根据《中华人民共和国反不正当竞争法》《中华人民共和国民事诉讼法》等有关法律规定，结合审判实际，制定本规定。

第一条　与技术有关的结构、原料、组分、配方、材料、样品、样式、植物新品种繁殖材料、工艺、方法或其步骤、算法、数据、计算机程序及其有关文档等信息，人民法院可以认定构成反不正当竞争法第九条第四款所称的技术信息。

与经营活动有关的创意、管理、销售、财务、计划、样本、招投标材料、客户信息、数据等信息，人民法院可以认定构成反不正当竞争法第九条第四款所称的经营信息。

前款所称的客户信息，包括客户的名称、地址、联系方式以及交易习惯、意向、内容等信息。

第二条　当事人仅以与特定客户保持长期稳定交易关系为由，主张该特定客户属于商业秘密的，人民法院不予支持。

客户基于对员工个人的信赖而与该员工所在单位进行交易，该员工离职后，能够证明客户自愿选择与该员工或者该员工所在的新单位进行交易的，人民法院应当认定该员工没有采用不正当手段获取权利人的商业秘密。

**第三条** 权利人请求保护的信息在被诉侵权行为发生时不为所属领域的相关人员普遍知悉和容易获得的,人民法院应当认定为反不正当竞争法第九条第四款所称的不为公众所知悉。

**第四条** 具有下列情形之一的,人民法院可以认定有关信息为公众所知悉:

(一)该信息在所属领域属于一般常识或者行业惯例的;

(二)该信息仅涉及产品的尺寸、结构、材料、部件的简单组合等内容,所属领域的相关人员通过观察上市产品即可直接获得的;

(三)该信息已经在公开出版物或者其他媒体上公开披露的;

(四)该信息已通过公开的报告会、展览等方式公开的;

(五)所属领域的相关人员从其他公开渠道可以获得该信息的。

将为公众所知悉的信息进行整理、改进、加工后形成的新信息,符合本规定第三条规定的,应当认定该新信息不为公众所知悉。

**第五条** 权利人为防止商业秘密泄露,在被诉侵权行为发生以前所采取的合理保密措施,人民法院应当认定为反不正当竞争法第九条第四款所称的相应保密措施。

人民法院应当根据商业秘密及其载体的性质、商业秘密的商业价值、保密措施的可识别程度、保密措施与商业秘密的对应程度以及权利人的保密意愿等因素,认定权利人是否采取了相应保密措施。

**第六条** 具有下列情形之一,在正常情况下足以防止商业秘密泄露的,人民法院应当认定权利人采取了相应保密措施:

(一)签订保密协议或者在合同中约定保密义务的;

(二)通过章程、培训、规章制度、书面告知等方式,对能够接触、获取商业秘密的员工、前员工、供应商、客户、来访者等提出保密要求的;

(三)对涉密的厂房、车间等生产经营场所限制来访者或者进行区分管理的;

(四)以标记、分类、隔离、加密、封存、限制能够接触或者获取的人员范围等方式,对商业秘密及其载体进行区分和管理的;

(五)对能够接触、获取商业秘密的计算机设备、电子设备、网络设备、存储设备、软件等,采取禁止或者限制使用、访问、存储、复制等措施的;

(六)要求离职员工登记、返还、清除、销毁其接触或者获取的商业秘密及其载体,继续承担保密义务的;

（七）采取其他合理保密措施的。

**第七条** 权利人请求保护的信息因不为公众所知悉而具有现实的或者潜在的商业价值的，人民法院经审查可以认定为反不正当竞争法第九条第四款所称的具有商业价值。

生产经营活动中形成的阶段性成果符合前款规定的，人民法院经审查可以认定该成果具有商业价值。

**第八条** 被诉侵权人以违反法律规定或者公认的商业道德的方式获取权利人的商业秘密的，人民法院应当认定属于反不正当竞争法第九条第一款所称的以其他不正当手段获取权利人的商业秘密。

**第九条** 被诉侵权人在生产经营活动中直接使用商业秘密，或者对商业秘密进行修改、改进后使用，或者根据商业秘密调整、优化、改进有关生产经营活动的，人民法院应当认定属于反不正当竞争法第九条所称的使用商业秘密。

**第十条** 当事人根据法律规定或者合同约定所承担的保密义务，人民法院应当认定属于反不正当竞争法第九条第一款所称的保密义务。

当事人未在合同中约定保密义务，但根据诚信原则以及合同的性质、目的、缔约过程、交易习惯等，被诉侵权人知道或者应当知道其获取的信息属于权利人的商业秘密的，人民法院应当认定被诉侵权人对其获取的商业秘密承担保密义务。

**第十一条** 法人、非法人组织的经营、管理人员以及具有劳动关系的其他人员，人民法院可以认定为反不正当竞争法第九条第三款所称的员工、前员工。

**第十二条** 人民法院认定员工、前员工是否有渠道或者机会获取权利人的商业秘密，可以考虑与其有关的下列因素：

（一）职务、职责、权限；

（二）承担的本职工作或者单位分配的任务；

（三）参与和商业秘密有关的生产经营活动的具体情形；

（四）是否保管、使用、存储、复制、控制或者以其他方式接触、获取商业秘密及其载体；

（五）需要考虑的其他因素。

**第十三条** 被诉侵权信息与商业秘密不存在实质性区别的，人民法院可以认定被诉侵权信息与商业秘密构成反不正当竞争法第三十二条第二款所称的实质上相同。

人民法院认定是否构成前款所称的实质上相同，可以考虑下列因素：

（一）被诉侵权信息与商业秘密的异同程度；

（二）所属领域的相关人员在被诉侵权行为发生时是否容易想到被诉侵权信息与商业秘密的区别；

（三）被诉侵权信息与商业秘密的用途、使用方式、目的、效果等是否具有实质性差异；

（四）公有领域中与商业秘密相关信息的情况；

（五）需要考虑的其他因素。

第十四条 通过自行开发研制或者反向工程获得被诉侵权信息的，人民法院应当认定不属于反不正当竞争法第九条规定的侵犯商业秘密行为。

前款所称的反向工程，是指通过技术手段对从公开渠道取得的产品进行拆卸、测绘、分析等而获得该产品的有关技术信息。

被诉侵权人以不正当手段获取权利人的商业秘密后，又以反向工程为由主张未侵犯商业秘密的，人民法院不予支持。

第十五条 被申请人试图或者已经以不正当手段获取、披露、使用或者允许他人使用权利人所主张的商业秘密，不采取行为保全措施会使判决难以执行或者造成当事人其他损害，或者将会使权利人的合法权益受到难以弥补的损害的，人民法院可以依法裁定采取行为保全措施。

前款规定的情形属于民事诉讼法第一百条、第一百零一条所称情况紧急的，人民法院应当在四十八小时内作出裁定。

第十六条 经营者以外的其他自然人、法人和非法人组织侵犯商业秘密，权利人依据反不正当竞争法第十七条的规定主张侵权人应当承担的民事责任的，人民法院应予支持。

第十七条 人民法院对于侵犯商业秘密行为判决停止侵害的民事责任时，停止侵害的时间一般应当持续到该商业秘密已为公众所知悉时为止。

依照前款规定判决停止侵害的时间明显不合理的，人民法院可以在依法保护权利人的商业秘密竞争优势的情况下，判决侵权人在一定期限或者范围内停止使用该商业秘密。

第十八条 权利人请求判决侵权人返还或者销毁商业秘密载体，清除其控制的商业秘密信息的，人民法院一般应予支持。

第十九条　因侵权行为导致商业秘密为公众所知悉的，人民法院依法确定赔偿数额时，可以考虑商业秘密的商业价值。

人民法院认定前款所称的商业价值，应当考虑研究开发成本、实施该项商业秘密的收益、可得利益、可保持竞争优势的时间等因素。

第二十条　权利人请求参照商业秘密许可使用费确定因被侵权所受到的实际损失的，人民法院可以根据许可的性质、内容、实际履行情况以及侵权行为的性质、情节、后果等因素确定。

人民法院依照反不正当竞争法第十七条第四款确定赔偿数额的，可以考虑商业秘密的性质、商业价值、研究开发成本、创新程度、能带来的竞争优势以及侵权人的主观过错、侵权行为的性质、情节、后果等因素。

第二十一条　对于涉及当事人或者案外人的商业秘密的证据、材料，当事人或者案外人书面申请人民法院采取保密措施的，人民法院应当在保全、证据交换、质证、委托鉴定、询问、庭审等诉讼活动中采取必要的保密措施。

违反前款所称的保密措施的要求，擅自披露商业秘密或者在诉讼活动之外使用或者允许他人使用在诉讼中接触、获取的商业秘密的，应当依法承担民事责任。构成民事诉讼法第一百一十一条规定情形的，人民法院可以依法采取强制措施。构成犯罪的，依法追究刑事责任。

第二十二条　人民法院审理侵犯商业秘密民事案件时，对在侵犯商业秘密犯罪刑事诉讼程序中形成的证据，应当按照法定程序，全面、客观地审查。

由公安机关、检察机关或者人民法院保存的与被诉侵权行为具有关联性的证据，侵犯商业秘密民事案件的当事人及其诉讼代理人因客观原因不能自行收集，申请调查收集的，人民法院应当准许，但可能影响正在进行的刑事诉讼程序的除外。

第二十三条　当事人主张依据生效刑事裁判认定的实际损失或者违法所得确定涉及同一侵犯商业秘密行为的民事案件赔偿数额的，人民法院应予支持。

第二十四条　权利人已经提供侵权人因侵权所获得的利益的初步证据，但与侵犯商业秘密行为相关的账簿、资料由侵权人掌握的，人民法院可以根据权利人的申请，责令侵权人提供该账簿、资料。侵权人无正当理由拒不提供或者不如实提供的，人民法院可以根据权利人的主张和提供的证据认定侵权人因侵权所获得的利益。

第二十五条　当事人以涉及同一被诉侵犯商业秘密行为的刑事案件尚未审结为由，请求中止审理侵犯商业秘密民事案件，人民法院在听取当事人意见后认为必须以该刑事案件的审理结果为依据的，应予支持。

第二十六条　对于侵犯商业秘密行为，商业秘密独占使用许可合同的被许可人提起诉讼的，人民法院应当依法受理。

排他使用许可合同的被许可人和权利人共同提起诉讼，或者在权利人不起诉的情况下自行提起诉讼的，人民法院应当依法受理。

普通使用许可合同的被许可人和权利人共同提起诉讼，或者经权利人书面授权单独提起诉讼的，人民法院应当依法受理。

第二十七条　权利人应当在一审法庭辩论结束前明确所主张的商业秘密具体内容。仅能明确部分的，人民法院对该明确的部分进行审理。

权利人在第二审程序中另行主张其在一审中未明确的商业秘密具体内容的，第二审人民法院可以根据当事人自愿的原则就与该商业秘密具体内容有关的诉讼请求进行调解；调解不成的，告知当事人另行起诉。双方当事人均同意由第二审人民法院一并审理的，第二审人民法院可以一并裁判。

第二十八条　人民法院审理侵犯商业秘密民事案件，适用被诉侵权行为发生时的法律。被诉侵权行为在法律修改之前已经发生且持续到法律修改之后的，适用修改后的法律。

第二十九条　本规定自 2020 年 9 月 12 日起施行。最高人民法院以前发布的相关司法解释与本规定不一致的，以本规定为准。

本规定施行后，人民法院正在审理的一审、二审案件适用本规定；施行前已经作出生效裁判的案件，不适用本规定再审。

# 禁止垄断协议规定

- 2023年3月10日国家市场监督管理总局令第65号公布
- 自2023年4月15日起施行

第一条 为了预防和制止垄断协议，根据《中华人民共和国反垄断法》（以下简称反垄断法），制定本规定。

第二条 国家市场监督管理总局（以下简称市场监管总局）负责垄断协议的反垄断统一执法工作。

市场监管总局根据反垄断法第十三条第二款规定，授权各省、自治区、直辖市市场监督管理部门（以下称省级市场监管部门）负责本行政区域内垄断协议的反垄断执法工作。

本规定所称反垄断执法机构包括市场监管总局和省级市场监管部门。

第三条 市场监管总局负责查处下列垄断协议：

（一）跨省、自治区、直辖市的；

（二）案情较为复杂或者在全国有重大影响的；

（三）市场监管总局认为有必要直接查处的。

前款所列垄断协议，市场监管总局可以指定省级市场监管部门查处。

省级市场监管部门根据授权查处垄断协议时，发现不属于本部门查处范围，或者虽属于本部门查处范围，但有必要由市场监管总局查处的，应当及时向市场监管总局报告。

第四条 反垄断执法机构查处垄断协议时，应当平等对待所有经营者。

第五条 垄断协议是指排除、限制竞争的协议、决定或者其他协同行为。

协议或者决定可以是书面、口头等形式。

其他协同行为是指经营者之间虽未明确订立协议或者决定，但实质上存在协调一致的行为。

第六条 认定其他协同行为，应当考虑下列因素：

（一）经营者的市场行为是否具有一致性；

（二）经营者之间是否进行过意思联络或者信息交流；

（三）经营者能否对行为的一致性作出合理解释；

（四）相关市场的市场结构、竞争状况、市场变化等情况。

**第七条** 相关市场是指经营者在一定时期内就特定商品或者服务（以下统称商品）进行竞争的商品范围和地域范围，包括相关商品市场和相关地域市场。

界定相关市场应当从需求者角度进行需求替代分析。当供给替代对经营者行为产生的竞争约束类似于需求替代时，也应当考虑供给替代。

界定相关商品市场，从需求替代角度，可以考虑需求者对商品价格等因素变化的反应、商品的特征与用途、销售渠道等因素。从供给替代角度，可以考虑其他经营者转产的难易程度、转产后所提供商品的市场竞争力等因素。

界定平台经济领域相关商品市场，可以根据平台一边的商品界定相关商品市场，也可以根据平台所涉及的多边商品，将平台整体界定为一个相关商品市场，或者分别界定多个相关商品市场，并考虑各相关商品市场之间的相互关系和影响。

界定相关地域市场，从需求替代角度，可以考虑商品的运输特征与成本、多数需求者选择商品的实际区域、地域间的贸易壁垒等因素。从供给替代角度，可以考虑其他地域经营者供应商品的及时性与可行性等因素。

**第八条** 禁止具有竞争关系的经营者就固定或者变更商品价格达成下列垄断协议：

（一）固定或者变更价格水平、价格变动幅度、利润水平或者折扣、手续费等其他费用；

（二）约定采用据以计算价格的标准公式、算法、平台规则等；

（三）限制参与协议的经营者的自主定价权；

（四）通过其他方式固定或者变更价格。

本规定所称具有竞争关系的经营者，包括处于同一相关市场进行竞争的实际经营者和可能进入相关市场进行竞争的潜在经营者。

**第九条** 禁止具有竞争关系的经营者就限制商品的生产数量或者销售数量达成下列垄断协议：

（一）以限制产量、固定产量、停止生产等方式限制商品的生产数量，或者限制特定品种、型号商品的生产数量；

（二）以限制商品投放量等方式限制商品的销售数量，或者限制特定品种、型号商品的销售数量；

（三）通过其他方式限制商品的生产数量或者销售数量。

第十条　禁止具有竞争关系的经营者就分割销售市场或者原材料采购市场达成下列垄断协议：

（一）划分商品销售地域、市场份额、销售对象、销售收入、销售利润或者销售商品的种类、数量、时间；

（二）划分原料、半成品、零部件、相关设备等原材料的采购区域、种类、数量、时间或者供应商；

（三）通过其他方式分割销售市场或者原材料采购市场。

前款关于分割销售市场或者原材料采购市场的规定适用于数据、技术和服务等。

第十一条　禁止具有竞争关系的经营者就限制购买新技术、新设备或者限制开发新技术、新产品达成下列垄断协议：

（一）限制购买、使用新技术、新工艺；

（二）限制购买、租赁、使用新设备、新产品；

（三）限制投资、研发新技术、新工艺、新产品；

（四）拒绝使用新技术、新工艺、新设备、新产品；

（五）通过其他方式限制购买新技术、新设备或者限制开发新技术、新产品。

第十二条　禁止具有竞争关系的经营者就联合抵制交易达成下列垄断协议：

（一）联合拒绝向特定经营者供应或者销售商品；

（二）联合拒绝采购或者销售特定经营者的商品；

（三）联合限定特定经营者不得与其具有竞争关系的经营者进行交易；

（四）通过其他方式联合抵制交易。

第十三条　具有竞争关系的经营者不得利用数据和算法、技术以及平台规则等，通过意思联络、交换敏感信息、行为协调一致等方式，达成本规定第八条至第十二条规定的垄断协议。

第十四条　禁止经营者与交易相对人就商品价格达成下列垄断协议：

（一）固定向第三人转售商品的价格水平、价格变动幅度、利润水平或者折扣、手续费等其他费用；

（二）限定向第三人转售商品的最低价格，或者通过限定价格变动幅度、利润水平或者折扣、手续费等其他费用限定向第三人转售商品的最低价格；

（三）通过其他方式固定转售商品价格或者限定转售商品最低价格。

对前款规定的协议，经营者能够证明其不具有排除、限制竞争效果的，不予禁止。

第十五条　经营者不得利用数据和算法、技术以及平台规则等，通过对价格进行统一、限定或者自动化设定转售商品价格等方式，达成本规定第十四条规定的垄断协议。

第十六条　不属于本规定第八条至第十五条所列情形的其他协议、决定或者协同行为，有证据证明排除、限制竞争的，应当认定为垄断协议并予以禁止。

前款规定的垄断协议由市场监管总局负责认定，认定时应当考虑下列因素：

（一）经营者达成、实施协议的事实；

（二）市场竞争状况；

（三）经营者在相关市场中的市场份额及其对市场的控制力；

（四）协议对商品价格、数量、质量等方面的影响；

（五）协议对市场进入、技术进步等方面的影响；

（六）协议对消费者、其他经营者的影响；

（七）与认定垄断协议有关的其他因素。

第十七条　经营者与交易相对人达成协议，经营者能够证明参与协议的经营者在相关市场的市场份额低于市场监管总局规定的标准，并符合市场监管总局规定的其他条件的，不予禁止。

第十八条　反垄断法第十九条规定的经营者组织其他经营者达成垄断协议，包括下列情形：

（一）经营者不属于垄断协议的协议方，在垄断协议达成或者实施过程中，对协议的主体范围、主要内容、履行条件等具有决定性或者主导作用；

（二）经营者与多个交易相对人签订协议，使具有竞争关系的交易相对人之间通过该经营者进行意思联络或者信息交流，达成本规定第八条至第十三条的垄断协议；

（三）通过其他方式组织其他经营者达成垄断协议。

反垄断法第十九条规定的经营者为其他经营者达成垄断协议提供实质性帮助，

包括提供必要的支持、创造关键性的便利条件，或者其他重要帮助。

第十九条 经营者能够证明被调查的垄断协议属于反垄断法第二十条规定情形的，不适用本规定第八条至第十六条、第十八条的规定。

第二十条 反垄断执法机构认定被调查的垄断协议是否属于反垄断法第二十条规定的情形，应当考虑下列因素：

（一）协议实现该情形的具体形式和效果；

（二）协议与实现该情形之间的因果关系；

（三）协议是否是实现该情形的必要条件；

（四）其他可以证明协议属于相关情形的因素。

反垄断执法机构认定消费者能否分享协议产生的利益，应当考虑消费者是否因协议的达成、实施在商品价格、质量、种类等方面获得利益。

第二十一条 行业协会应当加强行业自律，引导本行业的经营者依法竞争，合规经营，维护市场竞争秩序。禁止行业协会从事下列行为：

（一）制定、发布含有排除、限制竞争内容的行业协会章程、规则、决定、通知、标准等；

（二）召集、组织或者推动本行业的经营者达成含有排除、限制竞争内容的协议、决议、纪要、备忘录等；

（三）其他组织本行业经营者达成或者实施垄断协议的行为。

本规定所称行业协会是指由同行业经济组织和个人组成，行使行业服务和自律管理职能的各种协会、学会、商会、联合会、促进会等社会团体法人。

第二十二条 反垄断执法机构依据职权，或者通过举报、上级机关交办、其他机关移送、下级机关报告、经营者主动报告等途径，发现涉嫌垄断协议。

第二十三条 举报采用书面形式并提供相关事实和证据的，反垄断执法机构应当进行必要的调查。书面举报一般包括下列内容：

（一）举报人的基本情况；

（二）被举报人的基本情况；

（三）涉嫌垄断协议的相关事实和证据；

（四）是否就同一事实已向其他行政机关举报或者向人民法院提起诉讼。

反垄断执法机构根据工作需要，可以要求举报人补充举报材料。

对于采用书面形式的实名举报，反垄断执法机构在案件调查处理完毕后，可以根据举报人的书面请求依法向其反馈举报处理结果。

第二十四条 反垄断执法机构经过对涉嫌垄断协议的必要调查，符合下列条件的，应当立案：

（一）有证据初步证明经营者达成垄断协议；

（二）属于本部门查处范围；

（三）在给予行政处罚的法定期限内。

省级市场监管部门应当自立案之日起七个工作日内向市场监管总局备案。

第二十五条 市场监管总局在查处垄断协议时，可以委托省级市场监管部门进行调查。

省级市场监管部门在查处垄断协议时，可以委托下级市场监管部门进行调查。

受委托的市场监管部门在委托范围内，以委托机关的名义实施调查，不得再委托其他行政机关、组织或者个人进行调查。

第二十六条 省级市场监管部门查处垄断协议时，可以根据需要商请相关省级市场监管部门协助调查，相关省级市场监管部门应当予以协助。

第二十七条 反垄断执法机构对垄断协议进行行政处罚的，应当在作出行政处罚决定之前，书面告知当事人拟作出的行政处罚内容及事实、理由、依据，并告知当事人依法享有的陈述权、申辩权和要求听证的权利。

第二十八条 反垄断执法机构在告知当事人拟作出的行政处罚决定后，应当充分听取当事人的意见，对当事人提出的事实、理由和证据进行复核。

第二十九条 反垄断执法机构对垄断协议作出行政处罚决定，应当依法制作行政处罚决定书，并加盖本部门印章。

行政处罚决定书的内容包括：

（一）当事人的姓名或者名称、地址等基本情况；

（二）案件来源及调查经过；

（三）违反法律、法规、规章的事实和证据；

（四）当事人陈述、申辩的采纳情况及理由；

（五）行政处罚的内容和依据；

（六）行政处罚的履行方式和期限；

（七）申请行政复议、提起行政诉讼的途径和期限；

（八）作出行政处罚决定的反垄断执法机构的名称和作出决定的日期。

**第三十条** 反垄断执法机构认定被调查的垄断协议属于反垄断法第二十条规定情形的,应当终止调查并制作终止调查决定书。终止调查决定书应当载明协议的基本情况、适用反垄断法第二十条的依据和理由等。

反垄断执法机构作出终止调查决定后,因情况发生重大变化,导致被调查的协议不再符合反垄断法第二十条规定情形的,反垄断执法机构应当依法开展调查。

**第三十一条** 涉嫌垄断协议的经营者在被调查期间,可以提出中止调查申请,承诺在反垄断执法机构认可的期限内采取具体措施消除行为影响。

中止调查申请应当以书面形式提出,并由经营者负责人签字并盖章。申请书应当载明下列事项:

(一)涉嫌垄断协议的事实;

(二)承诺采取消除行为后果的具体措施;

(三)履行承诺的时限;

(四)需要承诺的其他内容。

**第三十二条** 反垄断执法机构根据被调查经营者的中止调查申请,在考虑行为的性质、持续时间、后果、社会影响、经营者承诺的措施及其预期效果等具体情况后,决定是否中止调查。

反垄断执法机构对涉嫌垄断协议调查核实后,认为构成垄断协议的,不得中止调查,应当依法作出处理决定。

对于符合本规定第八条至第十条规定的涉嫌垄断协议,反垄断执法机构不得接受中止调查申请。

**第三十三条** 反垄断执法机构决定中止调查的,应当制作中止调查决定书。

中止调查决定书应当载明被调查经营者涉嫌达成垄断协议的事实、承诺的具体内容、消除影响的具体措施、履行承诺的时限以及未履行或者未完全履行承诺的法律后果等内容。

**第三十四条** 决定中止调查的,反垄断执法机构应当对经营者履行承诺的情况进行监督。

经营者应当在规定的时限内向反垄断执法机构书面报告承诺履行情况。

**第三十五条** 反垄断执法机构确定经营者已经履行承诺的,可以决定终止调查,并制作终止调查决定书。

终止调查决定书应当载明被调查经营者涉嫌垄断协议的事实、作出中止调查决定的情况、承诺的具体内容、履行承诺的情况、监督情况等内容。

有下列情形之一的,反垄断执法机构应当恢复调查:

(一)经营者未履行或者未完全履行承诺的;

(二)作出中止调查决定所依据的事实发生重大变化的;

(三)中止调查决定是基于经营者提供的不完整或者不真实的信息作出的。

第三十六条 经营者涉嫌违反本规定的,反垄断执法机构可以对其法定代表人或者负责人进行约谈。

约谈应当指出经营者涉嫌达成垄断协议的问题,听取情况说明,开展提醒谈话,并可以要求其提出改进措施,消除行为危害后果。

经营者应当按照反垄断执法机构要求进行改进,提出消除行为危害后果的具体措施、履行时限等,并提交书面报告。

第三十七条 经营者达成或者组织其他经营者达成垄断协议,或者为其他经营者达成垄断协议提供实质性帮助,主动向反垄断执法机构报告有关情况并提供重要证据的,可以申请依法减轻或者免除处罚。

经营者应当在反垄断执法机构行政处罚告知前,向反垄断执法机构提出申请。

申请材料应当包括以下内容:

(一)垄断协议有关情况的报告,包括但不限于参与垄断协议的经营者、涉及的商品范围、达成协议的内容和方式、协议的具体实施情况、是否向其他境外执法机构提出申请等。

(二)达成或者实施垄断协议的重要证据。重要证据是指反垄断执法机构尚未掌握的,能够对立案调查或者对认定垄断协议起到关键性作用的证据。

经营者的法定代表人、主要负责人和直接责任人员对达成垄断协议负有个人责任的,适用本条规定。

第三十八条 经营者根据本规定第三十七条提出申请的,反垄断执法机构应当根据经营者主动报告的时间顺序、提供证据的重要程度以及达成、实施垄断协议的有关情况,决定是否减轻或者免除处罚。

第三十九条 省级市场监管部门作出不予行政处罚决定、中止调查决定、恢复调查决定、终止调查决定或者行政处罚告知前,应当向市场监管总局报告,接受市场监管总局的指导和监督。

省级市场监管部门向被调查经营者送达不予行政处罚决定书、中止调查决定书、恢复调查决定书、终止调查决定书或者行政处罚决定书后，应当在七个工作日内向市场监管总局备案。

**第四十条** 反垄断执法机构作出行政处理决定后，依法向社会公布。行政处罚信息应当依法通过国家企业信用信息公示系统向社会公示。

**第四十一条** 市场监管总局应当加强对省级市场监管部门查处垄断协议的指导和监督，统一执法程序和标准。

省级市场监管部门应当严格按照市场监管总局相关规定查处垄断协议案件。

**第四十二条** 经营者违反本规定，达成并实施垄断协议的，由反垄断执法机构责令停止违法行为，没收违法所得，并处上一年度销售额百分之一以上百分之十以下的罚款，上一年度没有销售额的，处五百万元以下的罚款；尚未实施所达成的垄断协议的，可以处三百万元以下的罚款。

经营者的法定代表人、主要负责人和直接责任人员对达成垄断协议负有个人责任的，可以处一百万元以下的罚款。

**第四十三条** 经营者组织其他经营者达成垄断协议或者为其他经营者达成垄断协议提供实质性帮助的，适用本规定第四十二条规定。

**第四十四条** 行业协会违反本规定，组织本行业的经营者达成垄断协议的，由反垄断执法机构责令改正，可以处三百万元以下的罚款；情节严重的，反垄断执法机构可以提请社会团体登记管理机关依法撤销登记。

**第四十五条** 反垄断执法机构确定具体罚款数额时，应当考虑违法行为的性质、程度、持续时间和消除违法行为后果的情况等因素。

违反本规定，情节特别严重、影响特别恶劣、造成特别严重后果的，市场监管总局可以在本规定第四十二条、第四十三条、第四十四条规定的罚款数额的二倍以上五倍以下确定具体罚款数额。

**第四十六条** 经营者因行政机关和法律、法规授权的具有管理公共事务职能的组织滥用行政权力而达成垄断协议的，按照本规定第四十二条、第四十三条、第四十四条、第四十五条处理。经营者能够证明其受行政机关和法律、法规授权的具有管理公共事务职能的组织滥用行政权力强制或者变相强制达成垄断协议的，可以依法从轻或者减轻处罚。

**第四十七条** 经营者根据本规定第三十七条主动向反垄断执法机构报告达成垄断协议的有关情况并提供重要证据的，反垄断执法机构可以按照下列幅度减轻或者免除对其处罚；对于第一个申请者，反垄断执法机构可以免除处罚或者按照不低于百分之八十的幅度减轻处罚；对于第二个申请者，可以按照百分之三十至百分之五十的幅度减轻处罚；对于第三个申请者，可以按照百分之二十至百分之三十的幅度减轻处罚。

在垄断协议达成中起主要作用，或者胁迫其他经营者参与达成、实施垄断协议，或者妨碍其他经营者停止该违法行为的，反垄断执法机构不得免除对其处罚。

负有个人责任的经营者法定代表人、主要负责人和直接责任人员，根据本规定第三十七条主动向反垄断执法机构报告达成垄断协议的有关情况并提供重要证据的，反垄断执法机构可以对其减轻百分之五十的处罚或者免除处罚。

第四十八条 反垄断执法机构工作人员滥用职权、玩忽职守、徇私舞弊或者泄露执法过程中知悉的商业秘密、个人隐私和个人信息的，依照有关规定处理。

第四十九条 反垄断执法机构在调查期间发现的公职人员涉嫌职务违法、职务犯罪问题线索，应当及时移交纪检监察机关。

第五十条 本规定对垄断协议调查、处罚程序未作规定的，依照《市场监督管理行政处罚程序规定》执行，有关时限、立案、案件管辖的规定除外。

反垄断执法机构组织行政处罚听证的，依照《市场监督管理行政处罚听证办法》执行。

第五十一条 本规定自 2023 年 4 月 15 日起施行。2019 年 6 月 26 日国家市场监督管理总局令第 10 号公布的《禁止垄断协议暂行规定》同时废止。

# 禁止滥用市场支配地位行为规定

- 2023 年 3 月 10 日国家市场监督管理总局令第 66 号公布
- 自 2023 年 4 月 15 日起施行

第一条 为了预防和制止滥用市场支配地位行为，根据《中华人民共和国反垄断法》（以下简称反垄断法），制定本规定。

第二条 国家市场监督管理总局（以下简称市场监管总局）负责滥用市场支配地位行为的反垄断统一执法工作。

市场监管总局根据反垄断法第十三条第二款规定，授权各省、自治区、直辖市市场监督管理部门（以下称省级市场监管部门）负责本行政区域内滥用市场支配地位行为的反垄断执法工作。

本规定所称反垄断执法机构包括市场监管总局和省级市场监管部门。

第三条　市场监管总局负责查处下列滥用市场支配地位行为：

（一）跨省、自治区、直辖市的；

（二）案情较为复杂或者在全国有重大影响的；

（三）市场监管总局认为有必要直接查处的。

前款所列滥用市场支配地位行为，市场监管总局可以指定省级市场监管部门查处。

省级市场监管部门根据授权查处滥用市场支配地位行为时，发现不属于本部门查处范围，或者虽属于本部门查处范围，但有必要由市场监管总局查处的，应当及时向市场监管总局报告。

第四条　反垄断执法机构查处滥用市场支配地位行为时，应当平等对待所有经营者。

第五条　相关市场是指经营者在一定时期内就特定商品或者服务（以下统称商品）进行竞争的商品范围和地域范围，包括相关商品市场和相关地域市场。

界定相关市场应当从需求者角度进行需求替代分析。当供给替代对经营者行为产生的竞争约束类似于需求替代时，也应当考虑供给替代。

界定相关商品市场，从需求替代角度，可以考虑需求者对商品价格等因素变化的反应、商品的特征与用途、销售渠道等因素。从供给替代角度，可以考虑其他经营者转产的难易程度、转产后所提供商品的市场竞争力等因素。

界定平台经济领域相关商品市场，可以根据平台一边的商品界定相关商品市场，也可以根据平台所涉及的多边商品，将平台整体界定为一个相关商品市场，或者分别界定多个相关商品市场，并考虑各相关商品市场之间的相互关系和影响。

界定相关地域市场，从需求替代角度，可以考虑商品的运输特征与成本、多数需求者选择商品的实际区域、地域间的贸易壁垒等因素。从供给替代角度，可以考虑其他地域经营者供应商品的及时性与可行性等因素。

第六条　市场支配地位是指经营者在相关市场内具有能够控制商品价格、数量或者其他交易条件，或者能够阻碍、影响其他经营者进入相关市场能力的市场地位。

本条所称其他交易条件是指除商品价格、数量之外能够对市场交易产生实质影响的其他因素，包括商品品种、商品品质、付款条件、交付方式、售后服务、交易选择、技术约束等。

本条所称能够阻碍、影响其他经营者进入相关市场，包括排除其他经营者进入相关市场，或者延缓其他经营者在合理时间内进入相关市场，或者导致其他经营者虽能够进入该相关市场但进入成本大幅提高，无法与现有经营者开展有效竞争等情形。

第七条　根据反垄断法第二十三条第一项，确定经营者在相关市场的市场份额，可以考虑一定时期内经营者的特定商品销售金额、销售数量或者其他指标在相关市场所占的比重。

分析相关市场竞争状况，可以考虑相关市场的发展状况、现有竞争者的数量和市场份额、市场集中度、商品差异程度、创新和技术变化、销售和采购模式、潜在竞争者情况等因素。

第八条　根据反垄断法第二十三条第二项，确定经营者控制销售市场或者原材料采购市场的能力，可以考虑该经营者控制产业链上下游市场的能力，控制销售渠道或采购渠道的能力，影响或者决定价格、数量、合同期限或者其他交易条件的能力，以及优先获得企业生产经营所必需的原料、半成品、零部件、相关设备以及需要投入的其他资源的能力等因素。

第九条　根据反垄断法第二十三条第三项，确定经营者的财力和技术条件，可以考虑该经营者的资产规模、盈利能力、融资能力、研发能力、技术装备、技术创新和应用能力、拥有的知识产权等，以及该财力和技术条件能够以何种方式和程度促进该经营者业务扩张或者巩固、维持市场地位等因素。

第十条　根据反垄断法第二十三条第四项，确定其他经营者对该经营者在交易上的依赖程度，可以考虑其他经营者与该经营者之间的交易关系、交易量、交易持续时间、在合理时间内转向其他交易相对人的难易程度等因素。

第十一条　根据反垄断法第二十三条第五项，确定其他经营者进入相关市场的难易程度，可以考虑市场准入、获取必要资源的难度、采购和销售渠道的控制情况、资金投入规模、技术壁垒、品牌依赖、用户转换成本、消费习惯等因素。

第十二条　根据反垄断法第二十三条和本规定第七条至第十一条规定认定平

台经济领域经营者具有市场支配地位，还可以考虑相关行业竞争特点、经营模式、交易金额、交易数量、用户数量、网络效应、锁定效应、技术特性、市场创新、控制流量的能力、掌握和处理相关数据的能力及经营者在关联市场的市场力量等因素。

第十三条　认定两个以上的经营者具有市场支配地位，除考虑本规定第七条至第十二条规定的因素外，还应当考虑经营者行为一致性、市场结构、相关市场透明度、相关商品同质化程度等因素。

第十四条　禁止具有市场支配地位的经营者以不公平的高价销售商品或者以不公平的低价购买商品。

认定"不公平的高价"或者"不公平的低价"，可以考虑下列因素：

（一）销售价格或者购买价格是否明显高于或者明显低于其他经营者在相同或者相似市场条件下销售或者购买同种商品或者可比较商品的价格；

（二）销售价格或者购买价格是否明显高于或者明显低于同一经营者在其他相同或者相似市场条件区域销售或者购买同种商品或者可比较商品的价格；

（三）在成本基本稳定的情况下，是否超过正常幅度提高销售价格或者降低购买价格；

（四）销售商品的提价幅度是否明显高于成本增长幅度，或者购买商品的降价幅度是否明显高于交易相对人成本降低幅度；

（五）需要考虑的其他相关因素。

涉及平台经济领域，还可以考虑平台涉及多边市场中各相关市场之间的成本关联情况及其合理性。

认定市场条件相同或者相似，应当考虑经营模式、销售渠道、供求状况、监管环境、交易环节、成本结构、交易情况、平台类型等因素。

第十五条　禁止具有市场支配地位的经营者没有正当理由，以低于成本的价格销售商品。

认定以低于成本的价格销售商品，应当重点考虑价格是否低于平均可变成本。平均可变成本是指随着生产的商品数量变化而变动的每单位成本。涉及平台经济领域，还可以考虑平台涉及多边市场中各相关市场之间的成本关联情况及其合理性。

本条所称"正当理由"包括：

（一）降价处理鲜活商品、季节性商品、有效期限即将到期的商品或者积压商品的；

（二）因清偿债务、转产、歇业降价销售商品的；

（三）在合理期限内为推广新商品进行促销的；

（四）能够证明行为具有正当性的其他理由。

第十六条　禁止具有市场支配地位的经营者没有正当理由，通过下列方式拒绝与交易相对人进行交易：

（一）实质性削减与交易相对人的现有交易数量；

（二）拖延、中断与交易相对人的现有交易；

（三）拒绝与交易相对人进行新的交易；

（四）通过设置交易相对人难以接受的价格、向交易相对人回购商品、与交易相对人进行其他交易等限制性条件，使交易相对人难以与其进行交易；

（五）拒绝交易相对人在生产经营活动中，以合理条件使用其必需设施。

在依据前款第五项认定经营者滥用市场支配地位时，应当综合考虑以合理的投入另行投资建设或者另行开发建造该设施的可行性、交易相对人有效开展生产经营活动对该设施的依赖程度、该经营者提供该设施的可能性以及对自身生产经营活动造成的影响等因素。

本条所称"正当理由"包括：

（一）因不可抗力等客观原因无法进行交易；

（二）交易相对人有不良信用记录或者出现经营状况恶化等情况，影响交易安全；

（三）与交易相对人进行交易将使经营者利益发生不当减损；

（四）交易相对人明确表示或者实际不遵守公平、合理、无歧视的平台规则；

（五）能够证明行为具有正当性的其他理由。

第十七条　禁止具有市场支配地位的经营者没有正当理由，从事下列限定交易行为：

（一）限定交易相对人只能与其进行交易；

（二）限定交易相对人只能与其指定的经营者进行交易；

（三）限定交易相对人不得与特定经营者进行交易。

从事上述限定交易行为可以是直接限定，也可以是采取惩罚性或者激励性措施等方式变相限定。

本条所称"正当理由"包括：

（一）为满足产品安全要求所必需；

（二）为保护知识产权、商业秘密或者数据安全所必需；

（三）为保护针对交易进行的特定投资所必需；

（四）为维护平台合理的经营模式所必需；

（五）能够证明行为具有正当性的其他理由。

第十八条 禁止具有市场支配地位的经营者没有正当理由搭售商品，或者在交易时附加其他不合理的交易条件：

（一）违背交易惯例、消费习惯或者无视商品的功能，利用合同条款或者弹窗、操作必经步骤等交易相对人难以选择、更改、拒绝的方式，将不同商品捆绑销售或者组合销售；

（二）对合同期限、支付方式、商品的运输及交付方式或者服务的提供方式等附加不合理的限制；

（三）对商品的销售地域、销售对象、售后服务等附加不合理的限制；

（四）交易时在价格之外附加不合理费用；

（五）附加与交易标的无关的交易条件。

本条所称"正当理由"包括：

（一）符合正当的行业惯例和交易习惯；

（二）为满足产品安全要求所必需；

（三）为实现特定技术所必需；

（四）为保护交易相对人和消费者利益所必需；

（五）能够证明行为具有正当性的其他理由。

第十九条 禁止具有市场支配地位的经营者没有正当理由，对条件相同的交易相对人在交易条件上实行下列差别待遇：

（一）实行不同的交易价格、数量、品种、品质等级；

（二）实行不同的数量折扣等优惠条件；

（三）实行不同的付款条件、交付方式；

（四）实行不同的保修内容和期限、维修内容和时间、零配件供应、技术指导等售后服务条件。

条件相同是指交易相对人之间在交易安全、交易成本、规模和能力、信用状况、所处交易环节、交易持续时间等方面不存在实质性影响交易的差别。交易中依法获取的交易相对人的交易数据、个体偏好、消费习惯等方面存在的差异不影响认定交易相对人条件相同。

本条所称"正当理由"包括：

（一）根据交易相对人实际需求且符合正当的交易习惯和行业惯例，实行不同交易条件；

（二）针对新用户的首次交易在合理期限内开展的优惠活动；

（三）基于公平、合理、无歧视的平台规则实施的随机性交易；

（四）能够证明行为具有正当性的其他理由。

第二十条　市场监管总局认定其他滥用市场支配地位行为，应当同时符合下列条件：

（一）经营者具有市场支配地位；

（二）经营者实施了排除、限制竞争行为；

（三）经营者实施相关行为不具有正当理由；

（四）经营者相关行为对市场竞争具有排除、限制影响。

第二十一条　具有市场支配地位的经营者不得利用数据和算法、技术以及平台规则等从事本规定第十四条至第二十条规定的滥用市场支配地位行为。

第二十二条　反垄断执法机构认定本规定第十四条所称的"不公平"和第十五条至第二十条所称的"正当理由"，还应当考虑下列因素：

（一）有关行为是否为法律、法规所规定；

（二）有关行为对国家安全、网络安全等方面的影响；

（三）有关行为对经济运行效率、经济发展的影响；

（四）有关行为是否为经营者正常经营及实现正常效益所必需；

（五）有关行为对经营者业务发展、未来投资、创新方面的影响；

（六）有关行为是否能够使交易相对人或者消费者获益；

（七）有关行为对社会公共利益的影响。

第二十三条　供水、供电、供气、供热、电信、有线电视、邮政、交通运输等公用事业领域经营者应当依法经营，不得滥用其市场支配地位损害消费者利益和社会公共利益。

**第二十四条** 反垄断执法机构依据职权,或者通过举报、上级机关交办、其他机关移送、下级机关报告、经营者主动报告等途径,发现涉嫌滥用市场支配地位行为。

**第二十五条** 举报采用书面形式并提供相关事实和证据的,反垄断执法机构应当进行必要的调查。书面举报一般包括下列内容:

(一)举报人的基本情况;

(二)被举报人的基本情况;

(三)涉嫌滥用市场支配地位行为的相关事实和证据;

(四)是否就同一事实已向其他行政机关举报或者向人民法院提起诉讼。

反垄断执法机构根据工作需要,可以要求举报人补充举报材料。

对于采用书面形式的实名举报,反垄断执法机构在案件调查处理完毕后,可以根据举报人的书面请求依法向其反馈举报处理结果。

**第二十六条** 反垄断执法机构经过对涉嫌滥用市场支配地位行为的必要调查,符合下列条件的,应当立案:

(一)有证据初步证明存在滥用市场支配地位行为;

(二)属于本部门查处范围;

(三)在给予行政处罚的法定期限内。

省级市场监管部门应当自立案之日起七个工作日内向市场监管总局备案。

**第二十七条** 市场监管总局在查处滥用市场支配地位行为时,可以委托省级市场监管部门进行调查。

省级市场监管部门在查处滥用市场支配地位行为时,可以委托下级市场监管部门进行调查。

受委托的市场监管部门在委托范围内,以委托机关的名义实施调查,不得再委托其他行政机关、组织或者个人进行调查。

**第二十八条** 省级市场监管部门查处滥用市场支配地位行为时,可以根据需要商请相关省级市场监管部门协助调查,相关省级市场监管部门应当予以协助。

**第二十九条** 反垄断执法机构对滥用市场支配地位行为进行行政处罚的,应当在作出行政处罚决定之前,书面告知当事人拟作出的行政处罚内容及事实、理由、依据,并告知当事人依法享有的陈述权、申辩权和要求听证的权利。

**第三十条** 反垄断执法机构在告知当事人拟作出的行政处罚决定后,应当充分听取当事人的意见,对当事人提出的事实、理由和证据进行复核。

**第三十一条** 反垄断执法机构对滥用市场支配地位行为作出行政处罚决定,应当依法制作行政处罚决定书,并加盖本部门印章。

行政处罚决定书的内容包括:

(一)当事人的姓名或者名称、地址等基本情况;

(二)案件来源及调查经过;

(三)违反法律、法规、规章的事实和证据;

(四)当事人陈述、申辩的采纳情况及理由;

(五)行政处罚的内容和依据;

(六)行政处罚的履行方式和期限;

(七)申请行政复议、提起行政诉讼的途径和期限;

(八)作出行政处罚决定的反垄断执法机构的名称和作出决定的日期。

**第三十二条** 涉嫌滥用市场支配地位的经营者在被调查期间,可以提出中止调查申请,承诺在反垄断执法机构认可的期限内采取具体措施消除行为影响。

中止调查申请应当以书面形式提出,并由经营者负责人签字并盖章。申请书应当载明下列事项:

(一)涉嫌滥用市场支配地位行为的事实;

(二)承诺采取消除行为后果的具体措施;

(三)履行承诺的时限;

(四)需要承诺的其他内容。

**第三十三条** 反垄断执法机构根据被调查经营者的中止调查申请,在考虑行为的性质、持续时间、后果、社会影响、经营者承诺的措施及其预期效果等具体情况后,决定是否中止调查。

反垄断执法机构对涉嫌滥用市场支配地位行为调查核实后,认为构成滥用市场支配地位行为的,不得中止调查,应当依法作出处理决定。

**第三十四条** 反垄断执法机构决定中止调查的,应当制作中止调查决定书。

中止调查决定书应当载明被调查经营者涉嫌滥用市场支配地位行为的事实、承诺的具体内容、消除影响的具体措施、履行承诺的时限以及未履行或者未完全履行承诺的法律后果等内容。

**第三十五条** 决定中止调查的,反垄断执法机构应当对经营者履行承诺的情况进行监督。

经营者应当在规定的时限内向反垄断执法机构书面报告承诺履行情况。

**第三十六条** 反垄断执法机构确定经营者已经履行承诺的,可以决定终止调查,并制作终止调查决定书。

终止调查决定书应当载明被调查经营者涉嫌滥用市场支配地位行为的事实、作出中止调查决定的情况、承诺的具体内容、履行承诺的情况、监督情况等内容。

有下列情形之一的,反垄断执法机构应当恢复调查:

(一) 经营者未履行或者未完全履行承诺的;

(二) 作出中止调查决定所依据的事实发生重大变化的;

(三) 中止调查决定是基于经营者提供的不完整或者不真实的信息作出的。

**第三十七条** 经营者涉嫌违反本规定的,反垄断执法机构可以对其法定代表人或者负责人进行约谈。

约谈应当指出经营者涉嫌滥用市场支配地位的问题,听取情况说明,开展提醒谈话,并可以要求其提出改进措施,消除行为危害后果。

经营者应当按照反垄断执法机构要求进行改进,提出消除行为危害后果的具体措施、履行时限等,并提交书面报告。

**第三十八条** 省级市场监管部门作出不予行政处罚决定、中止调查决定、恢复调查决定、终止调查决定或者行政处罚告知前,应当向市场监管总局报告,接受市场监管总局的指导和监督。

省级市场监管部门向被调查经营者送达不予行政处罚决定书、中止调查决定书、恢复调查决定书、终止调查决定书或者行政处罚决定书后,应当在七个工作日内向市场监管总局备案。

**第三十九条** 反垄断执法机构作出行政处理决定后,依法向社会公布。行政处罚信息应当依法通过国家企业信用信息公示系统向社会公示。

**第四十条** 市场监管总局应当加强对省级市场监管部门查处滥用市场支配地位行为的指导和监督,统一执法程序和标准。

省级市场监管部门应当严格按照市场监管总局相关规定查处滥用市场支配地位行为。

**第四十一条** 经营者滥用市场支配地位的,由反垄断执法机构责令停止违法行为,没收违法所得,并处上一年度销售额百分之一以上百分之十以下的罚款。

反垄断执法机构确定具体罚款数额时，应当考虑违法行为的性质、程度、持续时间和消除违法行为后果的情况等因素。

违反本规定，情节特别严重、影响特别恶劣、造成特别严重后果的，市场监管总局可以在第一款规定的罚款数额的二倍以上五倍以下确定具体罚款数额。

经营者因行政机关和法律、法规授权的具有管理公共事务职能的组织滥用行政权力而滥用市场支配地位的，按照第一款规定处理。经营者能够证明其受行政机关和法律、法规授权的具有管理公共事务职能的组织滥用行政权力强制或者变相强制滥用市场支配地位的，可以依法从轻或者减轻处罚。

第四十二条 反垄断执法机构工作人员滥用职权、玩忽职守、徇私舞弊或者泄露执法过程中知悉的商业秘密、个人隐私和个人信息的，依照有关规定处理。

第四十三条 反垄断执法机构在调查期间发现的公职人员涉嫌职务违法、职务犯罪问题线索，应当及时移交纪检监察机关。

第四十四条 本规定对滥用市场支配地位行为调查、处罚程序未作规定的，依照《市场监督管理行政处罚程序规定》执行，有关时限、立案、案件管辖的规定除外。

反垄断执法机构组织行政处罚听证的，依照《市场监督管理行政处罚听证办法》执行。

第四十五条 本规定自 2023 年 4 月 15 日起施行。2019 年 6 月 26 日国家市场监督管理总局令第 11 号公布的《禁止滥用市场支配地位行为暂行规定》同时废止。

# 经营者集中审查规定

- 2023 年 3 月 10 日国家市场监督管理总局令第 67 号公布
- 自 2023 年 4 月 15 日起施行

## 第一章 总 则

第一条 为了规范经营者集中反垄断审查工作，根据《中华人民共和国反垄断法》（以下简称反垄断法）和《国务院关于经营者集中申报标准的规定》，制定本规定。

第二条　国家市场监督管理总局（以下简称市场监管总局）负责经营者集中反垄断审查工作，并对违法实施的经营者集中进行调查处理。

市场监管总局根据工作需要，可以委托省、自治区、直辖市市场监督管理部门（以下称省级市场监管部门）实施经营者集中审查。

市场监管总局加强对受委托的省级市场监管部门的指导和监督，健全审查人员培训管理制度，保障审查工作的科学性、规范性、一致性。

第三条　经营者可以通过公平竞争、自愿联合，依法实施集中，扩大经营规模，提高市场竞争能力。

市场监管总局开展经营者集中反垄断审查工作时，坚持公平公正，依法平等对待所有经营者。

第四条　本规定所称经营者集中，是指反垄断法第二十五条所规定的下列情形：

（一）经营者合并；

（二）经营者通过取得股权或者资产的方式取得对其他经营者的控制权；

（三）经营者通过合同等方式取得对其他经营者的控制权或者能够对其他经营者施加决定性影响。

第五条　判断经营者是否取得对其他经营者的控制权或者能够对其他经营者施加决定性影响，应当考虑下列因素：

（一）交易的目的和未来的计划；

（二）交易前后其他经营者的股权结构及其变化；

（三）其他经营者股东（大）会等权力机构的表决事项及其表决机制，以及其历史出席率和表决情况；

（四）其他经营者董事会等决策或者管理机构的组成及其表决机制，以及其历史出席率和表决情况；

（五）其他经营者高级管理人员的任免等；

（六）其他经营者股东、董事之间的关系，是否存在委托行使投票权、一致行动人等；

（七）该经营者与其他经营者是否存在重大商业关系、合作协议等；

（八）其他应当考虑的因素。

两个以上经营者均拥有对其他经营者的控制权或者能够对其他经营者施加决定性影响的，构成对其他经营者的共同控制。

**第六条** 市场监管总局健全经营者集中分类分级审查制度。

市场监管总局可以针对涉及国计民生等重要领域的经营者集中，制定具体的审查办法。

市场监管总局对经营者集中审查制度的实施效果进行评估，并根据评估结果改进审查工作。

**第七条** 市场监管总局强化经营者集中审查工作的信息化体系建设，充分运用技术手段，推进智慧监管，提升审查效能。

## 第二章 经营者集中申报

**第八条** 经营者集中达到国务院规定的申报标准（以下简称申报标准）的，经营者应当事先向市场监管总局申报，未申报或者申报后获得批准前不得实施集中。

经营者集中未达到申报标准，但有证据证明该经营者集中具有或者可能具有排除、限制竞争效果的，市场监管总局可以要求经营者申报并书面通知经营者。集中尚未实施的，经营者未申报或者申报后获得批准前不得实施集中；集中已经实施的，经营者应当自收到书面通知之日起一百二十日内申报，并采取暂停实施集中等必要措施减少集中对竞争的不利影响。

是否实施集中的判断因素包括但不限于是否完成市场主体登记或者权利变更登记、委派高级管理人员、实际参与经营决策和管理、与其他经营者交换敏感信息、实质性整合业务等。

**第九条** 营业额包括相关经营者上一会计年度内销售产品和提供服务所获得的收入，扣除相关税金及附加。

前款所称上一会计年度，是指集中协议签署日的上一会计年度。

**第十条** 参与集中的经营者的营业额，应当为该经营者以及申报时与该经营者存在直接或者间接控制关系的所有经营者的营业额总和，但是不包括上述经营者之间的营业额。

经营者取得其他经营者的组成部分时，出让方不再对该组成部分拥有控制权或者不能施加决定性影响的，目标经营者的营业额仅包括该组成部分的营业额。

参与集中的经营者之间或者参与集中的经营者和未参与集中的经营者之间有共同控制的其他经营者时,参与集中的经营者的营业额应当包括被共同控制的经营者与第三方经营者之间的营业额,此营业额只计算一次,且在有共同控制权的参与集中的经营者之间平均分配。

金融业经营者营业额的计算,按照金融业经营者集中申报营业额计算相关规定执行。

第十一条 相同经营者之间在两年内多次实施的未达到申报标准的经营者集中,应当视为一次集中,集中时间从最后一次交易算起,参与集中的经营者的营业额应当将多次交易合并计算。经营者通过与其有控制关系的其他经营者实施上述行为,依照本规定处理。

前款所称两年内,是指从第一次交易完成之日起至最后一次交易签订协议之日止的期间。

第十二条 市场监管总局加强对经营者集中申报的指导。在正式申报前,经营者可以以书面方式就集中申报事宜提出商谈申请,并列明拟商谈的具体问题。

第十三条 通过合并方式实施的经营者集中,合并各方均为申报义务人;其他情形的经营者集中,取得控制权或者能够施加决定性影响的经营者为申报义务人,其他经营者予以配合。

同一项经营者集中有多个申报义务人的,可以委托一个申报义务人申报。被委托的申报义务人未申报的,其他申报义务人不能免除申报义务。申报义务人未申报的,其他参与集中的经营者可以提出申报。

申报人可以自行申报,也可以依法委托他人代理申报。申报人应当严格审慎选择代理人。申报代理人应当诚实守信、合规经营。

第十四条 申报文件、资料应当包括如下内容:

(一)申报书。申报书应当载明参与集中的经营者的名称、住所(经营场所)、经营范围、预定实施集中的日期,并附申报人身份证件或者登记注册文件,境外申报人还须提交当地公证机关的公证文件和相关的认证文件。委托代理人申报的,应当提交授权委托书。

(二)集中对相关市场竞争状况影响的说明。包括集中交易概况;相关市场界定;参与集中的经营者在相关市场的市场份额及其对市场的控制力;主要竞争者及其市场份额;市场集中度;市场进入;行业发展现状;集中对市场竞争结构、行业发展、技术进步、创新、国民经济发展、消费者以及其他经营者的影响；集中对相关市场竞争影响的效果评估及依据。

（三）集中协议。包括各种形式的集中协议文件，如协议书、合同以及相应的补充文件等。

（四）参与集中的经营者经会计师事务所审计的上一会计年度财务会计报告。

（五）市场监管总局要求提交的其他文件、资料。

申报人应当对申报文件、资料的真实性、准确性、完整性负责。

申报代理人应当协助申报人对申报文件、资料的真实性、准确性、完整性进行审核。

第十五条　申报人应当对申报文件、资料中的商业秘密、未披露信息、保密商务信息、个人隐私或者个人信息进行标注，并且同时提交申报文件、资料的公开版本和保密版本。申报文件、资料应当使用中文。

第十六条　市场监管总局对申报人提交的文件、资料进行核查，发现申报文件、资料不完备的，可以要求申报人在规定期限内补交。申报人逾期未补交的，视为未申报。

第十七条　市场监管总局经核查认为申报文件、资料符合法定要求的，自收到完备的申报文件、资料之日予以受理并书面通知申报人。

第十八条　经营者集中未达到申报标准，参与集中的经营者自愿提出经营者集中申报，市场监管总局收到申报文件、资料后经核查认为有必要受理的，按照反垄断法予以审查并作出决定。

第十九条　符合下列情形之一的经营者集中，可以作为简易案件申报，市场监管总局按照简易案件程序进行审查：

（一）在同一相关市场，参与集中的经营者所占的市场份额之和小于百分之十五；在上下游市场，参与集中的经营者所占的市场份额均小于百分之二十五；不在同一相关市场也不存在上下游关系的参与集中的经营者，在与交易有关的每个市场所占的市场份额均小于百分之二十五；

（二）参与集中的经营者在中国境外设立合营企业，合营企业不在中国境内从事经济活动的；

（三）参与集中的经营者收购境外企业股权或者资产，该境外企业不在中国境内从事经济活动的；

（四）由两个以上经营者共同控制的合营企业，通过集中被其中一个或者一个以上经营者控制的。

第二十条 符合本规定第十九条但存在下列情形之一的经营者集中，不视为简易案件：

（一）由两个以上经营者共同控制的合营企业，通过集中被其中的一个经营者控制，该经营者与合营企业属于同一相关市场的竞争者，且市场份额之和大于百分之十五的；

（二）经营者集中涉及的相关市场难以界定的；

（三）经营者集中对市场进入、技术进步可能产生不利影响的；

（四）经营者集中对消费者和其他有关经营者可能产生不利影响的；

（五）经营者集中对国民经济发展可能产生不利影响的；

（六）市场监管总局认为可能对市场竞争产生不利影响的其他情形。

第二十一条 市场监管总局受理简易案件后，对案件基本信息予以公示，公示期为十日。公示的案件基本信息由申报人填报。

对于不符合简易案件标准的简易案件申报，市场监管总局予以退回，并要求申报人按非简易案件重新申报。

## 第三章　经营者集中审查

第二十二条 市场监管总局应当自受理之日起三十日内，对申报的经营者集中进行初步审查，作出是否实施进一步审查的决定，并书面通知申报人。

市场监管总局决定实施进一步审查的，应当自决定之日起九十日内审查完毕，作出是否禁止经营者集中的决定，并书面通知申报人。符合反垄断法第三十一条第二款规定情形的，市场监管总局可以延长本款规定的审查期限，最长不得超过六十日。

第二十三条 在审查过程中，出现反垄断法第三十二条规定情形的，市场监管总局可以决定中止计算经营者集中的审查期限并书面通知申报人，审查期限自决定作出之日起中止计算。

自中止计算审查期限的情形消除之日起，审查期限继续计算，市场监管总局应当书面通知申报人。

第二十四条 在审查过程中，申报人未按照规定提交文件、资料导致审查工作无法进行的，市场监管总局应当书面通知申报人在规定期限内补正。申报人未在规定期限内补正的，市场监管总局可以决定中止计算审查期限。

申报人按要求提交文件、资料后，审查期限继续计算。

第二十五条　在审查过程中，出现对经营者集中审查具有重大影响的新情况、新事实，不经核实将导致审查工作无法进行的，市场监管总局可以决定中止计算审查期限。

经核实，审查工作可以进行的，审查期限继续计算。

第二十六条　在市场监管总局对申报人提交的附加限制性条件承诺方案进行评估阶段，申报人提出中止计算审查期限请求，市场监管总局认为确有必要的，可以决定中止计算审查期限。

对附加限制性条件承诺方案评估完成后，审查期限继续计算。

第二十七条　在市场监管总局作出审查决定之前，申报人要求撤回经营者集中申报的，应当提交书面申请并说明理由。经市场监管总局同意，申报人可以撤回申报。

集中交易情况或者相关市场竞争状况发生重大变化，需要重新申报的，申报人应当申请撤回。

撤回经营者集中申报的，审查程序终止。市场监管总局同意撤回申报不视为对集中的批准。

第二十八条　在审查过程中，市场监管总局根据审查工作需要，可以要求申报人在规定期限内补充提供相关文件、资料，就申报有关事项与申报人及其代理人进行沟通。

申报人可以主动提供有助于对经营者集中进行审查和作出决定的有关文件、资料。

第二十九条　在审查过程中，参与集中的经营者可以通过信函、传真、电子邮件等方式向市场监管总局就有关申报事项进行书面陈述，市场监管总局应当听取。

第三十条　在审查过程中，市场监管总局根据审查工作需要，可以通过书面征求、座谈会、论证会、问卷调查、委托咨询、实地调研等方式听取有关政府部门、行业协会、经营者、消费者、专家学者等单位或者个人的意见。

第三十一条　审查经营者集中，应当考虑下列因素：

（一）参与集中的经营者在相关市场的市场份额及其对市场的控制力；

（二）相关市场的市场集中度；

（三）经营者集中对市场进入、技术进步的影响；

（四）经营者集中对消费者和其他有关经营者的影响；

（五）经营者集中对国民经济发展的影响；

（六）应当考虑的影响市场竞争的其他因素。

第三十二条 评估经营者集中的竞争影响，可以考察相关经营者单独或者共同排除、限制竞争的能力、动机及可能性。

集中涉及上下游市场或者关联市场的，可以考察相关经营者利用在一个或者多个市场的控制力，排除、限制其他市场竞争的能力、动机及可能性。

第三十三条 评估参与集中的经营者对市场的控制力，可以考虑参与集中的经营者在相关市场的市场份额、产品或者服务的替代程度、控制销售市场或者原材料采购市场的能力、财力和技术条件、掌握和处理数据的能力，以及相关市场的市场结构、其他经营者的生产能力、下游客户购买能力和转换供应商的能力、潜在竞争者进入的抵消效果等因素。

评估相关市场的市场集中度，可以考虑相关市场的经营者数量及市场份额等因素。

第三十四条 评估经营者集中对市场进入的影响，可以考虑经营者通过控制生产要素、销售和采购渠道、关键技术、关键设施、数据等方式影响市场进入的情况，并考虑进入的可能性、及时性和充分性。

评估经营者集中对技术进步的影响，可以考虑经营者集中对技术创新动力和能力、技术研发投入和利用、技术资源整合等方面的影响。

第三十五条 评估经营者集中对消费者的影响，可以考虑经营者集中对产品或者服务的数量、价格、质量、多样化等方面的影响。

评估经营者集中对其他有关经营者的影响，可以考虑经营者集中对同一相关市场、上下游市场或者关联市场经营者的市场进入、交易机会等竞争条件的影响。

第三十六条 评估经营者集中对国民经济发展的影响，可以考虑经营者集中对经济效率、经营规模及其对相关行业发展等方面的影响。

第三十七条 评估经营者集中的竞争影响，还可以综合考虑集中对公共利益的影响、参与集中的经营者是否为濒临破产的企业等因素。

第三十八条　市场监管总局认为经营者集中具有或者可能具有排除、限制竞争效果的，应当告知申报人，并设定一个允许参与集中的经营者提交书面意见的合理期限。

参与集中的经营者的书面意见应当包括相关事实和理由，并提供相应证据。参与集中的经营者逾期未提交书面意见的，视为无异议。

第三十九条　为减少集中具有或者可能具有的排除、限制竞争的效果，参与集中的经营者可以向市场监管总局提出附加限制性条件承诺方案。

市场监管总局应当对承诺方案的有效性、可行性和及时性进行评估，并及时将评估结果通知申报人。

市场监管总局认为承诺方案不足以减少集中对竞争的不利影响的，可以与参与集中的经营者就限制性条件进行磋商，要求其在合理期限内提出其他承诺方案。

第四十条　根据经营者集中交易具体情况，限制性条件可以包括如下种类：

（一）剥离有形资产、知识产权、数据等无形资产或者相关权益（以下简称剥离业务）等结构性条件；

（二）开放其网络或者平台等基础设施、许可关键技术（包括专利、专有技术或者其他知识产权）、终止排他性或者独占性协议、保持独立运营、修改平台规则或者算法、承诺兼容或者不降低互操作性水平等行为性条件；

（三）结构性条件和行为性条件相结合的综合性条件。

剥离业务一般应当具有在相关市场开展有效竞争所需要的所有要素，包括有形资产、无形资产、股权、关键人员以及客户协议或者供应协议等权益。剥离对象可以是参与集中经营者的子公司、分支机构或者业务部门等。

第四十一条　承诺方案存在不能实施的风险的，参与集中的经营者可以提出备选方案。备选方案应当在首选方案无法实施后生效，并且比首选方案的条件更为严格。

承诺方案为剥离，但存在下列情形之一的，参与集中的经营者可以在承诺方案中提出特定买方和剥离时间建议：

（一）剥离存在较大困难；

（二）剥离前维持剥离业务的竞争性和可销售性存在较大风险；

（三）买方身份对剥离业务能否恢复市场竞争具有重要影响；

（四）市场监管总局认为有必要的其他情形。

第四十二条　对于具有或者可能具有排除、限制竞争效果的经营者集中，参与集中的经营者提出的附加限制性条件承诺方案能够有效减少集中对竞争产生的不利影响的，市场监管总局可以作出附加限制性条件批准决定。

参与集中的经营者未能在规定期限内提出附加限制性条件承诺方案，或者所提出的承诺方案不能有效减少集中对竞争产生的不利影响的，市场监管总局应当作出禁止经营者集中的决定。

第四十三条　任何单位和个人发现未达申报标准但具有或者可能具有排除、限制竞争效果的经营者集中，可以向市场监管总局书面反映，并提供相关事实和证据。

市场监管总局经核查，对有证据证明未达申报标准的经营者集中具有或者可能具有排除、限制竞争效果的，依照本规定第八条进行处理。

## 第四章　限制性条件的监督和实施

第四十四条　对于附加限制性条件批准的经营者集中，义务人应当严格履行审查决定规定的义务，并按规定向市场监管总局报告限制性条件履行情况。

市场监管总局可以自行或者通过受托人对义务人履行限制性条件的行为进行监督检查。通过受托人监督检查的，市场监管总局应当在审查决定中予以明确。受托人包括监督受托人和剥离受托人。

义务人，是指附加限制性条件批准经营者集中的审查决定中要求履行相关义务的经营者。

监督受托人，是指受义务人委托并经市场监管总局评估确定，负责对义务人实施限制性条件进行监督并向市场监管总局报告的自然人、法人或者非法人组织。

剥离受托人，是指受义务人委托并经市场监管总局评估确定，在受托剥离阶段负责出售剥离业务并向市场监管总局报告的自然人、法人或者非法人组织。

第四十五条　通过受托人监督检查的，义务人应当在市场监管总局作出审查决定之日起十五日内向市场监管总局提交监督受托人人选。限制性条件为剥离的，义务人应当在进入受托剥离阶段三十日前向市场监管总局提交剥离受托人人选。义务人应当严格审慎选择受托人人选并对相关文件、资料的真实性、完整性、准确性负责。受托人人选应当符合下列具体要求：

（一）诚实守信、合规经营；

（二）有担任受托人的意愿；

（三）独立于义务人和剥离业务的买方；

（四）具有履行受托人职责的专业团队，团队成员应当具有对限制性条件进行监督所需的专业知识、技能及相关经验；

（五）能够提出可行的工作方案；

（六）过去五年未在担任受托人过程中受到处罚；

（七）市场监管总局提出的其他要求。

义务人正式提交受托人人选后，受托人人选无正当理由不得放弃参与受托人评估。

一般情况下，市场监管总局应当从义务人提交的人选中择优评估确定受托人。但义务人未在规定期限内提交受托人人选且经再次书面通知后仍未按时提交，或者两次提交的人选均不符合要求，导致监督执行工作难以正常进行的，市场监管总局可以指导义务人选择符合条件的受托人。

受托人确定后，义务人应当与受托人签订书面协议，明确各自权利和义务，并报市场监管总局同意。受托人应当勤勉、尽职地履行职责。义务人支付受托人报酬，并为受托人提供必要的支持和便利。

**第四十六条** 限制性条件为剥离的，剥离义务人应当在审查决定规定的期限内，自行找到合适的剥离业务买方、签订出售协议，并报经市场监管总局批准后完成剥离。剥离义务人未能在规定期限内完成剥离的，市场监管总局可以要求义务人委托剥离受托人在规定的期限内寻找合适的剥离业务买方。剥离业务买方应当符合下列要求：

（一）独立于参与集中的经营者；

（二）拥有必要的资源、能力并有意愿使用剥离业务参与市场竞争；

（三）取得其他监管机构的批准；

（四）不得向参与集中的经营者融资购买剥离业务；

（五）市场监管总局根据具体案件情况提出的其他要求。

买方已有或者能够从其他途径获得剥离业务中的部分资产或者权益时，可以向市场监管总局申请对剥离业务的范围进行必要调整。

**第四十七条** 义务人提交市场监管总局审查的监督受托人、剥离受托人、剥离业务买方人选原则上各不少于三家。在特殊情况下，经市场监管总局同意，上述人选可少于三家。

市场监管总局应当对义务人提交的受托人及委托协议、剥离业务买方人选及出售协议进行审查，以确保其符合审查决定要求。

限制性条件为剥离的，市场监管总局上述审查所用时间不计入剥离期限。

**第四十八条** 审查决定未规定自行剥离期限的，剥离义务人应当在审查决定作出之日起六个月内找到适当的买方并签订出售协议。经剥离义务人申请并说明理由，市场监管总局可以酌情延长自行剥离期限，但延期最长不得超过三个月。

审查决定未规定受托剥离期限的，剥离受托人应当在受托剥离开始之日起六个月内找到适当的买方并签订出售协议。

**第四十九条** 剥离义务人应当在市场监管总局审查批准买方和出售协议后，与买方签订出售协议，并自签订之日起三个月内将剥离业务转移给买方，完成所有权转移等相关法律程序。经剥离义务人申请并说明理由，市场监管总局可以酌情延长业务转移的期限。

**第五十条** 经市场监管总局批准的买方购买剥离业务达到申报标准的，取得控制权的经营者应当将其作为一项新的经营者集中向市场监管总局申报。市场监管总局作出审查决定之前，剥离义务人不得将剥离业务出售给买方。

**第五十一条** 在剥离完成之前，为确保剥离业务的存续性、竞争性和可销售性，剥离义务人应当履行下列义务：

（一）保持剥离业务与其保留的业务之间相互独立，并采取一切必要措施以最符合剥离业务发展的方式进行管理；

（二）不得实施任何可能对剥离业务有不利影响的行为，包括聘用被剥离业务的关键员工，获得剥离业务的商业秘密或者其他保密信息等；

（三）指定专门的管理人，负责管理剥离业务。管理人在监督受托人的监督下履行职责，其任命和更换应当得到监督受托人的同意；

（四）确保潜在买方能够以公平合理的方式获得有关剥离业务的充分信息，评估剥离业务的商业价值和发展潜力；

（五）根据买方的要求向其提供必要的支持和便利，确保剥离业务的顺利交接和稳定经营；

（六）向买方及时移交剥离业务并履行相关法律程序。

**第五十二条** 监督受托人应当在市场监管总局的监督下履行下列职责：

（一）监督义务人履行本规定、审查决定及相关协议规定的义务；

（二）对剥离义务人推荐的买方人选、拟签订的出售协议进行评估，并向市场监管总局提交评估报告；

（三）监督剥离业务出售协议的执行，并定期向市场监管总局提交监督报告；

（四）协调剥离义务人与潜在买方就剥离事项产生的争议；

（五）按照市场监管总局的要求提交其他与义务人履行限制性条件有关的报告。

未经市场监管总局同意，监督受托人不得披露其在履行职责过程中向市场监管总局提交的各种报告及相关信息。

**第五十三条** 在受托剥离阶段，剥离受托人负责为剥离业务找到买方并达成出售协议。

剥离受托人有权以无底价方式出售剥离业务。

**第五十四条** 审查决定应当规定附加限制性条件的期限。

根据审查决定，限制性条件到期自动解除的，经市场监管总局核查确认，义务人未违反审查决定的，限制性条件自动解除。义务人存在违反审查决定情形的，市场监管总局可以适当延长附加限制性条件的期限，并及时向社会公布。

根据审查决定，限制性条件到期后义务人需要申请解除的，义务人应当提交书面申请并说明理由。市场监管总局评估后决定解除限制性条件的，应当及时向社会公布。

限制性条件为剥离，经市场监管总局核查确认，义务人履行完成所有义务的，限制性条件自动解除。

**第五十五条** 审查决定生效期间，市场监管总局可以主动或者应义务人申请对限制性条件进行重新审查，变更或者解除限制性条件。市场监管总局决定变更或者解除限制性条件的，应当及时向社会公布。

市场监管总局变更或者解除限制性条件时，应当考虑下列因素：

（一）集中交易方是否发生重大变化；

（二）相关市场竞争状况是否发生实质性变化；

（三）实施限制性条件是否无必要或者不可能；

（四）应当考虑的其他因素。

## 第五章　对违法实施经营者集中的调查

第五十六条　经营者集中达到申报标准，经营者未申报实施集中、申报后未经批准实施集中或者违反审查决定的，依照本章规定进行调查。

未达申报标准的经营者集中，经营者未按照本规定第八条进行申报的，市场监管总局依照本章规定进行调查。

第五十七条　对涉嫌违法实施经营者集中，任何单位和个人有权向市场监管总局举报。市场监管总局应当为举报人保密。

举报采用书面形式，并提供举报人和被举报人基本情况、涉嫌违法实施经营者集中的相关事实和证据等内容的，市场监管总局应当进行必要的核查。

对于采用书面形式的实名举报，市场监管总局可以根据举报人的请求向其反馈举报处理结果。

对举报处理工作中获悉的国家秘密以及公开后可能危及国家安全、公共安全、经济安全、社会稳定的信息，市场监管总局应当严格保密。

第五十八条　对有初步事实和证据表明存在违法实施经营者集中嫌疑的，市场监管总局应当予以立案，并书面通知被调查的经营者。

第五十九条　被调查的经营者应当在立案通知送达之日起三十日内，向市场监管总局提交是否属于经营者集中、是否达到申报标准、是否申报、是否违法实施等有关的文件、资料。

第六十条　市场监管总局应当自收到被调查的经营者依照本规定第五十九条提交的文件、资料之日起三十日内，对被调查的交易是否属于违法实施经营者集中完成初步调查。

属于违法实施经营者集中的，市场监管总局应当作出实施进一步调查的决定，并书面通知被调查的经营者。经营者应当停止违法行为。

不属于违法实施经营者集中的，市场监管总局应当作出不实施进一步调查的决定，并书面通知被调查的经营者。

第六十一条　市场监管总局决定实施进一步调查的，被调查的经营者应当自收到市场监管总局书面通知之日起三十日内，依照本规定关于经营者集中申报文件、资料的规定向市场监管总局提交相关文件、资料。

市场监管总局应当自收到被调查的经营者提交的符合前款规定的文件、资料之日起一百二十日内，完成进一步调查。

在进一步调查阶段，市场监管总局应当按照反垄断法及本规定，对被调查的交易是否具有或者可能具有排除、限制竞争效果进行评估。

**第六十二条** 在调查过程中，被调查的经营者、利害关系人有权陈述意见。市场监管总局应当对被调查的经营者、利害关系人提出的事实、理由和证据进行核实。

**第六十三条** 市场监管总局在作出行政处罚决定前，应当告知被调查的经营者拟作出的行政处罚内容及事实、理由、依据，并告知被调查的经营者依法享有的陈述、申辩、要求听证等权利。

被调查的经营者自告知书送达之日起五个工作日内，未行使陈述、申辩权，未要求听证的，视为放弃此权利。

**第六十四条** 市场监管总局对违法实施经营者集中应当依法作出处理决定，并可以向社会公布。

**第六十五条** 市场监管总局责令经营者采取必要措施恢复到集中前状态的，相关措施的监督和实施参照本规定第四章执行。

## 第六章 法律责任

**第六十六条** 经营者违反反垄断法规定实施集中的，依照反垄断法第五十八条规定予以处罚。

**第六十七条** 对市场监管总局依法实施的审查和调查，拒绝提供有关材料、信息，或者提供虚假材料、信息，或者隐匿、销毁、转移证据，或者有其他拒绝、阻碍调查行为的，由市场监管总局责令改正，对单位处上一年度销售额百分之一以下的罚款，上一年度没有销售额或者销售额难以计算的，处五百万元以下的罚款；对个人处五十万元以下的罚款。

**第六十八条** 市场监管总局在依据反垄断法和本规定对违法实施经营者集中进行调查处理时，应当考虑集中实施的时间，是否具有或者可能具有排除、限制竞争的效果及其持续时间，消除违法行为后果的情况等因素。

当事人主动报告市场监管总局尚未掌握的违法行为，主动消除或者减轻违法行为危害后果的，市场监管总局应当依据《中华人民共和国行政处罚法》第三十二条从轻或者减轻处罚。

第六十九条　市场监管总局依据反垄断法和本规定第六十六条、第六十七条对经营者予以行政处罚的，依照反垄断法第六十四条和国家有关规定记入信用记录，并向社会公示。

第七十条　申报人应当对代理行为加强管理并依法承担相应责任。

申报代理人故意隐瞒有关情况、提供虚假材料或者有其他行为阻碍经营者集中案件审查、调查工作的，市场监管总局依法调查处理并公开，可以向有关部门提出处理建议。

第七十一条　受托人不符合履职要求、无正当理由放弃履行职责、未按要求履行职责或者有其他行为阻碍经营者集中案件监督执行的，市场监管总局可以要求义务人更换受托人，并可以对受托人给予警告、通报批评，处十万元以下的罚款。

第七十二条　剥离业务的买方未按规定履行义务，影响限制性条件实施的，由市场监管总局责令改正，处十万元以下的罚款。

第七十三条　违反反垄断法第四章和本规定，情节特别严重、影响特别恶劣、造成特别严重后果的，市场监管总局可以在反垄断法第五十八条、第六十二条规定和本规定第六十六条、第六十七条规定的罚款数额的二倍以上五倍以下处以罚款。

第七十四条　反垄断执法机构工作人员滥用职权、玩忽职守、徇私舞弊或者泄露执法过程中知悉的商业秘密、个人隐私和个人信息的，依照有关规定处理。

反垄断执法机构在调查期间发现的公职人员涉嫌职务违法、职务犯罪问题线索，应当及时移交纪检监察机关。

## 第七章　附　则

第七十五条　市场监管总局以及其他单位和个人对于知悉的商业秘密、未披露信息、保密商务信息、个人隐私和个人信息承担保密义务，但根据法律法规规定应当披露的或者事先取得权利人同意的除外。

第七十六条　本规定对违法实施经营者集中的调查、处罚程序未作规定的，依照《市场监督管理行政处罚程序规定》执行，有关时限、立案、案件管辖的规定除外。

在审查或者调查过程中，市场监管总局可以组织听证。听证程序依照《市场监督管理行政许可程序暂行规定》《市场监督管理行政处罚听证办法》执行。

第七十七条　对于需要送达经营者的书面文件，送达方式参照《市场监督管理行政处罚程序规定》执行。

**第七十八条** 本规定自 2023 年 4 月 15 日起施行。2020 年 10 月 23 日国家市场监督管理总局令第 30 号公布的《经营者集中审查暂行规定》同时废止。

# 公平竞争审查条例

- 2024 年 6 月 6 日中华人民共和国国务院令第 783 号公布
- 自 2024 年 8 月 1 日起施行

## 第一章　总　则

**第一条**　为了规范公平竞争审查工作，促进市场公平竞争，优化营商环境，建设全国统一大市场，根据《中华人民共和国反垄断法》等法律，制定本条例。

**第二条**　起草涉及经营者经济活动的法律、行政法规、地方性法规、规章、规范性文件以及具体政策措施（以下统称政策措施），行政机关和法律、法规授权的具有管理公共事务职能的组织（以下统称起草单位）应当依照本条例规定开展公平竞争审查。

**第三条**　公平竞争审查工作坚持中国共产党的领导，贯彻党和国家路线方针政策和决策部署。

国家加强公平竞争审查工作，保障各类经营者依法平等使用生产要素、公平参与市场竞争。

**第四条**　国务院建立公平竞争审查协调机制，统筹、协调和指导全国公平竞争审查工作，研究解决公平竞争审查工作中的重大问题，评估全国公平竞争审查工作情况。

**第五条**　县级以上地方人民政府应当建立健全公平竞争审查工作机制，保障公平竞争审查工作力量，并将公平竞争审查工作经费纳入本级政府预算。

**第六条**　国务院市场监督管理部门负责指导实施公平竞争审查制度，督促有关部门和地方开展公平竞争审查工作。

县级以上地方人民政府市场监督管理部门负责在本行政区域组织实施公平竞争审查制度。

**第七条**　县级以上人民政府将公平竞争审查工作情况纳入法治政府建设、优化营商环境等考核评价内容。

## 第二章 审查标准

第八条 起草单位起草的政策措施,不得含有下列限制或者变相限制市场准入和退出的内容:

(一)对市场准入负面清单以外的行业、领域、业务等违法设置审批程序;

(二)违法设置或者授予特许经营权;

(三)限定经营、购买或者使用特定经营者提供的商品或者服务(以下统称商品);

(四)设置不合理或者歧视性的准入、退出条件;

(五)其他限制或者变相限制市场准入和退出的内容。

第九条 起草单位起草的政策措施,不得含有下列限制商品、要素自由流动的内容:

(一)限制外地或者进口商品、要素进入本地市场,或者阻碍本地经营者迁出,商品、要素输出;

(二)排斥、限制、强制或者变相强制外地经营者在本地投资经营或者设立分支机构;

(三)排斥、限制或者变相限制外地经营者参加本地政府采购、招标投标;

(四)对外地或者进口商品、要素设置歧视性收费项目、收费标准、价格或者补贴;

(五)在资质标准、监管执法等方面对外地经营者在本地投资经营设置歧视性要求;

(六)其他限制商品、要素自由流动的内容。

第十条 起草单位起草的政策措施,没有法律、行政法规依据或者未经国务院批准,不得含有下列影响生产经营成本的内容:

(一)给予特定经营者税收优惠;

(二)给予特定经营者选择性、差异化的财政奖励或者补贴;

(三)给予特定经营者要素获取、行政事业性收费、政府性基金、社会保险费等方面的优惠;

(四)其他影响生产经营成本的内容。

第十一条　起草单位起草的政策措施，不得含有下列影响生产经营行为的内容：

（一）强制或者变相强制经营者实施垄断行为，或者为经营者实施垄断行为提供便利条件；

（二）超越法定权限制定政府指导价、政府定价，为特定经营者提供优惠价格；

（三）违法干预实行市场调节价的商品、要素的价格水平；

（四）其他影响生产经营行为的内容。

第十二条　起草单位起草的政策措施，具有或者可能具有排除、限制竞争效果，但符合下列情形之一，且没有对公平竞争影响更小的替代方案，并能够确定合理的实施期限或者终止条件的，可以出台：

（一）为维护国家安全和发展利益的；

（二）为促进科学技术进步、增强国家自主创新能力的；

（三）为实现节约能源、保护环境、救灾救助等社会公共利益的；

（四）法律、行政法规规定的其他情形。

## 第三章　审查机制

第十三条　拟由部门出台的政策措施，由起草单位在起草阶段开展公平竞争审查。

拟由多个部门联合出台的政策措施，由牵头起草单位在起草阶段开展公平竞争审查。

第十四条　拟由县级以上人民政府出台或者提请本级人民代表大会及其常务委员会审议的政策措施，由本级人民政府市场监督管理部门会同起草单位在起草阶段开展公平竞争审查。起草单位应当开展初审，并将政策措施草案和初审意见送市场监督管理部门审查。

第十五条　国家鼓励有条件的地区探索建立跨区域、跨部门的公平竞争审查工作机制。

第十六条　开展公平竞争审查，应当听取有关经营者、行业协会商会等利害关系人关于公平竞争影响的意见。涉及社会公众利益的，应当听取社会公众意见。

第十七条　开展公平竞争审查，应当按照本条例规定的审查标准，在评估对公平竞争影响后，作出审查结论。

适用本条例第十二条规定的，应当在审查结论中详细说明。

第十八条 政策措施未经公平竞争审查，或者经公平竞争审查认为违反本条例第八条至第十一条规定且不符合第十二条规定情形的，不得出台。

第十九条 有关部门和单位、个人对在公平竞争审查过程中知悉的国家秘密、商业秘密和个人隐私，应当依法予以保密。

## 第四章 监督保障

第二十条 国务院市场监督管理部门强化公平竞争审查工作监督保障，建立健全公平竞争审查抽查、举报处理、督查等机制。

第二十一条 市场监督管理部门建立健全公平竞争审查抽查机制，组织对有关政策措施开展抽查，经核查发现违反本条例规定的，应当督促起草单位进行整改。

市场监督管理部门应当向本级人民政府报告抽查情况，抽查结果可以向社会公开。

第二十二条 对违反本条例规定的政策措施，任何单位和个人可以向市场监督管理部门举报。市场监督管理部门接到举报后，应当及时处理或者转送有关部门处理。

市场监督管理部门应当向社会公开受理举报的电话、信箱或者电子邮件地址。

第二十三条 国务院定期对县级以上地方人民政府公平竞争审查工作机制建设情况、公平竞争审查工作开展情况、举报处理情况等开展督查。国务院市场监督管理部门负责具体实施。

第二十四条 起草单位未依照本条例规定开展公平竞争审查，经市场监督管理部门督促，逾期仍未整改的，上一级市场监督管理部门可以对其负责人进行约谈。

第二十五条 未依照本条例规定开展公平竞争审查，造成严重不良影响的，对起草单位直接负责的主管人员和其他直接责任人员依法给予处分。

## 第五章 附 则

第二十六条 国务院市场监督管理部门根据本条例制定公平竞争审查的具体实施办法。

第二十七条 本条例自 2024 年 8 月 1 日起施行。

# 公平竞争审查条例实施办法

- 2025年2月28日国家市场监督管理总局令第99号公布
- 自2025年4月20日起施行

## 第一章 总 则

**第一条** 为了保障公平竞争审查制度实施，根据《中华人民共和国反垄断法》《公平竞争审查条例》（以下简称条例），制定本办法。

**第二条** 行政机关和法律、法规授权的具有管理公共事务职能的组织（以下统称起草单位）起草涉及经营者经济活动的政策措施，应当依法开展公平竞争审查。

前款所称涉及经营者经济活动的政策措施，包括市场准入和退出、产业发展、招商引资、政府采购、招标投标、资质标准、监管执法等方面涉及经营者依法平等使用生产要素、公平参与市场竞争的法律、行政法规、地方性法规、规章、规范性文件以及具体政策措施。

前款所称具体政策措施，是指除法律、行政法规、地方性法规、规章、规范性文件外其他涉及经营者经济活动的政策措施，包括政策性文件、标准、技术规范、与经营者签订的行政协议以及备忘录等。

**第三条** 国家市场监督管理总局负责指导实施公平竞争审查制度，督促有关部门和地方开展公平竞争审查工作，依法履行以下职责：

（一）指导全国公平竞争审查制度实施，推动解决制度实施中的重大问题；

（二）对拟由国务院出台或者提请全国人民代表大会及其常务委员会审议的政策措施，会同起草单位开展公平竞争审查；

（三）建立健全公平竞争审查抽查、举报处理、督查机制，在全国范围内组织开展相关工作；

（四）承担全国公平竞争审查制度实施情况评估工作；

（五）指导、督促公平竞争审查制度实施的其他事项。

**第四条** 县级以上地方市场监督管理部门负责在本行政区域内组织实施公平

竞争审查制度，督促有关部门开展公平竞争审查工作，并接受上级市场监督管理部门的指导和监督。

第五条 起草单位应当严格落实公平竞争审查责任，建立健全公平竞争审查机制，明确承担公平竞争审查工作的机构，加强公平竞争审查能力建设，强化公平竞争审查工作保障。

第六条 市场监督管理部门应当加强公平竞争审查业务培训指导和普法宣传，推动提高公平竞争审查能力和水平。

第七条 市场监督管理部门应当做好公平竞争审查数据统计和开发利用等相关工作，加强公平竞争审查信息化建设。

第八条 在县级以上人民政府法治政府建设、优化营商环境等考核评价过程中，市场监督管理部门应当配合做好涉及公平竞争审查工作情况的考核评价，推动公平竞争审查制度全面落实。

## 第二章 审查标准

### 第一节 关于限制市场准入和退出的审查标准

第九条 起草涉及经营者经济活动的政策措施，不得含有下列对市场准入负面清单以外的行业、领域、业务等违法设置市场准入审批程序的内容：

（一）在全国统一的市场准入负面清单之外违规制定市场准入性质的负面清单；

（二）在全国统一的市场准入负面清单之外违规设立准入许可，或者以备案、证明、目录、计划、规划、认证等方式，要求经营主体经申请获批后方可从事投资经营活动；

（三）违法增加市场准入审批环节和程序，或者设置具有行政审批性质的前置备案程序；

（四）违规增设市场禁入措施，或者限制经营主体资质、所有制形式、股权比例、经营范围、经营业态、商业模式等方面的市场准入许可管理措施；

（五）违规采取临时性市场准入管理措施；

（六）其他对市场准入负面清单以外的行业、领域、业务等违法设置审批程序的内容。

第十条 起草涉及经营者经济活动的政策措施,不得含有下列违法设置或者授予政府特许经营权的内容:

(一)没有法律、行政法规依据或者未经国务院批准,设置特许经营权或者以特许经营名义增设行政许可事项;

(二)未通过招标、谈判等公平竞争方式选择政府特许经营者;

(三)违法约定或者未经法定程序变更特许经营期限;

(四)其他违法设置或者授予政府特许经营权的内容。

第十一条 起草涉及经营者经济活动的政策措施,不得含有下列限定经营、购买或者使用特定经营者提供的商品或者服务(以下统称商品)的内容:

(一)以明确要求、暗示等方式,限定或者变相限定经营、购买、使用特定经营者提供的商品;

(二)通过限定经营者所有制形式、注册地、组织形式,或者设定其他不合理条件,限定或者变相限定经营、购买、使用特定经营者提供的商品;

(三)通过设置不合理的项目库、名录库、备选库、资格库等方式,限定或者变相限定经营、购买、使用特定经营者提供的商品;

(四)通过实施奖励性或者惩罚性措施,限定或者变相限定经营、购买、使用特定经营者提供的商品;

(五)其他限定经营、购买或者使用特定经营者提供的商品的内容。

第十二条 起草涉及经营者经济活动的政策措施,不得含有下列设置不合理或者歧视性的准入、退出条件的内容:

(一)设置明显不必要或者超出实际需要的准入条件;

(二)根据经营者所有制形式、注册地、组织形式、规模等设置歧视性的市场准入、退出条件;

(三)在经营者注销、破产、挂牌转让等方面违法设置市场退出障碍;

(四)其他设置不合理或者歧视性的准入、退出条件的内容。

## 第二节 关于限制商品、要素自由流动的审查标准

第十三条 起草涉及经营者经济活动的政策措施,不得含有下列限制外地或者进口商品、要素进入本地市场,或者阻碍本地经营者迁出,商品、要素输出的内容:

（一）对外地或者进口商品规定与本地同类商品不同的技术要求、检验标准、更多的检验频次等歧视性措施，或者要求重复检验、重复认证；

（二）通过设置关卡或者其他手段，阻碍外地和进口商品、要素进入本地市场或者本地商品、要素对外输出；

（三）违法设置审批程序或者其他不合理条件妨碍经营者变更注册地址、减少注册资本，或者对经营者在本地经营年限提出要求；

（四）其他限制外地或者进口商品、要素进入本地市场，或者阻碍本地经营者迁出，商品、要素输出的内容。

第十四条 起草涉及经营者经济活动的政策措施，不得含有下列排斥、限制、强制或者变相强制外地经营者在本地投资经营或者设立分支机构的内容：

（一）强制、拒绝或者阻碍外地经营者在本地投资经营或者设立分支机构；

（二）对外地经营者在本地投资的规模、方式、产值、税收，以及设立分支机构的商业模式、组织形式等进行不合理限制或者提出不合理要求；

（三）将在本地投资或者设立分支机构作为参与本地政府采购、招标投标、开展生产经营的必要条件；

（四）其他排斥、限制、强制或者变相强制外地经营者在本地投资经营或者设立分支机构的内容。

第十五条 起草涉及经营者经济活动的政策措施，不得含有下列排斥、限制或者变相限制外地经营者参加本地政府采购、招标投标的内容：

（一）禁止外地经营者参与本地政府采购、招标投标活动；

（二）直接或者变相要求优先采购在本地登记注册的经营者提供的商品；

（三）将经营者取得业绩和奖项荣誉的区域、缴纳税收社保的区域、投标（响应）产品的产地、注册地址、与本地经营者组成联合体等作为投标（响应）条件、加分条件、中标（成交、入围）条件或者评标条款；

（四）将经营者在本地区业绩、成立年限、所获得的奖项荣誉、在本地缴纳税收社保等用于评价企业信用等级，或者根据商品、要素产地等因素设置差异化信用得分，影响外地经营者参加本地政府采购、招标投标；

（五）根据经营者投标（响应）产品的产地设置差异性评审标准；

（六）设置不合理的公示时间、响应时间、要求现场报名或者现场购买采购文件、招标文件等，影响外地经营者参加本地政府采购、招标投标；

（七）其他排斥、限制或者变相限制外地经营者参加本地政府采购、招标投标的内容。

**第十六条** 起草涉及经营者经济活动的政策措施，不得含有下列对外地或者进口商品、要素设置歧视性收费项目、收费标准、价格或者补贴的内容：

（一）对外地或者进口商品、要素设置歧视性的收费项目或者收费标准；

（二）对外地或者进口商品、要素实行歧视性的价格；

（三）对外地或者进口商品、要素实行歧视性的补贴政策；

（四）其他对外地或者进口商品、要素设置歧视性收费项目、收费标准、价格或者补贴的内容。

**第十七条** 起草涉及经营者经济活动的政策措施，不得含有下列在资质标准、监管执法等方面对外地经营者在本地投资经营设置歧视性要求的内容：

（一）对外地经营者在本地投资经营规定歧视性的资质、标准等要求；

（二）对外地经营者实施歧视性的监管执法标准，增加执法检查项目或者提高执法检查频次等；

（三）在投资经营规模、方式和税费水平等方面对外地经营者规定歧视性要求；

（四）其他在资质标准、监管执法等方面对外地经营者在本地投资经营设置歧视性要求的内容。

## 第三节 关于影响生产经营成本的审查标准

**第十八条** 起草涉及经营者经济活动的政策措施，没有法律、行政法规依据或者未经国务院批准，不得含有下列给予特定经营者税收优惠的内容：

（一）减轻或者免除特定经营者的税收缴纳义务；

（二）通过违法转换经营者组织形式等方式，变相支持特定经营者少缴或者不缴税款；

（三）通过对特定产业园区实行核定征收等方式，变相支持特定经营者少缴或者不缴税款；

（四）其他没有法律、行政法规依据或者未经国务院批准，给予特定经营者税收优惠的内容。

**第十九条** 起草涉及经营者经济活动的政策措施，没有法律、行政法规依据或者未经国务院批准，不得含有下列给予特定经营者选择性、差异化的财政奖励或者补贴的内容：

（一）以直接确定受益经营者或者设置不明确、不合理入选条件的名录库、企业库等方式，实施财政奖励或者补贴；

（二）根据经营者的所有制形式、组织形式等实施财政奖励或者补贴；

（三）以外地经营者将注册地迁移至本地、在本地纳税、纳入本地统计等为条件，实施财政奖励或者补贴；

（四）采取列收列支或者违法违规采取先征后返、即征即退等形式，对特定经营者进行返还，或者给予特定经营者财政奖励或者补贴、减免自然资源有偿使用收入等优惠政策；

（五）其他没有法律、行政法规依据或者未经国务院批准，给予特定经营者选择性、差异化的财政奖励或者补贴的内容。

第二十条　起草涉及经营者经济活动的政策措施，没有法律、行政法规依据或者未经国务院批准，不得含有下列给予特定经营者要素获取、行政事业性收费、政府性基金、社会保险费等方面优惠的内容：

（一）以直接确定受益经营者，或者设置无客观明确条件的方式在要素获取方面给予优惠政策；

（二）减免、缓征或者停征行政事业性收费、政府性基金；

（三）减免或者缓征社会保险费用；

（四）其他没有法律、行政法规依据或者未经国务院批准给予特定经营者要素获取、行政事业性收费、政府性基金、社会保险费等方面优惠的内容。

## 第四节　关于影响生产经营行为的审查标准

第二十一条　起草涉及经营者经济活动的政策措施，不得含有下列强制或者变相强制经营者实施垄断行为，或者为经营者实施垄断行为提供便利条件的内容：

（一）以行政命令、行政指导等方式，强制、组织或者引导经营者实施垄断行为；

（二）通过组织签订协议、备忘录等方式，强制或者变相强制经营者实施垄断行为；

（三）对实行市场调节价的商品、要素，违法公开披露或者要求经营者公开披露拟定价格、成本、生产销售数量、生产销售计划、经销商和终端客户信息等生产经营敏感信息；

（四）其他强制或者变相强制经营者实施垄断行为，或者为经营者实施垄断行为提供便利条件的内容。

第二十二条　起草涉及经营者经济活动的政策措施，不得含有下列超越法定权限制定政府指导价、政府定价，为特定经营者提供优惠价格，影响生产经营行为的内容：

（一）对实行政府指导价的商品、要素进行政府定价，违法提供优惠价格；

（二）对不属于本级政府定价目录范围内的商品、要素制定政府指导价、政府定价，违法提供优惠价格；

（三）不执行政府指导价或者政府定价，违法提供优惠价格；

（四）其他超越法定权限制定政府指导价、政府定价，为特定经营者提供优惠价格，影响生产经营行为的内容。

第二十三条　起草涉及经营者经济活动的政策措施，不得含有下列违法干预实行市场调节价的商品、要素价格水平的内容：

（一）对实行市场调节价的商品、要素制定建议价，影响公平竞争；

（二）通过违法干预手续费、保费、折扣等方式干预实行市场调节价的商品、要素价格水平，影响公平竞争；

（三）其他违法干预实行市场调节价的商品、要素的价格水平的内容。

## 第五节　关于审查标准的其他规定

第二十四条　起草涉及经营者经济活动的政策措施，不得含有其他限制或者变相限制市场准入和退出、限制商品要素自由流动、影响生产经营成本、影响生产经营行为等影响市场公平竞争的内容。

第二十五条　经公平竞争审查具有或者可能具有排除、限制竞争效果的政策措施，符合下列情形之一，且没有对公平竞争影响更小的替代方案，并能够确定合理的实施期限或者终止条件的，可以出台：

（一）为维护国家安全和发展利益的；

（二）为促进科学技术进步、增强国家自主创新能力的；

（三）为实现节约能源、保护环境、救灾救助等社会公共利益的；

（四）法律、行政法规规定或者经国务院批准的其他情形。

本条所称没有对公平竞争影响更小的替代方案，是指政策措施对实现有关政策目的确有必要，且对照审查标准评估竞争效果后，对公平竞争的不利影响范围最小、程度最轻的方案。

本条所称合理的实施期限应当是为实现政策目的所需的最短期限，终止条件应当明确、具体。在期限届满或者终止条件满足后，有关政策措施应当及时停止实施。

## 第三章　审查机制和审查程序

第二十六条　起草单位在起草阶段对政策措施开展公平竞争审查，应当严格遵守公平竞争审查程序，准确适用公平竞争审查标准，科学评估公平竞争影响，依法客观作出公平竞争审查结论。

第二十七条　公平竞争审查应当在政策措施内容基本完备后开展。审查后政策措施内容发生重大变化的，应当重新开展公平竞争审查。

第二十八条　起草单位开展公平竞争审查，应当依法听取利害关系人关于公平竞争影响的意见。涉及社会公众利益的，应当通过政府部门网站、政务新媒体等便于社会公众知晓的方式听取社会公众意见。听取关于公平竞争影响的意见可以与其他征求意见程序一并进行。

对需要保密或者有正当理由需要限定知悉范围的政策措施，由起草单位按照相关法律法规规定处理，并在审查结论中说明有关情况。

本条所称利害关系人，包括参与相关市场竞争的经营者、上下游经营者、行业协会商会以及可能受政策措施影响的其他经营者。

第二十九条　起草单位应当在评估有关政策措施的公平竞争影响后，书面作出是否符合公平竞争审查标准的明确审查结论。

适用条例第十二条规定的，起草单位还应当在审查结论中说明下列内容：

（一）政策措施具有或者可能具有的排除、限制竞争效果；

（二）适用条例第十二条规定的具体情形；

（三）政策措施对公平竞争不利影响最小的理由；

（四）政策措施实施期限或者终止条件的合理性；

（五）其他需要说明的内容。

第三十条　拟由县级以上人民政府出台或者提请本级人民代表大会及其常务委员会审议的政策措施，由本级人民政府市场监督管理部门会同起草单位在起草阶段开展公平竞争审查。

本条所称拟由县级以上人民政府出台的政策措施，包括拟由县级以上人民政府及其办公厅（室）出台或者转发本级政府部门起草的政策措施。

本条所称提请本级人民代表大会及其常务委员会审议的政策措施，包括提请审议的法律、地方性法规草案等。

第三十一条　起草单位应当在向本级人民政府报送政策措施草案前，提请同级市场监督管理部门开展公平竞争审查，并提供下列材料：

（一）政策措施草案；

（二）政策措施起草说明；

（三）公平竞争审查初审意见；

（四）其他需要提供的材料。

起草单位提供的政策措施起草说明应当包含政策措施制定依据、听取公平竞争影响意见及采纳情况等内容。

起草单位应当严格依照条例和本办法规定的审查标准开展公平竞争审查，形成初审意见。

起草单位提供的材料不完备或者政策措施尚未按照条例要求征求有关方面意见的，市场监督管理部门可以要求在一定期限内补正；未及时补正的，予以退回处理。

第三十二条　起草单位不得以送市场监督管理部门会签、征求意见等代替公平竞争审查。

第三十三条　市场监督管理部门应当根据起草单位提供的材料对政策措施开展公平竞争审查，书面作出审查结论。

第三十四条　涉及经营者经济活动的政策措施未经公平竞争审查，或者经审查认为违反条例规定的，不得出台。

第三十五条　市场监督管理部门、起草单位可以根据职责，委托第三方机构，对政策措施可能产生的竞争影响、实施后的竞争效果和本地区公平竞争审查制度实施情况等开展评估，为决策提供参考。

第三十六条　有关部门和单位、个人在公平竞争审查过程中知悉的国家秘密、商业秘密和个人隐私，应当依法予以保密。

## 第四章　监督保障

**第三十七条**　对违反条例规定的政策措施，任何单位和个人可以向市场监督管理部门举报。举报人应当对举报内容的真实性负责。起草单位及其工作人员应当依法保障举报人的合法权益。

各级市场监督管理部门负责处理对本级人民政府相关单位及下一级人民政府政策措施的举报；上级市场监督管理部门认为有必要的，可以直接处理属于下级市场监督管理部门职责范围的举报。

市场监督管理部门收到反映法律、行政法规、地方性法规涉嫌影响市场公平竞争的，应当依法依规移交有关单位处理。收到反映尚未出台的政策措施涉嫌违反条例规定的，可以转送起草单位处理。

**第三十八条**　市场监督管理部门收到举报材料后，应当及时审核举报材料是否属于反映涉嫌违反公平竞争审查制度的情形，以及举报材料是否完整、明确。

举报材料不完整、不明确的，市场监督管理部门可以要求举报人在七个工作日内补正。举报人逾期未补正或者补正后仍然无法判断举报材料指向的，市场监督管理部门不予核查。

有处理权限的市场监督管理部门应当自收到符合规定的举报材料之日起六十日内进行核查并作出核查结论。举报事项情况复杂的，经市场监督管理部门负责人批准，可以根据需要适当延长期限。

**第三十九条**　市场监督管理部门组织对有关政策措施开展抽查。

抽查可以在一定区域范围内进行，或者针对具体的行业、领域实施。对发现或者举报反映违反条例规定问题集中的地区或者行业、领域，市场监督管理部门应当开展重点抽查。

对实行垂直管理的单位及其派出机构起草的有关政策措施开展抽查，由实行垂直管理单位的同级或者上级人民政府市场监督管理部门负责。

市场监督管理部门应当向本级人民政府及上一级市场监督管理部门报告抽查情况，并可以向社会公开抽查结果。

**第四十条**　对通过举报处理、抽查等方式发现的涉嫌违反条例规定的政策措施，市场监督管理部门应当组织开展核查。核查认定有关政策措施违反条例规定的，市场监督管理部门应当督促有关起草单位进行整改。

各级地方市场监督管理部门在工作中发现实行垂直管理的单位派出机构涉嫌违反条例规定的，应当逐级报送实行垂直管理单位的同级或者上级人民政府市场监督管理部门核查。

第四十一条　国家市场监督管理总局应当按照条例有关规定实施公平竞争审查督查，并将督查情况报送国务院。对督查中发现的问题，督查对象应当按要求整改。

第四十二条　起草单位未按照条例规定开展公平竞争审查，经市场监督管理部门督促，逾期未整改或者整改不到位的，上一级市场监督管理部门可以对其负责人进行约谈，指出问题，听取意见，要求其提出整改措施。

市场监督管理部门可以将约谈情况通报起草单位的有关上级机关，也可以邀请有关上级机关共同实施约谈。

第四十三条　市场监督管理部门在公平竞争审查工作中发现存在行业、领域、区域性问题或者风险的，可以书面提醒敦促有关行业主管部门或者地方人民政府进行整改和预防。

第四十四条　市场监督管理部门在公平竞争审查工作中发现起草单位存在涉嫌滥用行政权力排除、限制竞争行为的，应当按照《中华人民共和国反垄断法》等有关规定，移交有管辖权的反垄断执法机构依法调查处理。

第四十五条　起草单位存在下列情形之一、造成严重不良影响的，市场监督管理部门可以向有权机关提出对直接负责的主管人员和其他直接责任人员依法给予处分的建议：

（一）违反公平竞争审查制度出台政策措施的；

（二）拒绝、阻碍市场监督管理部门依法开展公平竞争审查有关监督工作的；

（三）对公平竞争审查监督发现问题，经市场监督管理部门约谈后仍不整改的；

（四）其他违反公平竞争审查制度，造成严重不良影响的。

## 第五章　附　则

第四十六条　本办法所称特定经营者，是指在政策措施中直接或者变相确定的某个或者某部分经营者，但通过公平合理、客观明确且非排他性条件确定的除外。

第四十七条 本办法所称法律、法规授权的具有管理公共事务职能的组织,包括依据法律法规,被授予特定管理公共事务权力和职责的事业单位、基层自治组织、专业技术机构、行业协会等非行政机关组织。

第四十八条 本办法自 2025 年 4 月 20 日起施行。

法律法规
新解读丛书

# 实用附录

竞争法
解读与应用

# 经营者集中反垄断合规指引[①]

## 一、经营者集中审查主要规定

| | |
|---|---|
| 经营者集中 | 经营者集中是指下列情形：经营者合并、经营者通过取得股权或者资产的方式取得对其他经营者的控制权、经营者通过合同等方式取得对其他经营者的控制权或者能够对其他经营者施加决定性影响。<br>对于新设合营企业，如果至少有两个经营者共同控制该合营企业，则构成经营者集中；如果仅有一个经营者单独控制该合营企业，其他经营者没有控制权，则不构成经营者集中。 |
| 经营者集中申报 | 经营者集中达到申报标准的，经营者应当事先向国家市场监督管理总局（以下简称市场监管总局）申报，未申报或者申报后获得批准前不得实施集中。未达到申报标准，但有证据证明该经营者集中具有或者可能具有排除、限制竞争效果的，市场监管总局可以要求经营者申报并书面通知经营者，经营者应当依法申报。<br>经营者集中有下列情形之一的，可以不向市场监管总局申报：<br>（一）参与集中的一个经营者拥有其他每个经营者50%以上有表决权的股份或者资产的；<br>（二）参与集中的每个经营者50%以上有表决权的股份或者资产被同一个未参与集中的经营者拥有的。 |
| 申报义务人 | 通过合并方式实施的经营者集中，合并各方均为申报义务人；其他情形的经营者集中，取得控制权或者能够施加决定性影响的经营者为申报义务人，其他经营者予以配合。<br>同一项经营者集中有多个申报义务人的，可以委托一个申报义务人申报。被委托的申报义务人未申报的，其他申报义务人不能免除申报义务。申报义务人未申报的，其他参与集中的经营者可以提出申报。<br>申报义务人没有依法履行申报义务，导致违法实施集中的，申报义务人承担相应法律责任。 |

---

[①] 本指引源于市场监管总局《经营者集中反垄断合规指引》。本指引仅对经营者集中反垄断合规作出一般性指导，供经营者参考，不具有强制性。经营者可以结合自身特点，细化完善内部合规管理制度，建立合规管理体系。

本指引关于经营者集中审查制度的阐释多为原则性、概括性说明，案例列举并不涵盖全部法律风险，建议经营者在参考本指引时依据经营者集中相关法律法规结合具体问题进行具体分析评估。

续表

| | |
|---|---|
| **经营者集中审查** | 收到经营者集中申报后,市场监管总局依法对经营者集中可能产生的竞争影响进行评估。经审查,市场监管总局对不具有排除、限制竞争效果的经营者集中依法无条件批准,对具有或者可能具有排除、限制竞争效果的经营者集中依法附加限制性条件批准或者予以禁止。 |
| **违法实施经营者集中调查** | 经营者集中达到申报标准,经营者未申报实施集中、申报后未经批准实施集中或者违反审查决定的,市场监管总局依法进行调查。<br>经营者集中未达到申报标准,但有证据证明该经营者集中具有或者可能具有排除、限制竞争效果,经营者未按照相关规定进行申报的,市场监管总局依法进行调查。<br>是否实施集中的判断因素主要包括是否完成经营主体登记或者权利变更登记、委派高级管理人员、实际参与经营决策和管理、与其他经营者交换敏感信息、实质性整合业务等。 |
| **法律风险和责任** | 经营者违反反垄断法有关经营者集中规定,可能面临以下法律风险或者承担以下法律责任:<br>(一)违法实施集中,且具有或者可能具有排除、限制竞争效果的,由市场监管总局依法责令停止实施集中、限期处分股份或者资产、限期转让营业以及采取其他必要措施恢复到集中前的状态,处上一年度销售额10%以下的罚款;不具有排除、限制竞争效果的,处500万元以下的罚款;<br>(二)对市场监管总局依法实施的审查和调查,经营者拒绝提供有关材料、信息,或者提供虚假材料、信息,或者隐匿、销毁、转移证据,或者有其他拒绝、阻碍调查行为的,由市场监管总局依法责令改正,对单位处上一年度销售额1%以下的罚款,上一年度没有销售额或者销售额难以计算的,处500万元以下的罚款;对个人处50万元以下的罚款;<br>(三)违法行为情节特别严重、影响特别恶劣、造成特别严重后果的,市场监管总局可以在第(一)(二)项规定罚款数额的二倍以上五倍以下确定具体罚款数额;<br>(四)因违法行为受到行政处罚的,按照国家有关规定记入信用记录,并向社会公示;<br>(五)实施垄断行为,给他人造成损失的,依法承担民事责任,损害社会公共利益的,可能面临民事公益诉讼;<br>(六)违法行为构成犯罪的,依法追究刑事责任。 |

## 二、重点合规风险

| | |
|---|---|
| **重点关注的经营者集中** | 建议经营者重点关注下列经营者集中，充分评估反垄断法律风险：<br>（一）与上一会计年度中国境内营业额超过 4 亿元的经营者合并；<br>（二）收购上一会计年度中国境内营业额超过 4 亿元的经营者的股权或者资产；<br>（三）与上一会计年度中国境内营业额超过 4 亿元的经营者共同收购其他经营者的股权或者资产；<br>（四）通过合同等方式取得上一会计年度中国境内营业额超过 4 亿元经营者的控制权或者能够对其施加决定性影响；<br>（五）与上一会计年度中国境内营业额超过 4 亿元的经营者新设合营企业；<br>（六）交易金额巨大或者可能对市场产生重大影响，受到业内广泛关注的经营者集中。<br>前款以及本指引第二十条第一款所称营业额 4 亿元标准是根据本指引发布时的申报标准所设立，后续如申报标准修改，4 亿元标准相应调整。 |
| **判断是否应当申报时的关注重点** | 判断一项交易是否应当申报经营者集中时，首先判断交易是否构成经营者集中，其次判断经营者集中是否达到申报标准，建议参考《经营者集中审查规定》有关控制权判断和营业额计算的规定。在判断是否应当申报时，需要重点关注以下风险：<br>（一）控制权认定不准确，误判交易不构成经营者集中导致未依法申报违法实施集中。<br>【案例】判断一项交易是否构成经营者集中，取决于经营者通过该交易是否取得对其他经营者的控制权或能够对其他经营者施加决定性影响。收购少数股权也可能取得控制权，从而构成经营者集中。A 企业收购 B 企业 20%股权，尽管 A 企业不是最大股东，但 A 企业可以单独否决 B 企业的年度商业计划、财务预算、高级管理人员任免等经营管理事项，则 A 企业很可能取得对 B 企业的（共同）控制权，构成经营者集中。如果该经营者集中达到申报标准，A 企业未申报，则构成未依法申报违法实施集中。<br>（二）营业额计算不准确，误判经营者集中未达到申报标准导致未依法申报违法实施集中。<br>【案例】参与集中的经营者的营业额包括该经营者以及申报时与该经营者存在直接或者间接控制关系的所有经营者的营业额总和，但是不包括上述经营者之间的营业额。作为收购方的 A 企业上一会计年度中国境内营业额仅为 2 亿元，但 A 企业所属的 B 集团上一会计年度中国境内营业额达到申报标准，在判断是否达到申报标准时应当按照 B 集团营业额计算。如果 A 企业按照营业额 2 亿元计算认为没有达到申报标准而未申报，可能构成未依法申报违法实施集中。 |

续表

| | |
|---|---|
| 判断何时申报时的关注重点 | 达到申报标准的经营者集中，经营者在签署集中协议后，实施集中前应当向市场监管总局申报，没有及时申报的，可能构成未依法申报违法实施集中。<br>【案例】为同一经济目的，经营者之间确定发生的分步骤实施的收购交易，如果各步交易之间相互关联、互为条件，可能构成一项经营者集中，在实施第一步前需要申报。A 企业与 B 企业签署一份交易协议，根据该协议，A 企业确定将分三步收购 B 企业持有的目标公司全部股权，第一次收购 16% 股权、第二次收购 34% 股权、第三次收购剩余股权，最终完成全部 100% 股权收购，该多步交易很可能构成一项经营者集中，如果达到申报标准，需要在实施第一步前申报，否则构成未依法申报违法实施集中。 |
| 申报后"抢跑" | 申报经营者集中后，在获得市场监管总局批准前，经营者不得实施集中，否则构成"抢跑"并承担违法实施集中法律责任。<br>【案例】A 企业与 B 企业计划新设合营企业，依法进行了经营者集中申报，但在市场监管总局尚未作出经营者集中审查决定的情况下，完成了合营企业登记注册手续，构成违法实施集中。A 企业与 B 企业承担违法实施集中的法律责任。 |
| 对申报代理人的要求 | 申报人可以自行申报，也可以依法委托他人代理申报。申报人选择代理人应当严格审慎，对代理行为加强管理，并依法承担相应责任。申报代理人应当诚实守信、合规经营，不得故意隐瞒有关情况、提供虚假材料或者采取其他行为阻碍经营者集中案件审查、调查工作。 |
| 对申报材料的要求 | 申报人应当对申报文件、资料的真实性、准确性、完整性负责。申报代理人负责协助申报人对申报文件、资料的真实性、准确性、完整性进行审核。 |
| 排除、限制竞争风险 | 依法申报的经营者集中，如果市场监管总局审查认为该项经营者集中具有或者可能具有排除、限制竞争效果，将附加限制性条件批准或者禁止该项经营者集中。<br>评估经营者集中的竞争影响，可以考察相关经营者单独或者共同排除、限制竞争的能力、动机及可能性。集中涉及上下游市场或者关联市场的，可以考察相关经营者利用在一个或者多个市场的控制力，排除、限制其他市场竞争的能力、动机及可能性。<br>【案例】经营者可以参考市场监管总局网站发布的附条件批准/禁止经营者集中案件反垄断审查决定公告。 |

续表

| | |
|---|---|
| 违反审查决定 | 　　经营者集中被附加限制性条件批准的，经营者应当严格遵守限制性条件。经营者集中被禁止的，经营者不得实施集中。<br>　　【案例】A企业收购B企业股权经营者集中获得附加限制性条件批准。条件之一是要求A企业不得降低相关产品给予经销商的折扣，并委托监督受托人监督执行。监督受托人核查发现A企业给予经销商的折扣违反了附条件审查决定的相关要求，市场监管总局调查核实后对A企业依法作出行政处罚。 |
| 阻碍经营者集中审查调查 | 　　配合经营者集中审查调查工作是经营者应当遵守的法律义务。经营者拒绝提供有关材料信息，或者提供虚假材料信息，或者隐匿、销毁、转移证据，或者有其他拒绝、阻碍调查行为的，将承担较为严重的法律后果。 |
| 境外经营者集中反垄断风险 | 　　不同司法辖区有关经营者集中申报标准、程序等规定存在差异。经营者开展经营者集中业务时，建议同时关注可能涉及到的境外司法辖区的经营者集中或者并购控制反垄断监管法律规定。<br>　　有关境外经营者集中反垄断合规，经营者可以参考市场监管总局《企业境外反垄断合规指引》有关经营者集中合规内容。 |

## 三、合规风险管理

| | |
|---|---|
| 合规管理制度 | 　　鼓励具有经营者集中需求的经营者建立经营者集中反垄断合规管理制度，特别是在中国境内年度营业额超过4亿元的经营者；建议中国境内年度营业额超过100亿元的经营者建立经营者集中反垄断合规管理制度。<br>　　鼓励具备条件的集团企业在母公司、子公司各层级建立经营者集中反垄断合规管理制度，或者采取有效措施将经营者集中反垄断合规管理覆盖集团各层级成员企业。 |
| 合规管理职责 | 　　经营者可以设立或者指定相关部门承担经营者集中反垄断合规管理职责（以下简称合规管理部门），主要履行以下职责：<br>　　（一）制定、评估、更新经营者集中反垄断合规管理制度和措施，监督制度和措施的实施；<br>　　（二）识别、评估经营者集中反垄断合规风险，及时制止、纠正不合规的经营者集中行为；<br>　　（三）向决策层或者高级管理层报告经营者集中反垄断合规情况，及时提示重大合规风险并采取应对措施；<br>　　（四）为内部相关部门及人员提供经营者集中反垄断合规建议、咨询和指导； |

续表

| | |
|---|---|
| | （五）组织开展经营者集中反垄断合规培训，提升相关人员合规意识和能力；<br>（六）配合人事等相关责任部门落实相关合规奖惩措施；<br>（七）研究跟进国内外经营者集中最新法律法规以及执法实践；<br>（八）指导集团内所属企业经营者集中反垄断合规管理制度建设；<br>（九）协调组织内部相关部门及人员配合市场监管总局经营者集中审查和调查工作；<br>（十）其他合规相关工作。<br>合规管理部门可以委托专业机构协助开展相关工作。 |
| 经营者集中反垄断合规负责人 | 鼓励达到一定规模且集中行为较为频繁的经营者设置经营者集中反垄断合规负责人（以下简称合规负责人），负责经营者集中反垄断合规事项，履行相关合规管理职责。合规负责人应当具备下列合规管理能力：<br>（一）掌握经营者集中反垄断相关法律法规；<br>（二）具备识别和防控经营者集中反垄断法律风险的专业知识；<br>（三）熟悉经营者内部投资并购全链条业务流程；<br>（四）了解经营者主营业务所在市场竞争状况；<br>（五）其他应当具备的合规管理能力。<br>经营者可以将管理层中负责合规、法务事务的高级管理人员明确为合规负责人，赋予相应职责权限，提供必要的工作条件、岗位待遇和教育培训，保障其履行经营者集中反垄断合规管理职责。 |
| 关键岗位人员 | 经营者内部与投资并购业务密切相关的投资、法务、财务等部门岗位是经营者集中反垄断合规管理的关键岗位。建议关键岗位人员做好以下工作：<br>（一）知悉经营者集中相关法律法规；<br>（二）遵守经营者集中反垄断合规管理要求；<br>（三）参加经营者集中反垄断合规培训；<br>（四）配合提供合规所需相关材料；<br>（五）其他合规相关工作。 |
| 风险识别和评估 | 建议经营者在投资并购决策和执行流程中嵌入经营者集中反垄断合规审核程序，识别、评估经营者集中反垄断法律风险，提早做好申报准备以及相应风险防范措施。鼓励经营者在制定投资并购计划、开展投资并购洽谈等更早阶段识别、评估可能面临的经营者集中反垄断法律风险。 |

续表

| | |
|---|---|
| 风险应对 | 鼓励经营者建立经营者集中反垄断合规风险应对机制，针对不同法律风险制定对应处置措施，主要包括以下方面：<br>（一）发现经营者集中达到申报标准的，及时依法履行申报义务，为申报审查工作预留必要时间，确保申报前以及获得批准前不实施集中；<br>（二）发现拟议交易可能具有排除、限制竞争效果的，及时调整交易计划、交易结构或者采取其他必要措施减少交易可能对市场竞争产生的不利影响；<br>（三）申报后市场监管总局认为经营者集中具有或者可能具有排除、限制竞争效果的，经营者应当尽早提出附加限制性条件方案；<br>（四）发现可能构成违法实施经营者集中行为的，及时停止相关行为并与市场监管总局沟通，积极配合开展相关工作。 |

## 四、合规管理保障

| | |
|---|---|
| 合规承诺 | 鼓励经营者建立经营者集中反垄断合规承诺机制。合规承诺可以提高经营者决策人员、高级管理人员等对经营者集中反垄断法律风险的认识和重视程度，确保合规管理能够有效执行。<br>经营者决策人员、高级管理人员以及投资部门等关键岗位人员可以作出经营者集中反垄断合规承诺，或者在整体合规承诺中纳入经营者集中反垄断合规内容。经营者可以在内部人事管理制度中明确相关人员违反合规承诺的不利后果。 |
| 合规报告 | 经营者可以建立经营者集中反垄断合规报告机制，或者在整体合规报告中纳入经营者集中反垄断合规事项。合规负责人可以定期向经营者决策层或者高级管理层报告经营者集中反垄断合规情况。当出现重大合规风险时，合规负责人及时向经营者决策层或者高级管理层汇报，并提出风险应对建议。<br>鼓励经营者向市场监管总局、省级市场监管部门报告经营者集中反垄断合规情况及进展，包括合规管理制度建设、合规人员配备、合规审核记录、合规宣传培训、第三方评价以及近年申报和被处罚情况等。省级市场监管部门可以定期了解辖区内经营者合规管理情况，给予经营者必要支持和指导。 |

续表

| | |
|---|---|
| 合规评价 | 鼓励经营者采取适当方式定期对经营者集中反垄断合规管理制度的执行效果进行评价，持续完善合规管理制度、改进合规管理体系。<br>经营者集中反垄断合规管理制度有效性评价可以包括以下方面：<br>（一）建立明确、可执行的合规管理体系和流程；<br>（二）配备合规负责人且职责清晰；<br>（三）设置明确的合规奖惩机制和举措；<br>（四）合规审核得到全面、充分、有效执行；<br>（五）有关合规有效运行的其他情况。 |
| 合规咨询 | 经营者可以建立经营者集中反垄断合规咨询机制。鼓励经营者相关人员尽早向合规管理部门或者合规负责人咨询经营者集中过程中遇到的合规问题。经营者可以向外部法律专家、专业机构等进行合规咨询，也可以就申报经营者集中等事项向市场监管总局、相关省级市场监管部门提出商谈咨询。<br>市场监管总局、省级市场监管部门指导经营者做好相关合规、申报等工作。 |
| 合规培训 | 鼓励经营者以专家授课、印发手册等多种形式开展经营者集中合规宣传与培训，引导和督促经营者相关人员提高合规意识与能力，提升合规管理效能。<br>鼓励经营者对决策人员、高级管理人员进行经营者集中基础知识培训，对合规负责人、关键岗位人员进行经营者集中专业培训和考核。<br>市场监管总局、省级市场监管部门加强经营者集中反垄断合规宣传和培训，指导经营者做好合规管理。 |
| 合规奖惩 | 鼓励经营者建立内部经营者集中反垄断合规奖惩机制，对合规工作成效显著的合规负责人、关键岗位人员给予表彰和奖励，当经营者出现重大违法实施经营者集中行为时，对未审慎履行合规职责的合规负责人或者关键岗位人员给予必要惩戒。 |
| 合规激励 | 为鼓励经营者积极开展经营者集中反垄断合规，市场监管总局在查处违法实施集中行为时可以考虑经营者集中反垄断合规管理制度建设及实施情况。 |
| 发挥行业协会作用 | 鼓励行业协会充分发挥桥梁纽带作用，组织经营者与市场监管部门开展经营者集中审查工作交流和培训，服务经营者建立健全经营者集中反垄断合规管理制度。 |

## 重点法律术语速查表

| 法律术语 | 页码 |
|---|---|
| 不正当竞争行为 | 第 130 页 |
| 不正当有奖销售行为 | 第 172 页 |
| 产生排除、限制影响 | 第 4 页 |
| 法律责任 | 第 140 页 |
| 公平竞争审查 | 第 9 页 |
| 横向垄断协议 | 第 33 页 |
| 混淆行为 | 第 138 页 |
| 经营者 | 第 23 页 |
| 经营者集中 | 第 6 页 |
| 经营者集中初步审查 | 第 78 页 |
| 经营者集中的申报标准 | 第 73 页 |
| 经营者集中的申报义务人 | 第 74 页 |
| 经营者集中附加限制性条件 | 第 83 页 |
| 经营者集中豁免申报 | 第 75 页 |
| 经营者集中审查期限的中止计算 | 第 80 页 |
| 经营者滥用市场支配地位 | 第 5 页 |
| 拒绝与交易相对人进行交易 | 第 50 页 |
| 滥用市场支配地位 | 第 13 页 |
| 联合抵制交易 | 第 34 页 |
| 垄断协议 | 第 5 页 |
| 垄断协议的豁免 | 第 43 页 |
| 排除、限制竞争 | 第 13 页 |

续表

| 法律术语 | 页码 |
|---|---|
| 侵犯商业秘密 | 第 167 页 |
| 商业道德 | 第 130 页 |
| 商业诽谤行为 | 第 175 页 |
| 商业贿赂 | 第 151 页 |
| 商业秘密 | 第 166 页 |
| 商誉 | 第 175 页 |
| 社会监督 | 第 137 页 |
| 市场支配地位 | 第 13 页 |
| 市场支配地位的推定 | 第 70 页 |
| 限定交易 | 第 50 页 |
| 相关市场 | 第 24 页 |
| 引人误解的商业宣传 | 第 153 页 |
| 佣金 | 第 152 页 |
| 有奖销售行为 | 第 171 页 |
| 折扣 | 第 151 页 |
| 轴辐协议 | 第 42 页 |
| 纵向垄断协议 | 第 38 页 |
| 纵向垄断协议的安全港制度 | 第 38 页 |
| 纵向垄断协议的反证 | 第 38 页 |
| 组织虚假交易 | 第 154 页 |

# 参考书目

刘继峰:《竞争法学(第四版)》,北京大学出版社2024年版。

陈兵、赵青:《竞争法典型案例教程:互联网篇》,中国法制出版社2023年版。

王翔主编:《中华人民共和国反垄断法解读》,中国法制出版社2022年版。

李扬:《反不正当竞争法基本原理》,知识产权出版社2022年版。

刘继峰等:《中华人民共和国反垄断法理解与适用》,中国法制出版社2022年版。

江帆主编:《竞争法》,法律出版社2019年版。

王翔主编:《中华人民共和国反不正当竞争法学习问答》,中国法制出版社2017年版。

王瑞贺主编:《中华人民共和国反不正当竞争法解读》,中国法制出版社2017年版。

丁茂中、倪振峰:《竞争法实务》,中国法制出版社2012年版。

吴高盛主编:《中华人民共和国反垄断法释义》,中国法制出版社2007年版。

图书在版编目（CIP）数据

竞争法解读与应用/成知博编著. -- 北京：中国法制出版社，2025.3

（法律法规新解读丛书）

ISBN 978-7-5216-4247-6

Ⅰ.①竞… Ⅱ.①成… Ⅲ.①反不正当竞争-经济法-法律解释-中国 Ⅳ.①D922.294.5

中国国家版本馆 CIP 数据核字（2024）第 040311 号

责任编辑：陈丽红　　　　　　　　　　　　封面设计：李宁

**竞争法解读与应用**

JINGZHENGFA JIEDU YU YINGYONG

编著/成知博
经销/新华书店
印刷/三河市国英印务有限公司
开本/880 毫米×1230 毫米　32 开　　　印张/10.25　字数/255 千
版次/2025 年 3 月第 1 版　　　　　　　2025 年 3 月第 1 次印刷

中国法制出版社出版
书号 ISBN 978-7-5216-4247-6　　　　　　　　　　定价：36.00 元

北京市西城区西便门西里甲 16 号西便门办公区
邮政编码：100053　　　　　　　　　　　传真：010-63141600
网址：http：//www.zgfzs.com　　　　　编辑部电话：010-63141624
市场营销部电话：010-63141612　　　　印务部电话：010-63141606

（如有印装质量问题，请与本社印务部联系。）

【法融】数据库免费增值服务有效期截至本书出版之日起 2 年。